Mission zwischen Proselytismus und Selbstabschaffung

Beihefte zur Ökumenischen Rundschau Nr. 115

Jutta Koslowski | Andreas Krebs (Hrsg.)

Mission zwischen Proselytismus und Selbstabschaffung

EVANGELISCHE VERLAGSANSTALT
Leipzig

Bibliographische Information der Deutschen Nationalbibliothek
Die Deutsche Nationalbibliothek verzeichnet diese Publikation in der Deutschen Nationalbibliographie; detaillierte bibliographische Daten sind im Internet über http://dnb.dnb.de abrufbar.

Printed in Germany

Das Buch wurde auf alterungsbeständigem Papier gedruckt.

Cover: Kai-Michael Gustmann, Leipzig
Coverbild: Missionary Erik Jansson in Guarany, Brazil. Postcard published by Örebro Missionsförening, 1910.
Satz: Andreas Krebs, Bonn
Druck und Binden: Hubert & Co., Göttingen

ISBN 978-3-374-05247-9
www.eva-leipzig.de

Vorwort

Wie kann »Mission«, die »Sendung« der Kirche in die Welt heute (noch) verstanden und gelebt werden? Sowohl »Proselytismus« als auch »Selbstabschaffung« sind Nicht-Alternativen, Un-Möglichkeiten für ein zeitgemäßes Missionsverständnis. Wenn es nicht gelänge, über das Paradigma des Proselytismus hinaus zu kommen, dann wäre Selbstabschaffung die notwendige Folge. Dass dies nicht so sein muss, dass und wie christliche Mission auch zu Beginn des dritten Jahrtausends eine Zukunft hat – das versuchen die Beiträge des vorliegenden Sammelbandes aufzuzeigen.

Entstanden sind diese Texte im Zusammenhang mit der 9. Jahrestagung des Interkonfessionellen Theologischen Arbeitskreises (ITA), der am 23. und 24. Januar 2015 im Augustinerkloster in Erfurt zusammengekommen ist. Der ITA ist ein Zusammenschluss von Theologinnen und Theologen aus verschiedenen Kirchen – katholisch, lutherisch, reformiert, altkatholisch, orthodox und freikirchlich –, die im akademischen Bereich mit Fragen der Ökumene befasst sind. Sie gehören unterschiedlichen Fachdisziplinen an und bringen diese Vielfalt in den gemeinsamen Diskurs ein. Die Mitglieder kommen einmal im Jahr zu einer Tagung zusammen, um sich mit einer aktuellen theologischen Fragestellung zu beschäftigen. Einige der Vorträge und Responses, die auf der Tagung 2015 gehalten worden sind, wurden für diesen Sammelband ausgewählt und zum Teil erheblich überarbeitet oder erweitert; darüber hinaus wurden zusätzliche Beiträge einbezogen, um möglichst viele Perspektiven und Standpunkte zur Sprache zu bringen.

Ein Schwerpunkt der Tagung und dieses Sammelbandes ist die Auseinandersetzung mit den Thesen vom Charles Taylor, wie er sie insbesondere in seinem Buch »A Secular Age« (deutsch: »Ein säkulares Zeitalter«) vorgebracht hat. Bernd Oberdorfer und Andreas Krebs setzen sich in je unterschiedlicher Weise mit diesem provozierenden opus magnum auseinander. Damit wird zunächst der Kontext bedacht, in dem Mission heute geschehen kann – ein Kontext, in dem der Vollzug des Glaubens nirgends mehr selbstverständlich ist, weil er immer schon im Horizont anderer Möglichkeiten steht.

Was aber kann Mission unter den Bedingungen der Säkularität bedeuten? Ottmar Fuchs greift in diesem Zusammenhang die Frage der »Selbstabschaffung« von Mission auf und deutet sie neu: Nicht die Mission muss abgeschafft werden, wohl aber die Vorstellung, sie sei notwendig um des Heils der Menschen willen. Und gerade die Abschaffung dieser falschen Vorstellung erschließt die Notwendigkeit einer von Grund auf erneuerten Theologie und Praxis der Mission.

Unter der Überschrift »Mission als Martyria« werden sodann unterschiedliche konfessionelle Zugänge zum Thema zusammengetragen. Ioan Moga beleuchtet das Thema aus orthodoxer Perspektive, wobei er sich auf die Funktion der Heiligenverehrung am Fallbeispiel Rumänien konzentriert. Er zeigt auf, dass auch in dieser säkular-postmodernen osteuropäischen Gesellschaft Phänomene wie Heiligen- und Reliquienkult sowie die Praxis der Pilgerfahrt stark verbreitet, ja sogar im Aufschwung befindlich sind und dass sie aufgrund ihrer Alltagsrelevanz für die Volksmission Bedeutung haben. Jutta Koslowski weist in ihrem Beitrag auf das Missionsdokument »Together Towards Life« des Ökumenischen Rates der Kirchen hin und auf die wegweisenden Impulse, die davon ausgehen. Ralf Dziewas legt Grundzüge des freikirchlichen Missionsverständnisses aus baptistischer Perspektive dar. Insgesamt wird hier deutlich, wie unterschiedlich die Zugänge zum Thema Mission in den verschiedenen Konfessionen sind.

Im vierten Teil schließlich geht es unter der Überschrift »Mission, Postkolonialität, Interkulturalität« um die Auseinandersetzung mit einigen der drängendsten zeitgenössischen Anfragen an christliche Mission. Michael Nausner beleuchtet von seinem methodistischen Hintergrund her das Potential, das in der Missionsbewegung liegt: Sie bringt die globale Dimension des Glaubens ebenso zum Ausdruck wie die interkulturelle Prägung einer jeden Theologie, und sie kann uns sensibilisieren für das auch in der postkolonialen Welt noch immer deutlich spürbare Machtgefälle zwischen Global North und Global South. Ralf Miggelbrink macht in seinem Beitrag deutlich, dass und warum Mission nach katholischem Verständnis auch in Gegenwart und Zukunft zum Vollzug des christlichem Glaubens gehört. Die Stichworte Befreiungstheologie, Inkulturation und Öffentliche Theologie weisen dabei den Weg. Franz Segbers setzt sich in seinem Beitrag insbesondere mit der globalen Migrationbewegung auseinander und zeigt auf, inwiefern Globalisierung und Mission miteinander zusammen hängen. Dabei thematisiert er, dass die vielbeschworene Globalisierung durchaus problematisch ist und als Ausdruck einer neoliberalen Ideologie zur Verstärkung von sozialer Ungleichheit beiträgt. Bernhard Ortmann schließlich diskutiert das Dilemma von Universalität und Partikularität vor dem Hintergrund der interkulturellen Theologie.

Insgesamt wollen die hier versammelten Beiträge christliche Mission vor dem Hintergrund vielfältiger Verschiebungen reflektieren, zu denen Paradigmenwechsel christlicher Theologie ebenso gehören wie die neue Rolle von Kirchen in säkularen Gesellschaften oder auch der Shift of Christianity in den Global South. Bei all dem soll durchaus Mut zur Zukunft christlicher Mission gemacht werden – denn diese ist letztlich nichts anderes als das Bemühen der Kirche, teilzunehmen an der missio Dei.

Zum Schluss bleibt uns noch zu danken: den Wissenschaftlichen Mitarbeiterinnen des Alt-Katholischen Seminars der Universität Bonn, Anne Hensmann-Eßer und Theresa Hüther, für ihre redaktionelle Mitarbeit sowie Prof. Dr. Ulrike Link-Wieczorek (Oldenburg) für die Mitfinanzierung der Druckkosten aus den Mitteln ihres Lehrstuhls.

Gnadenthal und Bonn, im August 2017

Inhaltsverzeichnis

I.

MISSION IM SÄKULAREN ZEITALTER: EIN DISPUT ÜBER CHARLES TAYLOR

Exkarnation und geahnte Fülle

Zu Charles Taylors Diagnose des Glaubens im »säkularen Zeitalter«

Bernd Oberdorfer

1 Einleitung

Wenn eine Tagung zum Thema »Mission zwischen Proselytismus und Selbstabschaffung« mit einer Sektion über Charles Taylors epochales Opus magnum »A Secular Age«[1] beginnt und dies unter die Frage stellt »Was ist Säkularität?«, dann liegt dem vermutlich die Überlegung zugrunde, dass wir etwas wissen müssen über die Zeit, in der wir leben, wenn wir uns orientieren wollen darüber, wie christliche Mission, christliches Zeugnis heute aussehen könnte oder sollte. Und das Stichwort »Säkularität« lenkt den Blick auf Diagnosen, die die Gesellschaften des »Westens« oder des »globalen Nordens« als entchristlichte Zonen wahrnehmen, denen durch »Neuevangelisierung« die christliche Botschaft gleichsam ein zweites Mal gebracht werden muss. Bekanntlich ist diese Diagnose hoch umstritten und konkurriert mit Deutungen, die die Moderne als Realisierungsgestalt des christlichen Humanisierungsimpulses verstehen und allenfalls von Entkirchlichung, keineswegs von Entchristlichung sprechen wollen.[2]

1 Charles Taylor, A Secular Age, Cambridge/MA 2007; deutsch: Ein säkulares Zeitalter. Übersetzt von Joachim Schulte, Frankfurt a. M. 2009. Ich zitiere fortan aus der Übersetzung; Belege im Text beziehen sich auf diese Ausgabe. – Dass dem voluminösen, argumentativ stark mäandernden Werk in der deutschen Version ein Sachregister fehlt, ist übrigens ein großes Ärgernis.

2 Im Protestantismus ist diese Deutung prominent vertreten worden von Trutz Rendtorff. Vgl. etwa Trutz Rendtorff, Theorie des Christentums. Historisch-theologische Studien zu seiner neuzeitlichen Verfassung, Gütersloh 1972. Vgl. die umfassende Deutung von Martin Laube, Theologie und neuzeitliches Christentum. Studien zu Genese und Profil der Christentumstheorie Trutz Rendtorffs, Tübingen 2006.

Charles Taylors Analyse des »säkularen Zeitalters« hat nun mehrere Vorzüge, die es als lohnend erscheinen lassen, sich intensiver mit ihr zu beschäftigen: Sie bietet eine umfassende, großräumige geschichtliche Rekonstruktion der Transformationsprozesse, die in die säkulare Gesellschaft mündeten. Sie sieht in diesen Transformationsprozessen die Religion nicht primär als das passive Opfer, das sukzessive aus der modernen Welt hinausgedrängt wurde, sondern identifiziert *religionsinterne* Verschiebungen als Katalysatoren einer Entwicklung, die dann freilich in einer für die Religion selbst nicht mehr steuerbaren Weise auf Status und Fremd- wie Selbstwahrnehmung der (christlichen) Religion zurückwirkte. Sie thematisiert diesen veränderten Status und die veränderte Binnenperspektive des Glaubens auf sich selbst und fragt nach Konsequenzen für die Selbstverortung des Glaubens in der modernen Welt. Sie tut dies – und das ist keineswegs selbstverständlich – aus einer Position eines distanzierten Engagements oder einer engagierten Distanz: Denn Taylor ist Philosoph, zugleich aber praktizierender römischer Katholik, sozialisiert im konziliar-nachkonziliaren Katholizismus nordamerikanischer Provenienz. Dies bringt es mit sich, dass er sich nicht mit der Analyse begnügt, sondern eine eigenständige affirmativ-normative Konzeption des christlichen Glaubens »im säkularen Zeitalter« entwickelt, die diesen zwar nicht »zwischen Proselytismus und Selbstabschaffung«, wohl aber zwischen Antimodernismus und Selbstsäkularisierung verortet.

Ich möchte im Folgenden nur sehr knapp Taylors »Großerzählung« von der Genese der Moderne aus dem Geist der »REFORM«[3] skizzieren (mit einem Seitenblick auf seine Beurteilung der Reformation) und mich daraufhin schwerpunktmäßig auf seine Diagnose der Gegenwart konzentrieren, genauer: auf die differenzierte Gemengelage aus immanent-egalitärem Humanismus, immanent-elitärem Anti-Humanismus und einem Glauben, der in der »REFORMierten« Welt seinen Ort suchen muss.[4] Wichtig erscheint mir dabei, dass Taylor in der Moderne für den Glauben doch jedenfalls *auch* einen Fortschritt erkennen kann. Zudem identifiziert er inmitten der »exkarniert«-immanentistischen Gegenwartskultur eine Art Ahnung von »Fülle«, die auch den transzendenzkritischen Menschen der Moderne nicht im Vorfindlichen zur Ruhe kommen lässt, sondern zu Imaginationen von »immanenter Tran-

3 Taylor verwendet »REFORM« (Taylor, Ein säkulares Zeitalter, 113 und passim) für eben jenen umfassenden geschichtlichen Transformationsprozess, den er in dem Werk analysiert.

4 Vgl. Taylor, Ein säkulares Zeitalter, 43. Taylor nennt hier zusätzlich noch »die Versuche, einen neuen, nicht ausgrenzenden Humanismus auf nichtreligiöser Basis zu errichten«, und verweist dafür auf »verschiedene[...] Formen der Tiefenökologie«. Diesen Strang verfolgt er allerdings nicht weiter.

szendenz« nötigt, an die dann wiederum der Glaube bzw. die Glaubensverkündigung positiv anknüpfen können.

2 *»Nomolatrie« und »Exkarnation«: Das europäische Projekt der REFORM*

Auf den ersten Blick hat Taylors Großerzählung von der Genese der Moderne etwas von einem Verfallsszenario über den Untergang des Abendlands. Die große »REFORM«, deren Beginn Taylor schon im Hochmittelalter ansetzt, erscheint – betrachtet man nur die leitenden Begriffe – als große Verlustgeschichte: Ein Geist allgemeingültiger Regelung, ja, eine »Nomolatrie«[5] habe sich, ursprünglich in der Kirche selbst, breit gemacht, wie Taylor an der Einführung der jährlichen Beichtpflicht für alle Christenmenschen durch das IV. Laterankonzil 1215 illustriert.[6] Eingesetzt habe damit ein Prozess der Egalisierung, in dem die Frömmigkeits- und Verhaltensstandards, die bisher nur für die Elite der Mönche und Heiligen galten und von diesen stellvertretend erfüllt wurden, tendenziell auf alle Gläubigen ausgeweitet wurden. Längerfristig habe das dazu geführt, dass die Standards reduziert, man könnte auch sagen: veralltäglicht werden mussten, da sie von den Massen nicht eingehalten werden konnten. Parallel dazu beobachtet Taylor eine zunehmende Entsinnlichung – er spricht von »Exkarnation«[7] – des Glaubens; Riten, Reliquien, Bilder und andere Formen der sinnlichen Präsenz des Übersinnlichen seien zurückgedrängt worden zugunsten worthaft-rationaler Vermittlungsformen.[8] Beides zusammen – die egalisierende Regulierung und die Entsinnlichung – habe eine Dominanz der normalen, geregelten Lebensführung bewirkt. Das Irreguläre, Paranormale, Ungewöhnliche, Einzigartige, Außerordentliche sei auf allen Ebenen sukzessive zurückgedrängt worden. Auch die lebensweltliche Bewährung des Glaubens sei immer stärker am sittlichen Handeln im Alltag statt an außergewöhnlichen Ausdrucksformen festgemacht worden.

Die Reformation des 16. Jahrhunderts habe diese Entwicklung nicht angestoßen, wohl aber massiv verstärkt.[9] Paradigmatisch sind Taylor dafür Cal-

5 Taylor, Ein säkulares Zeitalter, 1173; Taylor spricht ebd. auch von »›Regelfetischismus‹«.

6 Vgl. ebd., 118, 123f, 416.

7 Taylor, Ein säkulares Zeitalter, 491 u. ö.

8 Vgl. etwa ebd., 732ff. die Verteidigung der »Volksreligion« gegen die Kritik einer »ganze(n) Reihe von kirchlichen und nichtkirchlichen Reformergenerationen«, sie sei »›heidnisch‹ und ›abergläubisch‹«, 732.

9 Vgl. ebd., 139: »Die Reformation als REFORM spielt eine Hauptrolle in der Geschichte, die ich hier erzählen möchte, also in der Geschichte der Beseitigung des

vin und der Calvinismus; Luther und das Luthertum sind ihm offenkundig wenig vertraut.[10] Man kann sich des Eindrucks kaum erwehren, dass Taylor den Protestantismus als puritanisch-sinnenfeindliche Lebensregulierungsbewegung liest – so als hätte er sein Urteil primär an Stefan Zweigs genial-einseitiger Polemik »Castellio gegen Calvin oder Ein Gewissen gegen die Gewalt«[11] geschult oder an Max Webers Kapitalismus-Studie[12]. Sympathie für den Protestantismus hegt er jedenfalls kaum. Dennoch erfasst er natürlich wichtige Aspekte des reformatorischen Christentums: Die Aufhebung der Unterscheidung von Klerus und Laien, die Fokussierung auf das Wort, die Kritik sich verselbständigender Frömmigkeitstraditionen und Glaubenspraxen, die Betonung des Alltagshandelns im von Gott gesetzten »Beruf« als Ort der Glaubensbewährung – das alles sind zweifellos Zentralanliegen der Reformation. Man kann allerdings kaum sagen, dass Taylor das expressiv-religiöse Potenzial der Reformation, die Förderung individueller Glaubensreflexion und Glaubensexpression, die Entstehung einer spezifisch protestantischen Sprach- und Musikkultur, die Etablierung neuer Leitbilder gelingender Sozialität wie des Pfarrhauses etc. angemessen wahrnimmt. Und ob der religiöse Motivationskern, der die genannten reformatorischen Zentralanliegen von innen bewegt hat, zutreffend beschrieben ist, wenn man ihn als puritanisch-veralltäglichende Regelungswut[13] bestimmt, wird man bezweifeln dürfen.

Dieses einseitige Bild ist umso problematischer, als Taylor die Reformation als epochalen Schritt in Richtung auf die Entzauberung und Entsinnlichung der Welt betrachtet und den Protestantismus damit zu den Hauptverantwortlichen für die Entstehung jener regelsüchtigen, den Einbruch des Übersinnlich-Absoluten systematisch vereitelnden, ja für unmöglich erklärenden Weltsicht der Moderne zählt, jener Weltsicht, in der ein atheistischer

verzauberten Kosmos und der schließlich geglückten Etablierung einer humanistischen Alternative zum Glauben«. Die Reformation war »ein Motor der Entzauberung« (vgl. 139–144), und sie unternahm eine straff regulierende »Neuordnung« (144) der gesamten Gesellschaft (vgl. 144–151).

10 Nur einmal (135f) wird Luther ausführlicher erwähnt – er habe die Sündenangst radikalisiert, um sie in den Glauben an Gottes allein wirksame Erlösung umzulenken.

11 Stefan Zweig, Castellio gegen Calvin oder Ein Gewissen gegen die Gewalt, Frankfurt a. M. [17]2012.

12 Max Weber, Die protestantische Ethik und der Geist des Kapitalismus, hg. und eingeleitet von Dirk Kaesler, München [2]2006.

13 Taylor spricht im Blick auf den gesamten REFORM-Prozess von »Ordnungswut« (Taylor, Ein säkulares Zeitalter, 115 u.ö.; bei Taylor selbst in Anführung). Diese habe auch den nachtridentinischen Katholizismus erfasst (vgl. Taylor, Ein säkulares Zeitalter, 152 mit Anm. 92).

oder agnostischer »Humanismus« zu einer massenhaft ergriffenen Möglichkeit geworden ist. Wohlgemerkt: Taylor behauptet nicht, dass die Reformation selbst eine solche Weltsicht hervorgebracht oder protegiert habe, und er behauptet auch nicht, dass die Reformation allein für diese Weltsicht verantwortlich sei. Aber er legt doch nahe zu glauben, dass der Protestantismus unbeabsichtigt gleichsam wichtige Vorarbeiten zu dieser Entwicklung geleistet und wirksame Schutzmechanismen gegen sie abgebaut habe. Allerdings diagnostiziert er auch auf katholischer Seite einen »REFORM-Eifer [...] der Kleriker« (735), der die Domestizierung der »Volksreligion« betrieben und damit zur Entflechtung von Religion und Lebenswelt beigetragen habe.

Ich überspringe die reichen, weit verzweigten, aus einer bewundernswerten Fülle kulturhistorischen, philosophie-, literatur- und religionsgeschichtlichen Wissens gespeisten, auch regional breit aufgefächerten Ausführungen Taylors über die weitere Genese der modernen Welt, in die immer wieder theoretische Reflexionen (über den Religionsbegriff, über diverse Säkularisierungsthesen, über sprach- und erkenntnistheoretische Fragen weltbildhafter Rahmung von Wirklichkeitsunterstellungen etc.) eingestreut sind. Stattdessen konzentriere ich mich auf die Quintessenz: Der Sieg des »normalen Lebens«, die Verdrängung des Transzendenten aus der Lebenswelt hat sich nach Taylor religiös zunächst in der Etablierung eines Deismus widergespiegelt, der zwar noch an der Existenz Gottes festhielt, diesen Gott aber nur für die Konstruktion und das regelgemäße Funktionieren der Welt verantwortlich sah, mit einem Eingreifen und einer Weltpräsenz Gottes aber nicht mehr rechnete.[14] Damit sei gleichsam eine immanente Weltbetrachtung mit nur noch schwachem Transzendenzbezug eingeübt worden. Es sei dann nur noch eine Frage der Zeit gewesen, bis sich – gefördert besonders durch die Erfolgsplausibilität der modernen Naturwissenschaften – die Einsicht einstellte, dass sich das »normale Leben« auch ohne diesen Transzendenzbezug angemessen verstehen und verantwortlich gestalten lasse. Taylor spricht hier von einem »ausgrenzenden (d.h. immanentistischen, Transzendenz ausschließenden) Humanismus«[15] und bringt damit zum Ausdruck, dass in der neuzeitlichen Weltsicht eine theoretische Erkenntnishaltung und ein ethischer Anspruch aufs Engste miteinander verbunden sind.

Bisher klingt dies vermutlich wie ein katholisch invertierter Foucault: die Neuzeit als machtvolles Dispositiv umfassender Normierung. Doch Taylor ist

14 Taylor spricht von einem »Providenzielle(n) Deismus« als »Zwischenstadium« (Taylor, Ein säkulares Zeitalter, 379).

15 Taylor, Ein säkulares Zeitalter, 43 und passim; vgl. die klar zusammenfassende Erläuterung 442. Vgl. 43 auch »exkludierende Formen des Humanismus« und 44 »selbstgenügsame(r) Humanismus«.

kein antimoderner Nostalgiker, welcher der mittelalterlichen Synthese aus vitaler, transzendenzoffener Volksreligion und scholastischer Reflexivität nachtrauert.[16] Er ist vielmehr so etwas wie ein historistisch geläuterter Hegelianer. Er erkennt in der Geschichte der »REFORM« durchaus einen Fortschritt; aber jeder Fortschritt ist zugleich auch ein Verlust.[17] Das Egalisierungsideal der europäischen »REFORM« hat entscheidend zur Universalisierung der Menschenwürde beigetragen und in immer neuen Wellen die Inklusion weiterer Menschheitsgruppen (Sklaven, Frauen, nichteuropäische Ethnien) gefördert. Die Regulierung hat langfristig rechtliche und gesellschaftliche Gleichstellung bewirkt und damit wachsende Gerechtigkeit erzeugt. Die Aufwertung des »normalen Lebens« hat auch die Religion enthierarchisiert und damit der Laienfrömmigkeit ihre spezifische Würde gegeben. Naturwissenschaft und Technik haben die Lebensbewältigung erleichtert und in historisch unbekanntem Ausmaß die Behandlung und Linderung körperlichen Leidens ermöglicht.

Dies alles hat aber seinen Preis. Zentral und grundlegend: den Verlust der Kontingenz. Das Ethos der Regelung hat den Einzelfall eliminiert. Der Egalitarismus hat den Sinn für Differenzen, Vielfalt, Besonderheiten nivelliert. Die Reduktion auf das Kognitive hat die vielfältigen Dimensionen der Sinnlichkeit entwertet.[18] Die Bedeutung konkreter Gemeinschaft für die Selbstbildung wird ausgeblendet; das »poröse«, umweltsensible, resonanzoffene Selbst ist

16 Anders Günter Thomas, Die Versuchung religiöser Nostalgie. Eine protestantische Lektüre von Charles Taylors »Ein säkulares Zeitalter«, in: EvTh 73 (2013), 421–436.

17 Vgl. etwa Taylor, Ein säkulares Zeitalter, 434: »Dieser (sc. der ausgrenzende) Humanismus öffnete neue Potentiale des Menschen, nämlich die Möglichkeit, im Rahmen dieser Formen des moralischen Lebens, dessen Quellen durch und durch immanent sind, zu existieren«. Dies sei »eine der großen Errungenschaften der menschlichen Entwicklungsgeschichte« (ebd.). Er würdigt, dass »die Entwicklung dieses rein immanenten Gefühls der universellen Solidarität eine bedeutende Leistung ist – ein Meilenstein der Menschengeschichte« (435). Er spricht auch die ambivalente Wirkung der »Entdeckung oder Definition dieser innermenschlichen Quellen der Wohltätigkeit« etwa bei Kant an: »sie ist eine der großen Errungenschaften unserer Zivilisation *und* die Stiftungsurkunde der modernen Ungläubigkeit« (438; Herv. von mir). Er betont sogar, der aufklärerische »Bruch mit der Kultur des Christentums« sei wahrscheinlich nötig« gewesen, »damit der Impuls der Solidarität die Grenzen des Christentums überwinden konnte« (623).

18 Vgl. Taylor, Ein säkulares Zeitalter, 469–475 die grundlegende Zusammenstellung charakteristischer Unterscheidungsmerkmale des spätantiken Christentums gegenüber der paganen Welt: Relevanz von Körperlichkeit, Geschichte, Individualität, Kontingenz, Emotionalität und Gemeinschaft. Diese Relevanz sei durch die REFORM problematisiert worden.

dem hermetischen, selbstreferenziellen, »abgepufferten« Subjekt gewichen.[19] Taylor fragt auch nach dem Grund für das historisch evidente Gewaltpotenzial der Moderne und entdeckt ihn eben in jener Universalisierungsdynamik des neuzeitlichen Humanismus selbst, der im stolzen Bewusstsein der moralischen Güte der entwickelten Gerechtigkeitsnormen diese notfalls gewaltsam durchsetzt.

Dass jeder Fortschritt mit Verlusten verbunden ist, ist für Taylor ein allgemeingültiges Geschichtsprinzip. Selbst der Übergang zum Monotheismus war zwar ein notwendiger Entwicklungsschritt, der aber erkauft wurde durch eine Abstraktion des Gottesverständnisses, gleichsam eine Entweltlichung Gottes, die den Keim des Deismus schon in sich trug. Auch für die Religions- und näherhin die Christentumsgeschichte gilt daher, dass jede Epoche mit der Aufgabe der Kompensation der mit dem erreichten Fortschritt einhergehenden Verluste konfrontiert ist. In diesem Sinn greift Taylor Rankes berühmtes Wort auf, dass jede Epoche »unmittelbar zu Gott« sei.[20]

Für die Selbstverständigung des Glaubens hat das die Konsequenz, dass die in der jeweiligen Gegenwart erreichten Fortschritte durchaus als solche anerkannt werden können, aber eben auch in ihrer Ambivalenz wahrgenommen werden müssen. Die Glaubensreflexion muss sozusagen »ihre Zeit in Gedanken erfassen«, um Ort und Entwicklungsdynamik des Glaubens konkret bestimmen und sich darin orientieren zu können. Genau dies unternimmt Taylor für das »säkulare Zeitalter«.

3 Die ungestillte Sehnsucht nach Fülle: Transzendenz-Ahnung in der Moderne

Bekanntlich identifiziert Taylor einen auf Transzendenzannahmen verzichtenden immanentistischen Humanismus als Epochenindex der Moderne, als weltanschaulichen Rahmen, der die Plausibilität von Wirklichkeitsannahmen und Verhaltensorientierungen bestimmt. Eine große Anzahl von Menschen in der westlichen Welt teilt die Überzeugung, dass die empirische, jedenfalls prinzipiell messbare Welt die ultimative Wirklichkeit ist und dass es auch keiner jenseitigen Instanz bedarf, um sich in ihr ethisch zu orientieren. Taylor ar-

[19] Vgl. zu dieser Unterscheidung TAYLOR, Ein säkulares Zeitalter, 72ff, 79ff. und passim. Taylor greift hier auf sein Werk CHARLES TAYLOR, Sources of the Self (Cambridge Mass. 1989, dt. Quellen des Selbst, Frankfurt a. M. 1994) zurück. Vgl. TAYLOR, Ein säkulares Zeitalter, 510–512 die ambivalente Beurteilung dieser Entwicklung; sie hat eine »positive (…), aber auch eine negative Seite« (512).

[20] TAYLOR, Ein säkulares Zeitalter, 1233.

beitet zwar in umfangreichen erkenntnis- und sprachtheoretischen Überlegungen den Konstruktions-Charakter dieses (wie jedes anderen) Rahmens heraus, der es verbietet, ihn gegenüber anderen weltanschaulichen Rahmungen absolut zu setzen; Wirklichkeitsannahmen, die Transzendenz einschließen, sind nicht a priori weniger plausibel als transzendenzfreie. Gleichwohl können derartige kulturell dominant gewordene Rahmungen nicht einfach abstrakt negiert oder durch entgegengesetzte Rahmungen ersetzt werden. Der Glaube muss sich vielmehr in diesen Rahmen hineinbegeben, um ihn gleichsam von innen für Transzendenz zu öffnen.

Nun ist es so, dass der moderne Mensch selbst in der innerweltlichen Pragmatik seines Normallebens keine umfassende Befriedigung erfährt. Taylor zeigt, dass sich innerhalb des transzendenzabweisenden Humanismus Spuren eines Ungenügens finden, die über das Vorfindliche hinausweisen. Inmitten der Alltagsnormalität lässt sich die Ahnung von einer »Fülle«[21] nicht zum Verstummen bringen, die an den Grenzen des Durchschnittlich-Normalen nicht haltmacht. Diese Ahnung muss nicht religiös gedeutet werden, sondern kann sich gleichsam als »immanente Transzendenz« artikulieren, als Utopie gelingenden Lebens der Individuen in Gemeinschaft, als Vollendungsgestalt eines universalistischen Humanismus. Taylor weist aber auch darauf hin, dass sich in der Moderne selbst eine, wie er es nennt, »›immanente‹ Revolte« gegen den egalitären Humanismus entwickelt habe, ein elitärer »Antihumanismus«[22], für den vor allem der Name Nietzsche steht; Taylor nennt aber auch Heidegger, Foucault, Bataille, Derrida etc. Dieser Anti-Humanismus habe sich gegen den Nivellierungs- und Verdurchschnittlichungsdruck der Moderne gewendet, eine Banalisierung und Verflachung der Kultur diagnostiziert, die Kolonisierung des Besonderen, Überdurchschnittlichen, Anspruchsvollen durch die Normativität des Normalen beklagt und dagegen die ästhetische Selbststilisierung, die elitäre Abgrenzung von der Masse und den Kult des starken Einzelnen gesetzt. Dass diese Rebellion gegen das Regulierte, dieser Ausbruch aus den Grenzen des Normalen noch keine Offenheit für religiöse Transzendenz impliziert, erhellt sich aus Nietzsches Christentumskritik, die ja gerade die christliche Nächstenliebe als raffinierte Nivellierungsstrategie entlarvte, mit der die Schwachen die Starken an Selbstdurchsetzung und Selbstentfaltung zu hindern suchen.

Auch dem Immanentismus der Moderne wohnt also eine dialektische Spannung inne: Der Siegeszug des universalistischen Egalitarismus provoziert

21 Vgl. ebd., 18–35 und passim; bes. 993ff und 1000.

22 Vgl. ebd., 43 und bes. 623ff (»immanente Gegenaufklärung«, 624). Vgl. 625 die süffisante Bemerkung: »Ihre stärksten Bataillone sind in literaturwissenschaftlichen Instituten zu finden.«

den Protest des elitären Einzelnen. Die geistige Situation im säkularen Zeitalter ist also komplexer, als es die gängige Großthese von der Säkularisierung als zunehmendem Verschwinden der Transzendenz im Geist umfassender Nivellierung unterstellt. In dieser Situation findet sich der christliche Glaube vor, in ihr muss er sich verorten. Wie lässt sich der Glaube authentisch leben, wie lässt er sich glaubwürdig verkündigen in diesem kulturellen Kontext?

4 »De-Exkarnation« und Gemeinschaft: Der Glaube in den Zeiten der Post-REFORM

Es gibt auch für das Christentum kein Zurück hinter das »säkulare Zeitalter«. Dies ist bei Taylor nicht die resigniert-bedauernde Einsicht in die Unumkehrbarkeit historischer Prozesse. Es ist vielmehr Konsequenz aus dem ambivalenten Charakter der abendländischen »REFORM« selbst. Ausdrücklich betont Taylor, dass die Moderne auch für die Christenheit substanzielle Fortschritte gebracht hat, die nicht wieder zur Disposition gestellt werden dürfen. Vom universalistischen Gerechtigkeitsethos etwa sollte sich die Christenheit nicht als von einem glaubensfernen Produkt des immanentistischen Humanismus distanzieren, sondern es sich als Ausdruck eines genuinen Anspruchs der christlichen Botschaft aneignen. Allerdings warnt er davor, die Moderne in toto als Realisierungsgestalt der *libertas christiana* anzunehmen. Zwar eröffne das egalitäre Gerechtigkeitsethos in der Tat Inklusionsräume und Freiheitshorizonte für eine historisch unerhörte Vielzahl von Menschen, ja im Prinzip für die Menschheit als ganze. Aber dies geschehe eben um den Preis der Nivellierung und Regulierung, der Verrechtlichung und des Verlusts der Kontingenz – Entwicklungen, die nach Taylor in Spannung zu elementaren Einsichten und Haltungen des Christentums stehen. In dieser Hinsicht sieht Taylor durchaus Gemeinsamkeiten mit der Egalitarismuskritik des elitären Anti-Humanismus, dessen aristokratische Massenverachtung er freilich nicht teilt. Ein Anti-Modernismus kommt für Taylor also ebenso wenig in Betracht wie eine schlichte Identifikation mit der Moderne. Er empfiehlt stattdessen die Rolle der »loyalen Opposition«. Das heißt, stark verkürzt: Ja zu Gerechtigkeit und Inklusion, nein zu Exkarnation, Monadisierung und Nivellierung.

Was heißt das nun für den christlichen Glauben konkret? Vorauszuschicken ist, dass Taylor zwar beansprucht, über das Christentum als solches zu sprechen, und für ein Christentum der inneren Vielfalt, der unterschiedlichen Geschwindigkeiten und Intensitäten plädiert, seine Diagnosen und »Best-Practice«-Beispiele aber nahezu ausschließlich aus dem römisch-katholischen Kontext stammen. Es wäre dann zu diskutieren, wie verallgemeinerungsfähig sie sind. Einen Traditionalismus statutarischer Rechtgläubigkeit lehnt Taylor freilich schon deshalb ab, weil dieser exakt dem Fetisch der Regelkonformität huldigt, der nach Taylor ja den Geist der abendländischen »REFORM« ausmacht. Mit anderen Worten: Der antimodernistische Traditionalismus ist strukturell der Moderne viel stärker verhaftet, als er denkt. Die Herausforderung besteht für die Christenheit aber darin, die »Nomolatrie« der »REFORM«-Ära zu überwinden, ohne die durch diese erreichten Fortschritte preiszugeben.

Systematisch zentral ist die Kategorie der Kontingenz. Denn Spezifikum des Christentums ist es nach Taylor, dass es das Einzelne ehrt, dass es den Einzelnen nicht allgemeinen Prinzipien aufopfert, dass es den Sabbat um des Menschen und nicht den Menschen um des Sabbats willen sein lässt. Universalistisch ist das in dem Sinn, dass das Christentum sich an *jeden* Einzelnen richtet, aber die Einzelnen nicht gleichmacht, sondern sie in ihrer Je-Einzigkeit wahrnimmt und achtet. Inbegriff kontingenter Je-Meinigkeit ist nun aber die Leiblichkeit, zu der nach Taylor wesentlich die Einbettung in konkrete Gemeinschaft gehört; hier spürt man sein kommunitaristisches Erbe. Eben dieser Dimension hat sich das Christentum im Prozess der »REFORM« tendenziell beraubt; es hat sich »exkarniert«. Die Dimension der Leiblichkeit für die Lebensform des Glaubens wiederzugewinnen, ist die entscheidende Aufgabe der Gegenwart. Ideale Bezeichnung dafür wäre »Re-Inkarnation«; leider ist das Wort schon anderweitig besetzt. Ich spreche deshalb von der De-Exkarnation des Glaubens. Eine wichtige Bewährungsprobe dafür ist der Umgang mit der Sexualität. Taylor plädiert dafür, die kirchliche Sexualethik grundlegend neu zu gestalten und dabei abzukommen von der bisher weithin gängigen kasuistischen Regelungswut.[23] Er fordert in diesem Zusammenhang übrigens auch eine Neubewertung von Empfängnisregelung und Homosexualität.[24]

Weil leiblich verfasste Je-Meinigkeit nach Taylor sich nicht als monadische Existenz, sondern in konkreter Gemeinschaft realisiert, gehört zum christlichen Leben heute für ihn auch konstitutiv die Etablierung einer Vielzahl konkreter Gemeinschaften und Gemeinschaftsformen. Die Christenheit muss die überregulierte Monokultur der »REFORM« überwinden und eine Vielfalt von Gemeinschaftsbildungen ermöglichen und fördern. Vermutlich ist damit primär der römische Zentralismus angesprochen. Aber mindestens implizit kann man auch eine Kritik an der reformatorischen Basalüberzeugung von der in der Taufe begründeten Einheit und Einzigkeit des Christenstands, die eine Hierarchisierung etwa zwischen Klerikern und »Laien« unmöglich

23 Vgl. dazu Taylor, Ein säkulares Zeitalter, 824 und bes. 839f.
24 Vgl. dazu ebd., 1269.

macht, herauslesen. Denn Taylor hält ein Nebeneinander unterschiedlicher Verbindlichkeits- und Intensitätsgrade religiösen Gemeinschaftslebens, auch unterschiedlicher Frömmigkeitsstile durchaus für hilfreich auch in dem Sinn, dass intensivere Gemeinschaftsformen den weniger verbindlich Lebenden zum Ansporn und zugleich zur (stellvertretenden) Entlastung dienen können. Fragen könnte man allerdings, ob Taylor die innere Vielfalt der Frömmigkeitsformen im Protestantismus nicht unterschätzt, indem er diesen primär unter dem Gesichtspunkt der wortzentriert-ikonoklastischen Monokultur des Verständig-Lebenspraktischen wahrnimmt.

Ein Letztes: Es passt zu Taylors Hochschätzung des Kontingent-Leibhaften, dass für ihn die »Bekehrungen« signifikanter Einzelner eine herausragende Bedeutung für das christliche Zeugnis heute haben.[25] Einzelne, die ausbrechen aus dem Zwangsgehäuse des Normalen, die sich auch nicht abfinden mit der faktischen Dominanz eines immanentistischen Rahmens der Wirklichkeitsunterstellungen, die sich vielmehr einlassen auf die inkarnierte Transzendenz – sie sind Vorbilder und Kommunikatoren, die es auch anderen ermöglichen, die Bindung an eine immanentistische Weltdeutung zu relativieren, genauer: die Relativität solcher Weltdeutung zu erkennen und sich ihren Alleingeltungsansprüchen zu entziehen. Der Glaube im säkularen Zeitalter bedarf also der existenziellen Vorbilder, die ihm gleichsam die Möglichkeit einer Weltdistanz in der Welt, einer Transzendenzoffenheit bei gleichzeitiger Treue zur Welt vorleben. Es geht also nicht um Programme mit allgemeingültigem Anspruch, sondern um konkret gelebte Verantwortung des Glaubens.

5 Inkarnatorische Vielfalt: Protestantische Deutungslinien

Natürlich konnte ich in diesem kurzen Beitrag nur wenige Fäden herausziehen aus der bewundernswert komplexen Textur von Taylors in der Übersetzung mehr als 1200seitigem Werk. Auch wer die Großdiagnose von der abendländischen »REFORM« nicht uneingeschränkt teilt, kann von Taylors detailreichen Streifzügen durch die Geschichte, seinen Analysen von mentalen Haltungen etc., seinen Diagnosen und Prognosen im Blick auf das Christentum heute in hohem Maße profitieren. In jedem Fall regen sie zum Weiterdenken an.

Aus protestantischer Sicht kann es dabei sicher nicht darum gehen, reformatorische Grundeinsichten wie die Konzentration auf den Glauben und die Betonung der durch die Taufe konstituierten Einheit des Christenstands in

25 Vgl. das prononciert ans Ende des Werkes gesetzte Kapitel »Bekehrungen«, ebd., 1205ff.

Zweifel zu ziehen; die Rückkehr zu einem hierarchisch ausdifferenzierten Kirchenkonzept ist weder realistisch noch empfehlenswert. Aber Taylors Analysen können die Frage provozieren, ob die mit der »protestantischen Innerlichkeit« häufig verbundene Entwertung des Äußerlich-Sinnlichen (etwa des Kultes) oder des Gemeinschaftsbildenden in der Religionsausübung wirklich ein notwendiges Implikat reformatorischen Christentums darstellt. Und sie können die Wahrnehmung dafür schärfen, dass sich im Protestantismus faktisch ein breites Spektrum an unterschiedlichen »Geschwindigkeiten«, Ausrichtungen und Intensitätsgraden in Frömmigkeitsstil, gelebter Verbindlichkeit, Gemeinschaftsbindung, diakonischem Engagement etc. herausgebildet hat, das zwar nicht spannungsfrei ist, aber doch im Sinn der Anerkennung des kontingent-individuell inkarnatorischen Charakters des Christentums als potenzielle wechselseitige Bereicherung positiv gewürdigt werden kann. Die Hochschätzung von Glaubenszeugen wie Dietrich Bonhoeffer und Martin Luther King zeigt zudem, dass im Protestantismus die Intuition für die Bedeutung von exemplarischen Vorbildern nicht durch eine umfassende Nivellierung und Veralltäglichung der Glaubenspraxis erstickt worden ist.[26]

Was die interkonfessionelle Ökumene betrifft, so kann man von Taylor lernen, dass die christlichen Kirchen in der Moderne zwar vor den gleichen Herausforderungen stehen, dass aber eine entdifferenzierende Vereinheitlichung die Chancen der christlichen Botschaft, in der gegenwärtigen Kultur gehört zu werden, gerade nicht erhöht. In dieser Hinsicht wäre auch die oft gehörte Behauptung zu überprüfen, die Kirchen müssten in den ethischen Konflikten der modernen Gesellschaft mit einer Stimme sprechen, um »christliche Positionen« wirkmächtig in den Diskurs einbringen zu können.

Schließlich und vor allem aber kann Taylors weiträumige Großerzählung von der Genese der Moderne die Augen öffnen für die Größe, aber auch die Grenzen und Aporien jener Entwicklungsprozesse, die auch für das Christentum tiefgreifende Transformationen bedeuteten. Das bewahrt vor einer Verherrlichung ebenso wie vor einer Dämonisierung der Moderne. Sie ist schlicht der geschichtliche Ort, an dem der Glaube gelebt, reflektiert und weitergegeben wird. Damit dies möglich ist, muss man ihn genau kennen. *Dass* es auch an diesem Ort möglich ist, hat Taylor eindrucksvoll gezeigt.

26 In diesem Sinn haben die Reformatoren übrigens die Heiligenverehrung als Heiligengedächtnis durchaus anerkannt. Vgl. CA 21 und dazu meinen Beitrag: Bernd Oberdorfer, Heiligenverehrung aus evangelischer Perspektive, in: Manfred Weitlauff/Melanie Thierbach (Hg.), Hl. Afra. Eine frühchristliche Märtyrerin in Geschichte, Kunst und Kult, Lindenberg 2004, 130–135.

Die Gebrochenheit des (ir-)religiösen Subjekts

Glaube, Nichtglaube und Säkularität bei Charles Taylor

Andreas Krebs

1 Vorbemerkung

Es ist vielleicht kühn, dass das Organisationsteam dieser Tagung – dem ich angehöre – sich entschlossen hat, das Gespräch über »Mission zwischen Proselytismus und Selbstabschaffung« mit einem Diskurs über Charles Taylors Großwerk »Ein säkulares Zeitalter« zu beginnen. Es geht uns, wie Bernd Oberdorfer schon ausgeführt hat, um eine zeitdiagnostische Reflexion des eigenen, durchaus kulturspezifischen Ortes, an dem uns die Frage der Mission beschäftigt.

Dazu hätte man freilich auch mit empirischen Bestandsaufnahmen zur Lage aktueller Religiosität und Spiritualität beginnen können. Während der letzten Jahre sind dazu beachtliche Forschungen geleistet worden, auch im internationalen und globalen Maßstab, und die Befunde sind vielschichtig und aufschlussreich.[1]

Dennoch setzen wir ein philosophisch-kulturgeschichtliches Werk an den Anfang. Das mag Temperament und Vorlieben der Organisatoren geschuldet sein. Darüber hinaus meine ich aber, dass Taylors Werk zum »Säkularen Zeitalter«[2] fundamentale Klärungen darüber anbietet, welcher Kontext heute sowohl die Option des Glaubens als auch die des Nichtglaubens bestimmt.

1 Detlef Pollack/Olaf Müller, Religionsmonitor. Religiosität und Zusammenhalt in Deutschland, Gütersloh 2013; Gert Pickel, Religionsmonitor. Religiosität im internationalen Vergleich, Gütersloh 2013; Detlef Pollack/Gergely Rosta, Religion in der Moderne. Ein internationaler Vergleich, Frankfurt a. M. 2015. Zur alt-katholischen Kirche und ihrem Umfeld siehe Dirk Kranz/Andreas Krebs, Religiosität in der Alt-Katholischen Kirche Deutschlands. Eine empirische Studie, Bern: Staempfli 2014

2 Charles Taylor, Ein säkulares Zeitalter, übers. von Joachim Schulte, Berlin 2009.

Diesen Kontext, in dem wir uns gegenwärtig alle – Atheistinnen, Agnostiker und Gläubige, Gleichgültige, Engagierte, Fromme oder Unfromme – immer schon bewegen, bezeichnet Taylor als »Säkularität«. Er verbindet mit diesem Begriff *nicht* die einfache Form der Säkularisierungstheorie, nach der Religion in modernen Gesellschaften notwendig bedeutungslos wird.[3] So wie er den Begriff gebraucht, können auch Gesellschaften mit stark verbreiteter, öffentlich relevanter Religiosität – wie die Vereinigten Staaten von Amerika – als »säkular« bezeichnet werden. Denn Taylor geht es nicht primär darum, *was* wir glauben oder nicht glauben; entscheidend ist für ihn, *wie* wir es tun. Wir sind, so seine These, als Glaubende immer schon von der Option des Nichtglaubens, als Nichtglaubende freilich auch von der Option des Glaubens heimgesucht. Für die Religion bedeutet das: Sie ist weder unmöglich geworden, noch wird sie unvermeidlich zurückgedrängt, sie kann unter Umständen sogar nach wie vor gesellschaftsprägende Kraft entfalten – aber sie hat, und das ist kennzeichnend für »Säkularität« im Sinne Taylors, ihre Naivität verloren. Man kann auch im säkularen Kontext eine religiöse Traditionalistin sein, aber niemand, auch nicht die Traditionalistin, lebt heute noch in ungebrochener Tradition. Ein Biblizist mag die Bibel »wörtlich« nehmen, aber niemand, auch nicht der Biblizist, kann dem Wissen ausweichen, dass ganz andere Lesarten dieses Buches möglich sind. Und auch wer seinen Glauben mit exklusiven Wahrheitsansprüchen verbindet, kann nicht ignorieren, dass entgegengesetzte Wahrheitsansprüche mitunter ebenfalls mit Exklusivität vertreten werden. Auch die einst belächelte oder gerühmte »Volksfrömmigkeit« hat in medial vernetzten und global informierten Gesellschaften das verloren, was sie einmal auszeichnete: ihre unbefragte Selbstverständlichkeit.

Jürgen Goldstein fasst Taylors These wie folgt zusammen: »Die säkulare Moderne ist für Taylor keine Epoche der Abschaffung der Religionen, sondern der Transformation ihrer Erscheinungsweisen«.[4] Doch ich meine, Taylors These ist weitaus radikaler: Sie besagt, dass sich Religion im säkularen Zeitalter eben nicht nur in ihren Erscheinungen, also auf *phänomenaler* Ebene ver-

[3] Maßstäbe für eine empirisch unterfütterte Kritik an der Säkularisierungstheorie hat Andrew M. Greeley, Religion in Europe at the end of the second millennium. A sociological profile, London 2004 gesetzt. Zum Begriff des »Postsäkularen« siehe Matthias Lutz-Bachmann, Postsäkularismus. Zur Diskussion eines umstrittenen Begriffs, Hamburg 2015.

[4] Jürgen Goldstein, Säkularisierung als Vorsehung. Charles Taylors Erzählung der Moderne, in: Michael Kühnlein/Matthias Lutz-Bachman, Unerfüllte Moderne? Neue Perspektiven auf das Werk von Charles Taylor, Berlin 2011, 623–649: 631.

ändert. Säkularität bringt vielmehr eine gänzlich neue Art von religiöser *Subjektivität* hervor. Und ihr, so möchte ich behaupten, gilt Taylors eigentliches Interesse: Er will die Genese und Struktur der zeitgenössischen *Bedingungen der Möglichkeit von Religiosität* darstellen.

Dabei macht er eine keineswegs triviale Vorannahme: Die Bedingungen der Möglichkeit von Religiosität sind apriorisch – sofern sie den Erfahrungen und Überzeugungen des religiösen oder irreligiösen Subjektes vorausgehen –, aber sie sind nicht überzeitlich: Sie können sich je nach historischem »Hintergrundrahmen«[5] fundamental verschieben. Es ist diese Annahme, die Taylors historisches Interesse motiviert. Er will, um mit Michel Foucault zu sprechen, ein »historisches Apriori« beschreiben.[6] Dabei sind seine Reflexionen – die sich explizit in der Position des Glaubenden verorten – ihrerseits *Ausdruck* jener säkularen religiösen Subjektivität, die sie *darstellen:* einer Subjektivität nämlich, die sich *bewusst* ist, dass Menschen zu anderen Zeiten und an anderen Orten ganz andere Weltzugänge vorgegeben sind.

3 Zeitdiagnostischee Empirie und epistemologische Reflexion

Taylors Projekt ist damit kein primär historiographisches; es ist von einem genuin *philosophischen* Interesse angetrieben, das historische und zeitdiagnostische Empirie mit epistemologischer Reflexion verknüpft. Zu Beginn seines Werkes unterscheidet Taylor drei unterschiedliche Weisen, wie der Begriff Säkularität zur Beschreibung *empirischer* Sachverhalte verwendet wird:

(1) In einer ersten Bedeutung beschreibt »Säkularität« eine bestimmte Form gesellschaftlicher Ausdifferenzierung, in der sich Wirtschaft, Staat, Kultur und Religion voneinander lösen und als relativ autonome Bereiche mit eigenen Normen und Handlungsmustern ausbilden. Dieser soziale Prozess verändert auch das Individuum: Es spielt seine Rollen in verschiedenen Tätigkeitsbereichen – als Berufstätiger, Konsument, Theaterfan, Hobbysportler, Kirchgänger; doch die Gründe, nach denen es dabei sein Tun und Denken ausrichtet, haben auch dann, wenn es glaubt, größtenteils weder mit Gott noch mit Religion zu tun. »Die Erwägungen, die unserem Handeln vorausgehen«, schreibt Taylor, »bewegen sich innerhalb der ›Rationalität‹ jedes einzelnen Bereichs: Im Wirtschaftsleben geht es um maximalen Profit, auf politischem Gebiet um

5 Taylor, Ein säkulares Zeitalter, 33.

6 Michel Foucault, Archäologie des Wissens, übers. von Ulrich Köppen, Frankfurt a. M. 1973, 184f. Auf die Parallele zu Foucault komme ich in Abschnitt 5 dieses Textes noch einmal zurück.

den größtmöglichen Nutzen für möglichst viele Personen und so weiter. Das steht in auffälligem Gegensatz zu früheren Zeiten, in denen das Christentum maßgebliche Vorschriften erließ, die – wie etwa das Verbot des Wuchers oder die Pflicht zur Durchsetzung des rechten Glaubens – oft von Geistlichen verkündet wurden und in keinem dieser Bereiche ohne weiteres außer acht gelassen werden konnten«.[7] – Ein wichtiger Strang moderner Säkularisierungstheorien hat sich seit Max Weber mit »Säkularität« in dieser ersten Bedeutung beschäftigt.[8] Mit Blick auf den missionarischen Aspekt des Christentums wirft »Säkularität-1«, wie Taylor sie auch nennt, sowohl die Frage nach der Bedeutung von Kirche im öffentlichen Raum als auch die Frage nach dem authentischen persönlichen Zeugnis auf. Welche Rolle kann Kirche in einer Gesellschaft spielen, die sich in eine Vielzahl autonomer Subsysteme aufgliedert, in denen Glaube jeweils »Privatsache« ist, also *keine* intersubjektive Geltung behaupten kann? Und wie kann die Einzelne, die sich in einer Vielzahl solcher Subsysteme bewegt und dabei zwischen ganz unterschiedlich normierten Rollen wechselt, ihren Glauben je authentisch leben und bezeugen?

(2) In einer zweiten Bedeutung bezeichnet »Säkularität« den Rückgang institutioneller und sozialer Frömmigkeitsformen. Säkularität-2 besteht nach Taylor darin, dass »der religiöse Glaube und das Praktizieren der Religion dahinschwinden; daß sich die Menschen von Gott abwenden und nicht mehr in die Kirche gehen. In diesem Sinn sind die Länder Westeuropas größtenteils säkular geworden – auch diejenigen, in denen noch Spuren einer öffentlichen Bezugnahme auf Gott zu finden sind«.[9] Auch bei Säkularität-2 geht es also, wie bei Säkularität-1, um die öffentliche Rolle von Kirchen oder Religionsgemeinschaften. Allerdings ist Säkularität-1 – das Existieren von Religionsgemeischaften inmitten einer Pluralität weiterer Subsysteme – nicht notwendig mit Säkularität-2 verbunden. Die USA sind dafür ein prominentes Beispiel. Die Vereinigten Staaten gehören zu den ersten Gesellschaften, in denen Kirche und Staat konsequent voneinander getrennt wurden, und trotzdem spielen Glaube und religiöse Praxis dort eine weitaus größere Rolle als in vielen anderen westlichen Gesellschaften. Für Mitteleuropa hingegen trifft zu, dass Säkularität-1 weithin mit Säkularität-2 zusammenkommt. »Mission« sieht sich hier nicht nur durch ausdifferenzierte Gesellschaften herausgefordert; sie

7 Taylor, Ein säkulares Zeitalter, 13.

8 Zu aktuellen Fortschreibungen des Weberschen Ansatzes siehe u.a. Agathe Bienfait, Religionen verstehen: Zur Aktualität von Max Webers Religionssoziologie, Wiesbaden 2011.

9 Taylor, Ein säkulares Zeitalter, 13.

muss sich zusätzlich damit beschäftigen, dass ihr Anliegen nicht länger für wichtig gehalten, ja häufig nicht einmal verstanden wird.[10]

(3) Hiervon wiederum ist eine dritte Bedeutung von »Säkularität« zu unterscheiden. Säkularität-3 bezieht sich auf einen Wandel, der von einer Gesellschaft wegführt, in welcher der Glaube an Gott unangefochten ist, und sie zu einer Gesellschaft übergehen lässt, in der dieser Glaube *eine* Optionen neben zahllosen anderen darstellt. In diesem Sinn wiederum müssen auch die USA als säkular bezeichnet werden. Aktuelle Kontrastbeispiele findet man in einigen muslimischen Gesellschaften. Insofern wäre der Nachweis, dass der Kirchenbesuch in den USA ähnlich häufig sei wie der Moscheebesuch in Jordanien, in diesem Zusammenhang ohne Belang; er würde nur zeigen, dass sich beide Gesellschaften bezüglich Säkularität-2 auf ähnlichen Niveau befinden. Gleichwohl liegt es nach Taylor auf der Hand, dass »im Hinblick darauf, *was es heißt, gläubig zu sein*, zwischen diesen Gesellschaften große Unterschiede bestehen, die zum Teil daher rühren, daß der Glaube in der christlichen (oder ›postchristlichen‹) Gesellschaft *eine* Option und in gewissem Sinn eine umkämpfte Option ist, während er dies in den moslemischen Gesellschaften nicht (oder noch nicht) ist«.[11]

4 Das Ende der Naivität

Was Taylor als Säkularität-3 bezeichnet, ist von Peter Berger mit dem Schlagwort des »häretischen Imperativs« verbunden worden: In pluralistischen Gesellschaften haben wir in Sachen Religion keine andere Wahl als die Wahl (griechisch *hairesis*); der jeweilige Glaube ist immer eine Option unter meh-

10 Die These, dass »Modernisierung« und der Bedeutungsverlust von Religion sehr wohl miteinander zusammenhängen, wird von Detlef Pollack vehement verteidigt: »Auch wenn das Christentum für die Entbindung der Moderne aus dem Schoß des Mittelalters wichtige Hebammendienste geleistet hat, sind Religion und Kirche von den Folgen der Modernisierung insgesamt doch eher negativ betroffen. Bei der Behauptung, dass Religion und Moderne kompatibel seien, handelt es sich um eine neue Meisterzählung der Sozial- und Geisteswissenschaften, die ihre Faszination vor allem aus der Umkehrung klassischer soziologischer und historischer Annahmen bezieht, in den empirischen Daten jedoch nur eine schwache Abstützung besitzt.« Detlef Pollack, Religion und Moderne: Theoretische Überlegungen und empirische Beobachtungen, in: Ulrich Willems/Detlef Pollack/Helene Basu/Thomas Gutmann,/Ulrike Spohn (Hg.), Moderne und Religion. Kontroversen um Modernität und Säkularisierung, Bielefeld 2013, 293–330.

11 Taylor, Ein säkulares Zeitalter, 15.

reren.[12] Es ist vor allem diese Säkularität-3, die Taylor zur Grundlage seines *epistemologischen* Begriffs von »Säkularität« macht. Wichtig ist dabei, dass er »Glauben und Unglauben nicht als konkurrierende *Theorien* behandeln« will, also nicht als bloß intellektuelle Angelegenheiten, sondern existenzieller als »Formen des Erlebens«.

In diesem Zusammenhang bringt Taylor den Begriff der »Fülle« in Spiel. Er bezieht sich damit auf einen »Ort«, an dem jeder Mensch so etwas wie eine gesteigerte Lebendigkeit erfährt. »Soll heißen: An diesem Ort (in dieser Tätigkeit oder in diesem Zustand) ist das Leben voller, reicher, tiefer, lohnender, bewundernswerter und in höherem Maße das, was es sein sollte«.[13] Nichtgläubige erleben diesen Ort der Fülle vielleicht als inneren, jedenfalls diesseitigen Ort, während Gläubige ihn mit einer Instanz jenseits ihrer selbst verbinden. Entscheidend ist nun, dass im säkularen Zeitalter die Differenz zwischen beiden Erlebnisweisen als Unterschied der Lebens- und Weltdeutung erscheint. Das ist keineswegs selbstverständlich. In sogenannten »primitiven« Gesellschaften, aber auch im mittelalterlichen Europa, gab es Zustände des Erlebens von Fülle, in denen das, was *wir* eine Deutung des Moralisch-Spirituellen nennen würden, nicht als *Deutung* erfahren wurde, sondern als unmittelbare *Wirklichkeit* – als etwas, das ebenso »real« ist wie Steine, Flüsse oder Berge. Was uns alle, Gläubige wie Ungläubige, als »Säkulare« kennzeichnet, ist die Tatsache, dass wir zu dieser fraglosen Unmittelbarkeit keinen Zugang mehr haben. »Jeder von uns lernt, zwischen zwei Standpunkten zu manövrieren: zwischen dem ›engagierten‹ Standpunkt dessen, der sich nach besten Kräften an die durch den eigenen Standpunkt ermöglichte Realitätserfahrung hält, und dem ›distanzierten‹ Standpunkt dessen, der sich als Vertreter eines Standpunktes unter mehreren sehen kann, mit denen man sich auf diese oder jene Weise arrangieren muss«.[14]

Das ist der Grund, weshalb sich im säkularen Zeitalter »die Bedingungen der Erfahrung des Spirituellen selbst« verändert haben. Religion kann nicht länger bedeuten, sich in eine Ordnung einzugliedern, die das Ganze von Gott, Welt, Menschheit und Natur umfasst. Was man glaubt oder nicht glaubt, hat nur begrenzten Bereichen Folgen, und niemand kann vermeiden, sich der Möglichkeit anderer Zugänge bewusst zu werden. Das gilt sogar für

12 Peter L. Berger, Der Zwang zur Häresie. Religion in der pluralistischen Gesellschaft, übers. von Willi Köhler, Freiburg i. Br. 1992; zur kritischen Fortschreibung der Säkularisierungstheorie durch Berger siehe Peter L. Berger, Altäre der Moderne. Religion in pluralistischen Gesellschaften, übers. von Ruth Pauli, Frankfurt a. M. 2015.

13 Taylor, Ein säkulares Zeitalter, 18.

14 Ebd., 31.

die religiöse Fundamentalistin, die in ihrer Weise auf diese Situation *reagiert*. Der Weltzugang eines jeden tritt als Deutung in Erscheinung, und selbst die intensivste Spiritualität wird unabweislich von der radikalen Reflexivität heimgesucht, von der eigenen Standpunktgebundenheit zu *wissen*. »Naivität«, schreibt Taylor, »steht heute niemandem mehr zu Gebote – dem Religiösen genauso wenig wie dem Irreligiösen«.[15]

5 Parteinahme für das Kontingente

Welche Konsequenzen sind nun aus dieser fundamentalen Einsicht für die christliche »Mission« zu ziehen? Macht man sich Taylors Begriff von Säkularität zu eigen, kann man jedenfalls nicht mehr von einer »Sendung in die säkulare Welt« sprechen; denn wir alle, Gläubige wie Ungläubige, sind immer schon »säkular«! Ein Zurück zur Naivität zu propagieren, wäre aussichtslos. Insofern halte ich es für abwegig, dass man Taylor hier und da eine »unverblümt offene Nostalgie« zuschreibt, »die den Verlust der ›verzauberten Welt‹ betrauert«.[16] Der rückwärtsgewandten Sehnsucht nach ursprünglicher Naivität erteilt Taylor eine klare Absage, und auch die romantische Figur der »zweiten Naivität« hat in seiner Konzeption keinen Platz. Die Gebrochenheit des religiösen Subjekts im säkularen Zeitalter ist unhintergehbar.

Dass Taylor kein Reaktionär ist und nach den eigenen Denkvoraussetzungen auch gar nicht sein kann, ergibt sich auch aus einer wichtigen Grundentscheidung, die sein historisches Narrativ strukturiert: Taylors Projekt wendet sich konsequent gegen jede Form von »Substraktionsgeschichte«, ein Begriff, mit dem Taylor Versuche bezeichnet, Säkularität dadurch zu erklären, dass »der Mensch sich von bestimmten früheren Horizonten, Täuschungen oder

15 Ebd., 46.

16 Günter Thomas, Die Versuchung religiöser Nostalgie. Eine protestantische Lektüre von Charles Taylors »Ein säkulares Zeitalter«, in: Evangelische Theologie 73 (2013), 421–436: 434. Das Missverständnis kommt häufiger vor. So schreibt etwa auch Volker Gerhard: »Im Interesse der Wiederbelebung eines in menschlichen gelebten Glaubens will Taylor, wenn ich ihn richtig verstehe, auf eine vor-emanzipative Verfassung des Menschen zurück.« Volker Gerhard, Säkularisierung: Eine historische Chance für den Glauben, in: Ulrich Willems et al. (Hg.), Unerfüllte Moderne?, 547–572: 552. Die Sorge, Taylor wolle hinter die »philosophisch-theologische europäische Vernunfttradition auf dem Niveau der Gegenwartsdiskussion« zurück, prägt auch die Kritik von Thomas Rentsch, Wie ist Transzendenz zu denken? Kritische Thesen zu Charles Taylors Säkularisierungsthese, in: Ulrich Willems et al. (Hg.), Unerfüllte Moderne?, 573–598: 598.

Erkenntnisgrenzen getrennt, gelöst oder befreit« habe[17] – ganz gleich, ob man diese Abschiede nun begrüßt oder betrauert. Im Unterschied zu Erzählweisen also, die sich von Kategorien des Verlusts oder der Emanzipation leiten lassen, zielt Taylors Darstellung darauf ab, Säkularität als Folge qualitativ *neuer* Erfindungen, qualitativ *neuer* Formen des Selbstverständnisses auszuweisen. Damit ist seine Geschichtsdeutung ebenso weit von Narrativen des Verfalls wie von solchen des Fortschritts entfernt.

Nicht zuletzt deshalb scheint es mir fragwürdig, dass auch Bernd Oberdorfer – freilich in differenzierender Absicht – den Fortschrittsbegriff an Taylor heranträgt.[18] Es mag sein, dass etwa Taylors Darstellung des Protestantismus, wie Oberdorfer sagt, wenig einfühlsam und einseitig ist, wobei ich allerdings an dieser Stelle nicht unbedingt einen anti-protestantischen Affekt vermuten würde;[19] denn die von Taylor als höchst ambivalent beschriebene Dynamik der REFORM ist älter als die Reformation, durchdringt das gesamte Christentum und prägt selbstverständlich auch den konfessionellen Katholizismus.[20] Vor allem aber bestreite ich, dass es Taylor überhaupt um dergleichen wie »Rückschritt« oder »Fortschritt« geht, weil diese Begriffe ein allgemeines großes »Ziel« voraussetzen, von dem aus eine konkrete Entwicklung dann als ein »Zurück« oder »Voran« eingestuft werden kann. Eine wesentliche Provokation des Taylorschen Narrativs liegt demgegenüber darin, dass es sich mit *verallgemeinernden* Wertungen zurückhält und auch konkrete Errungenschaften und Erweiterungen menschlicher Möglichkeiten stets mit ihren Licht- und Schattenseiten darstellt, ohne je nahezulegen, für den »Fortschritt« hätten sich die »unvermeidlichen Verluste« ausgezahlt.

17 Taylor, Ein säkulares Zeitalter, 48.

18 Bernd Oberdorfer, Exkarnation und geahnte Fülle. Zu Charles Taylors Diagnose des Glaubens im »säkularen Zeitalter«, in diesem Band, 14.

19 Ebd., 16.

20 Taylor legt die Herkunft seines »REFORM«-Begriffs nicht offen. Ich vermute, dass er von Ivan Illich inspiriert und über diesen auf Gerhard Ladner zurückzuführen ist. Vgl. Gerhard Ladner, The idea of reform. Its impact on Christian thought and action in the age of the Fathers, Cambridge Mass. 1959; Ivan Illich, In den Flüssen nördlich der Zukunft. Letzte Gespräche über Religion und Gesellschaft mit David Cayley, München 2006, 76f.; zu Taylors Illich-Rezeption siehe Karl Kardinal Lehmann, Entsteht aus dem verfälschten Christentum die Moderne? Zur Begegnung von Charles Taylor und Ivan Illich, in: Ulrich Willems et al. (Hg.), Unerfüllte Moderne?, 327–349; Eric Gregory/Leah Hunt-Hendrix, Enfleshment and the Time of Ethics. Taylor an Illich on the Parable of the Good Samaritan, in: Carlos D. Colorad/Justin D. Klassen (Hg.), Aspiring to Fullness in a Secular Age. Essays on Religion and Theology in the Work of Charles Taylor, Notre Dame 2014, 217–239.

Das heißt: Taylor lässt Ambivalenzen *als* Ambivalenzen stehen und vermeidet deren Auflösung in großen teleologischen Verläufen. Stattdessen spricht er immer wieder auffällig vage von »Entwicklungen«, »Effekten«, »Tendenzen«, die sich »durchgesetzt« hätten.[21] Zu Recht bemerkt Ulf Bohmann: »[D]iese Vagheiten [sind] offenbar Teil der Strategie«.[22] Mit stupender Kenntnis verweist Taylor auf historische und ideengeschichtliche Konstellationen, die Säkularität begünstigt oder vorangetrieben haben. Aber es gibt *nicht* die *eine* Ursache, und der Epochenumbruch, der die Zeit um 1500 von der Gegenwart trennt, ist nach Taylor weder logisch-begrifflich oder aus historischer Gesetzmäßigkeit herzuleiten, noch ist er als Aufstiegs- oder Abstiegsgeschichte konstruierbar.[23] Vielmehr kam es dazu, weil zahllose kontingente Umstände zusammentrafen. »Taylors stance on secularisation«, so kommentiert John Milbank, »is basically that it is not inevitable but that it has occured«.[24]

Das bedeutet freilich nicht, dass Taylor eine wertfreie Darstellung anstreben würde, im Gegenteil. Ulf Bohmann hat für Taylors Methode, wie ich finde, einen treffenden Begriff gefunden: Er bezeichnet sie als »weiße Genealogie«. Anders als die »schwarzen«, das heißt: dekonstruktionistisch-subversiven Genealogien Nietzsches oder Foucaults verfolgt sie eine *konstruktive* Absicht: Es geht ihr um das gesellschaftlich Gute und Erstrebenswerte. Dieses Gute ist allerdings, und das ist entscheidend, stets konkret und kontextuell. Mit Blick auf das so verstandene Gute dient dann Taylors genealogische Methode dazu, Simplifizierungen, falsche Allgemeinheiten und vermeintliche Undenkbarkeiten aufzubrechen.

21 Ein möglicher Beleg unter vielen: Taylor, Ein säkulares Zeitalter, 728.

22 Ulf Bohmann, Charles Taylors Mentalitätsgeschichte als kritische Genealogie, in: Andreas Busen/Alexander Weiss (Hg.), Ansätze und Methoden zur Erforschung politischer Ideen, Baden-Baden 2013, 185–214, 203.

23 Insofern scheint es mir auch tendenziell irreführend, Taylor mit Bernd Oberdorfer als »Hegelianer« (wenn auch als einen »historisch geläuterten«) zu klassifizieren (Bernd Oberdorfer, Exkarnation und geahnte Fülle, 18). Es stimmt zwar, dass Taylor vor Jahrzehnten ein viel beachtetes Buch über Hegel geschrieben hat (Charles Taylor, Hegel. Frankfurt a. M. 1983). Darin wird Hegels Philosophie aber gerade nicht »hegelianisch« erschlossen, sondern vielmehr als wichtiges *Symptom* eines Umbruchs in der europäischen Subjektivitätsgeschichte dargestellt, dessen größerem Zusammenhang Taylor später unter anderem in Charles Taylor, Quellen des Selbst, Frankfurt a. M. 1996 nachgegangen ist; die Kontinuitäten zu »Ein säkulares Zeitalter« liegen, scheint mir, auf der Hand.

24 John Milbank, A Closer Walk on the Wild Side, in: Michael Warner, Jonathan Vanantwerpen, Craig Calhoun (Hg.), Varieties of Secularism in a Secular Age, Cambridge Mass. 2010, 54–82: 55.

So tritt Taylors Geschichtserzählung für das Nichtlineare ein und durchkreuzt *darum* immer wieder lineare Konstruktionen; sie tritt ein für das, was reduktive Vereinfachungen notorisch unter den Tisch fallen lassen und ist *darum* über weite Strecken so faszinierend detailverliebt; sie tritt schließlich auch ein für die konkrete Situiertheit des genealogischen Erzählers selbst und versucht *darum* gar nicht erst den Eindruck »umfassender« Vollständigkeit zu wecken.[25] Bohmann bemerkt dazu: »Taylor erzählt besonders mannigfaltige, große Geschichten. Es geht ihm stets um das ›breitere‹, ›reichhaltigere‹ Bild, nicht um den isolierten Eigenwert von Detailstudien. Die Bemühungen richten sich somit auf ein komplexes Ganzes, das nur als solches den ›eigentlichen‹ Sinn entfaltet; sie fungieren typischerweise als Annäherung an ein kaum erfassbares Phänomen«.[26]

Der Hang zum Unterkomplexen, Universal-Regelhaften, Linearen, Reduktiven, den Taylor unterlaufen möchte, ist seinerseits ein Produkt der Dynamik der REFORM, die nach Taylor im Christentum und aus ihm heraus das »Säkulare Zeitalter« hat entstehen lassen. Oberdorfer beschreibt Taylors Sicht dieser Dynamik als »Verlust der Kontingenz«: »Das Ethos der Regelung hat den Einzelfall eliminiert. Der Egalitarismus hat den Sinn für Differenzen, Vielfalt, Besonderheiten nivelliert. Die Reduktion auf das Kognitive hat die vielfältigen Dimensionen der Sinnlichkeit entwertet. Die Bedeutung konkreter Gemeinschaft für die Selbstbildung wird ausgeblendet; das ›poröse‹, umweltsensible, resonanzoffene Selbst ist dem hermetischen, selbstreferenziellen, ›abgepufferten‹ Subjekt gewichen. [...] Selbst der Übergang zum Monotheismus war [...] erkauft [...] durch eine Abstraktion des Gottesverständnisses, gleichsam eine Entweltlichung Gottes, die den Keim des Deismus schon in sich trug.«[27]

Wie schon gesagt: Das Problem dieser Lesart Taylors scheint mir darin zu liegen, dass sie aus dessen Genealogie doch wieder eine Substraktions-, genauer: eine Verlustgeschichte macht. Eine solche wäre aber als bloßes Gegenbild der Forschrittsgeschichte ebenso regelhaft, linear und reduktiv. Richtig scheint mir hingegen, dass Taylor tatsächlich für das Kontingente Partei ergreift. Er tut dies, ohne das Universale und Reguläre gänzlich abzulehnen und gerade deshalb hauptsächlich indirekt – nämlich durch die *Form* seiner Geschichtserzählung. Seine Absicht dabei ist nicht, zu alten Welterfahrungen zurückzukehren – ein solches Unterfangen wäre ohnehin vergeblich. Es geht

25 Die »blinden Flecken« der Taylorschen Ideengeschichte insbesondere im Bereich theologischer Literatur sind von vielen Kritikerinnen und Kritikern mit Recht benannt worden.

26 Ulf Bohmann, Charles Taylors Mentalitätsgeschichte, 202.

27 Bernd Oberdorfer, Exkarnation und geahnte Fülle, 19.

Taylor vielmehr darum, im Horizont *unserer* Welterfahrung zu einer *neuen* Sensibilität fürs Konkrete, Leibhaftige, Nichtlineare beizutragen.

6 Missionare der Beunruhigung

Wie kann man nun vor diesem Hintergrund »Mission« im Säkularen Zeitalter verstehen? Hierzu lohnt ein kurzer Blick auf den vorhin erwähnten John Milbank. Er gilt als Begründer der postmodern-romantischen, anglokatholisch geprägten, in sich durchaus heterogenen Bewegung »Radical Orthodoxy«. Vor dem Hintergrund einer kritischen, bisweilen äußerst zugespitzten und zunehmend apokalyptischen Gegenwartsdiagnose tendiert Milbank tatsächlich zu etwas, das man als »unverblümte Nostalgie« bezeichnen kann. Ähnlich wie Taylor hat er schon zwei Jahrzehnte zuvor eine Ideengeschichte vorgelegt, welche die Kontingenz der Übergangs zur Säkularität herausstellt.[28] Milbank freilich zieht aus dieser Kontingenz einen voluntaristischen Schluss: Er meint, fromme Gruppen und Kirchen könnten als gegensäkulare Widerstandsgemeinschaften eine neue Ungebrochenheit erlangen. Nur so sei dem selbstzerstörerischen Nihilismus liberal-säkularer Gesellschaften entgegenzutreten. Dieser Voluntarismus ist jedoch hochproblematisch. Auch wenn Säkularität keine Notwendigkeit ist, folgt daraus nicht, dass ihre Dynamik nach Belieben aufzuhalten wäre. Zudem ist auch dem gegensäkularen Widerstand der säkulare Kontext bereits *vorgegeben.* »Das Religiöse«, schreibt Taylor, »verharrt unauslöschlich am Horizont des Areligiösen – und umgekehrt«.[29]

Charles Taylor seinerseits würdigt Milbanks Ideengeschichte als komplementären Versuch, »die seltsamen und komplexen Bedingungen des Glaubens in unserer Zeit« nachzuzeichnen.[30] Taylors Sicht der Gegenwart ist jedoch weit weniger apokalyptisch, und ungleich vorsichtiger fallen auch seine Überlegungen zu dem aus, was er »Wiederherstellung der Sprache«[31] nennt. Zunächst erinnert Taylor daran, dass ein »goldenes Zeitalter« des Christentums wohl kaum je existiert haben dürfte.[32] Jede Generation von Glaubenden begegnet *ihren* Herausforderungen je auf neue Weise. Gerade das *verbindet* sie miteinander: Taylor bestimmt die Zeit und Raum übergreifende »Gemeinschaft der Heiligen« als »Gemeinschaft ganzer Lebenswege, ganzer Routen hin zu Gott«. Zu *meiner* Route gehört dabei »ganz wesentlich mein in eine

28 John Milbank, Theology and social theory (1990), 2. Aufl. London 2006

29 Taylor, Ein säkulares Zeitalter, 986.

30 Taylor, Ein säkulares Zeitalter, 1204; 1280–1284.

31 Ebd., 1257.

32 Ebd., 1232.

bestimmte historische Ordnung eingebettetes Dasein mit seinen guten und seinen schlechten Seiten, in deren Rahmen ich einerseits verharren und aus dem ich mich andererseits herausarbeiten muß, um mich auf die Ordnung Gottes zuzubewegen. Das Eschaton muß alle diese Routen mit ihren völlig verschiedenen Landschaften und Gefahren zusammenbringen«. In diesem Vertrauen , so Taylor weiter, wird das christliche Leben der Gegenwart »nach neuen und beispiellosen Routen suchen« müssen.[33]

Suchbewegungen dieser Art schildert Taylor dann im letzten Abschnitt seines Buches als »Bekehrungen«. Dass die Personen, die er darin vorstellt, durchweg Katholiken sind, scheint mir nicht sehr relevant; denn konfessionelle Alleinstellungsmerkmale wie Kirche, Amt und Liturgie spielen für Taylor keine Rolle. Ihm geht es um das persönliche Zeugnis. – *Was* aber bezeugen diese Menschen, was ist ihre »Mission«? Ich habe mit Taylor darauf hingewiesen, dass im säkularen Zeitalter jede Religiosität vom Irreligiösen heimgesucht ist. Aber wahr ist auch das Umgekehrte: Das Irreligiöse bleibt vom Religiösen heimgesucht. Nicht nur das religiöse Subjekt ist ein gebrochenes, sondern auch das irreligiöse. Taylor spricht von einer nicht verdrängbaren »Beunruhigung«, die vom Erleben der Fülle ausgehen und Menschen beharrlich daran *hindern* kann, sich im »geschlossenen Rahmen« des Diesseits einzurichten.[34] Die Menschen, die Taylor in seinem Schlusskapitel vorstellt, sind, wenn man so will, »Missionare« dieser Beunruhigung. Von ihr lässt sich ergreifen, wer zur Suche nach neuen Wegen des Glaubens aufbricht. Die Aufgabe von Mission im säkularen Zeitalter wäre dann: diese offene, nicht festzulegende, mit keinem Hier und Jetzt zufriedene Beunruhigung – konkret, kontextuell, leibhaftig – zu *leben* und weiterzugeben.

33 Ebd., 1248.

34 Taylor, Ein säkulares Zeitalter, 1179ff.

II.

WAS IST
UND WAS SOLL ÜBERHAUPT MISSION?

Die Selbstabschaffung einer bestimmten Notwendigkeitsvorstellung macht christliche Mission notwendig

Ottmar Fuchs

A Vorab sieben Thesen

Vom Glaubens- und Kirchenverständnis hängt immer auch das Missionsverständnis ab. Entscheidend wird sein, ob man sich in und zwischen den christlichen Kirchen auf ein Gottesverhältnis beziehen kann, worin Gott als Garant und Kraft zwischenmenschlicher Solidarisierung und der Menschenwürde aller aufgefasst wird, *und* ob man sich zwischen den Glaubensgemeinschaften auf einen darüber hinausgehenden, unendlichen, unverfügbaren Gottesbezug einigen kann, der die Kirchen trägt, einschließlich ihrer Differenzen und Schattenseiten, und von daher die Solidarität aller miteinander im unerschöpflichen Geheimnis Gottes grundlegt. Die Kriteriologie einer vom christlichen Glaubens- und Gemeindeverständnis her zu entfaltenden Missionskritik kann in dem Grundanliegen formuliert werden: *Die Selbstabschaffung einer bestimmten Notwendigkeitsvorstellung christlicher Mission aus theologischen und darin humanitären Gründen begründet eine bitter notwendige Mission!* Folgende sieben Thesen entfalten dieses Anliegen:

1. Alle Menschen sind Gottes Volk, und Gottes Gnade bezieht sich von Geburt an auf alle Menschen, ob sie an einen Gott glauben oder nicht. Der Gottesbezug ist selbst als *unbegrenzt* pluralitätsfähig zu denken und zu erleben. Gott ist der Urgrund aller Freiheit, ohne die Sanktionsdrohung eines Liebesentzugs bei Missverhalten. Nach einer universal verstandenen Rechtfertigungstheologie liebt Gott die Menschen *als* Sündige und *als* Gottlose, bedingungslos. Auch die schlimmste Realisierung dieser Freiheit zerbricht diesen »Bund« nicht. Und niemand muss zum Glauben kommen, um von Gott geliebt zu sein. Aber es ist ein großer Unterschied, von dieser Liebe im Glauben zu wissen oder nicht.

2. Für das, was Menschen erleiden, und auch für das Böse in der Welt muss Gott nicht entschuldigt oder verteidigt werden. Er ist dafür zur Verantwortung zu ziehen (vgl. Ps 22), bis in das Gericht hinein, in dem Christus vom Kreuz her dieses Warum mit der ganzen Menschheit in Gott gegen Gott anführt.[1] Das Grundproblem dieser Schöpfung ist, dass Gott darin die ungebremste Erfahrung seiner Liebe verdunkelt und blockiert hat. Deswegen ist auch die Erfahrung der Freiheit so klein und reduziert auf die Alternative zwischen Gut und Böse. Wozu der Menschheit dieses traurige und grausame Spiel auferlegt ist, bleibt unerfindlich. Und wir wissen auch im Glauben nicht warum.

Die Warum- oder Wozufrage des Psalms 22 bleibt unbeantwortet. Diese Paradoxie kann nur in der Doxologie aufgehoben werden, in der Gott immer größer gedacht und angebetet wird als diese und die eigenen Widersprüche, Zweifel und Verzweiflungen es »eigentlich« zulassen. Darin besteht die prinzipielle Hilflosigkeit des Glaubens, seine Schwäche im Verteidigungsfall, also sein substantieller Apologiemangel. Niemand braucht Gott zu rechtfertigen: Dies führt immer zum Recht haben wollen und unterwirft die Mission einem Siegerdiskurs.

3. Nicht Theodizee, sondern Doxologie rettet den religiösen Glauben.[2] Denn die Theodizee verfängt Gott in Rechtfertigungsnetzen von Menschen, die haben wollen, dass Gott Recht hat, weil sie selber Recht haben wollen. Dahinter steht die Kategorie des Siegens. Die Doxologie verzichtet auf diesseitige Erklärungssiege, sie lässt Gott frei. Derart ist Gott ein Nicht-Begriff in der Hinsicht, dass auf ihn kein Zugriff möglich ist. Es geht um die Spiritualität, über die Freude und Klage hinweg, und darum, durch sie hindurch Gott Gott sein zu lassen – und damit um einen doxologieoffenen Glauben.

Die Doxologie verweigert die Zustimmung zum Negativen und hofft auf eine Erlösung, die gleichwohl nur Gott geben kann. Die Doxologie trägt Dank, aber auch Ärger und Schmerz dorthin, wo sie herkommen: In einen Gott hinein, dem zugetraut wird, die Unverzeihlichkeit bis auf ihren Grund wahrzunehmen, auf sich zu beziehen und darüber hinaus und darin, ein unendlich guter Gott zu sein.

[1] Vgl. Ottmar Fuchs, Der zerrissene Gott. Das trinitarische Gottesbild in den Brüchen der Welt, Ostfildern 2014.

[2] Vgl. Ottmar Fuchs, Doxologie. Anerkennung Gottes in der Differenz, in: Johann Hafner/Julia Enxing/André Munzinger (Hg.), Gebetslogik. Reflexionen aus interkonfessioneller Perspektive (Beihefte zur Ökumenischen Rundschau 103), Leipzig 2016,181–207.

Christliche Mission verkündet diesen Gott, der derart in die tiefsten Tiefen und Untiefen menschlichen Lebens reicht und darin substantiell solidarisch ist.

4. Es gibt eine Gegenwart Gottes, als Bewahrheitung des guten Gottes, in den Erfahrungen seines Nicht-»Gott«-Seins. Im Christentum ist hier von Inkarnation die Rede. Von daher darf der Gedanke gewagt werden, dass Gott im Gekreuzigten für die Erfahrung seiner eigenen verborgenen und dunklen Seiten sühnt, in dem biblischen Sinn, dass Gott hier seine Reue bezüglich dessen zeigt, was Menschen in seiner Schöpfung auszuhalten haben. Es sind die Erfahrungen seines Mitseins mit den Menschen, vor allem im Mitleid mit den Leidenden und Sterbenden, aber auch im Schmerz über die Bösen. Denn was die Theologie als Sühne des inkarnierten gekreuzigten Gottes benannt hat, ist eben dieser Schmerz, der deswegen so unerschöpflich ist, weil diese Liebe so unergründlich ist.[3]. Wir haben diese Spur, diese in das Leben vieler Menschen eingeritzte Spur der Liebe und der Hingabe, die dem Tod trotzt. Und vielleicht ist es dann auch nur dieser Trotz, für den die Menschen nichts in der Hand haben oder womit man über den Tod hinaus etwas »beweisen« könnte. Doch der Trotz hat seine eigene Evidenz.

5. Deswegen ist es gut, wenn die Kirchen kreatürliche Bescheidenheit lernen. Und damit die Solidarität mit denen, die nicht glauben können. Weil es als Beleg für das Geglaubte nur den diesseitigen Glauben gibt. Es ist ein verrückt schwacher Glaube.[4] Die vielen Bücher und Rituale des Glaubens sind die kompensatorisch-gigantische Anstrengung des Glaubens und der Tradition, an das völlig Unwahrscheinliche, nämlich an Gottes Treue in diesem Leben und über den Tod hinaus glauben zu können. Aber das Vorzeichen von allem, was mit dem Glauben zu tun hat, ist dieses schwache, unterlegene, für keine Herrschaft nutzbringende Hoffen. Dies ist das große Geschenk des Glaubens. Auf diese Kraft ist der Glaube gebaut und damit nicht auf Sand, auch wenn es so ausschaut. Er ist gebaut auf dem in der Liebe wurzelnden Akt des Widerstands gegen den Tod. Noch unverzeihlicher als Gott wäre es, wenn es Gott nicht gäbe.

3 Analog zu Eltern, deren Liebe auch dann nicht aufhört, wenn Sohn oder Tochter Schlimmstes getan haben, aber nicht mehr im Aggregatszustand der Freude, sondern des Schmerzes.

4 Vgl. Michel de Certeau, Mystische Fabel. 16. bis 17. Jahrhundert, Berlin 2010; Gianni Vattimo, Ideologie oder Ethik. Von Marx zum schwachen denken, Lörrach 1988; Peter Hardt/Klaus von Stosch (Hg.), Für eine schwache Vernunft? Beiträge zu einer Theologie nach der Postmoderne, Ostfildern 2007.

6. Nach einer zum Teil blutigen Christentumsgeschichte im letzten Jahrtausend steht uns jetzt eine neue Missionsgeschichte bevor: Nämlich Gott ohne »Wenn-dann«-Exklusionen als das unendliche Geheimnis der unbedingten Liebe zu verkünden, so sehr, dass darin Unendlichkeit und Unbedingtheit sich gegenseitig ins Unerschöpfliche steigern: semper maior, immer größer, als wir sie uns vorstellen können. Ob und inwieweit Menschen dann auf diesen Glauben aufmerksam werden, sich in ihn hineinbegeben und von diesem unüberbietbar authentischen Bewusstwerden, von Gott in dieser Weise geliebt zu sein, ihr Leben gestalten, liegt nicht in unserer Macht, sondern in der Kraft des Geistes Gottes selbst. Dieses Nicht-im-Griff-haben-Können-und-Müssen entlastet von Gotteskomplexen und bewahrt die Anderen vor Zwangsstrategien jeder Art.

Dieser Glaube ist scharf abzugrenzen von religiösen Haltungen, in denen die Glaubensgrenzen die Heilsgrenzen sind. Die Abgrenzung liegt also inhaltlich in der Entgrenzung. Dieser Wenn-Dann-Verzicht ist ein empfindlicher religiöser und argumentativer Machtmangel. Dies ist eine Auseinandersetzung innerhalb des Christentums selbst, wo weltweit insbesondere dessen fundamentalistische Anteile, mit wieder verschärften Ausgrenzungen, zahlenmäßig explodieren, die, um die Ungläubigen vor der Hölle zu bewahren, diese mit psychischem Terror zu gewinnen versucht.

7. Dies beinhaltet, dass der Glaube in keiner Weise Bedingung und damit Druckmittel sein kann. Der mittlerweile im Christentum weitgehend anerkannten Universalität der Diakonie, nämlich dass alle Menschen gleich welchen Glaubens oder Nichtglaubens sie sind, gleich welche Schuld sie auf sich geladen haben, ein Anrecht auf Hilfe und Barmherzigkeit, Befreiung und Gerechtigkeit haben, entspricht eine eigenartige Universalität des Glaubens: Nämlich dass in ihm darauf vertraut wird, dass alle Menschen von Gott geliebt sind, dass der Glaube genau dies sagt, ohne sich selbst zur Bedingung der Liebe zu machen, und dass die Gläubigen stellvertretend für alle anderen diesen Glauben für die Rettung der ganzen Welt aufrechterhalten und im Leben darstellen.

8. Gott selber hält es nicht für notwendig, alle Menschen zum Glauben zu erwählen. Denn die Jüngerinnen und Jünger werden bekehrt, sie haben sich nicht bekehrt. Es ist immer die Initiative Gottes, die Initiative seiner Erwählung, sei es durch die Geburt in den christlichen Glauben hinein und die darauf folgende Bekehrung, sei es durch die Bekehrung allein.

Daraus folgt eine Mission, die ihr Wesen auch dann nicht aufgibt, wenn sie ohne Gewinn im Sinne der Rekrutierung bleibt. Es ist eine Sendung, in der Zachäus bleiben darf, was er ist, in der der nichtglaubende Mensch bleiben darf, was er ist, in der aber nach Erfahrungsmöglichkeiten, nach ursprünglichen Affinitäten für Einstellungen und Haltungen gesucht wird, die die Menschen offen sein lassen für eine Wirklichkeit, die sie nicht selber herstellen und der sie sich verdanken, und für gegenseitige Veränderung in Richtung auf universale Lebenshilfe und Solidarität. Die erste Mission besteht immer darin, Menschen in ihrer Hoffnung und ihrem Vertrauen zu stärken, dass sie geliebt sind und dass sie solche Erfahrungen zwischen den Menschen als Spur der Liebe Gottes sehen dürfen. Drohpotentiale und Wenn-Dann-Erpressungen weichen der Hilflosigkeit des Zeugnisses.

Wie mir vor Jahren erzählt wurde: Eine muslimische und eine christliche Familie wohnen in Nachbarschaft zueinander, gehen gut miteinander um, in Hilfsbereitschaft und Freundlichkeit. Bis eines Tages die muslimische Frau zur christlichen Nachbarin sagt: »Ich kann es nicht mehr aushalten glauben zu müssen, dass ihr nicht in den Himmel kommt.« Wo Menschen sich in ihrem je eigenen Glauben so von einem beängstigenden und ausgrenzenden Gott erlösen lassen, wo sie erfahren, »von guten Mächten wunderbar geborgen« zu sein, ist christliche Mission gelungen.

B Vertiefungen

Zunächst gehe ich in die Geschichte eines eher katholischen Diskurses, der ebenso alt wie vielleicht schon wieder neu, jedenfalls nicht zu vergessen ist: Zur Entwicklung des Pastoralbegriffs auf der Basis der Grundperspektive des Zweiten Vatikanums und seiner schon früh reflektierten Bedeutung für das Missionsverständnis. Vom Glaubens- und Kirchenverständnis hängt immer auch das Missionsverständnis ab.[5] Es gibt vor allem zwei Begriffe, die seit einem halben Jahrhundert die Identität der Kirche beschreiben, auf der einen Seite der Pastoral-, auf der anderen Seite der den ersteren programmatisch rekonstruierende Evangelisierungsbegriff. Man kann beide durchaus als koextensiv und inhaltlich identisch anschauen. Interessant ist abschließend ein Abgleich mit entsprechenden ökumenischen Dokumenten, vor allem, was den den Kirchen gemeinsamen Evangelisationsbegriff anbelangt.

5 Vgl. Ottmar Fuchs, Mission (Missionsorden) – auch im 21. Jahrhundert gefragt?, in: Zeitschrift für Missionswissenschaft und Religionswissenschaft 86 (2002) 3,163–191.

Folge ich der Pastoralkonzeption des Zweiten Vatikanums, dann ist unter der Pastoral der Kirche ihr gesamtes Glauben, Handeln, Reagieren, auch ihr Nichthandeln und Schweigen in einer bestimmten Zeit und Situation zu verstehen. Subjekt dieser Pastoral sind alle Gläubigen: Die Eltern handeln pastoral, wenn sie entsprechend mit ihren Kindern umgehen; Verantwortliche in der Wirtschaft handeln pastoral, wenn sie Ökonomie und Gerechtigkeit zusammen buchstabieren. Nach Gaudium et spes bezieht sich das pastorale Handeln also nicht nur auf die Innenseite von Kirche, sondern bestimmt auch ihre Außenbeziehung, ihre Verantwortung für die ganze Welt. Pastoral ist die synchrone gegenwartsrelevante und -gestaltende Bedeutsamkeit der Erinnerung der Tradition, wie letztere selbst sich vielen diachronen »Pastoralen« verdankt. Dieser Pastoralbegriff beinhaltet beides, das solidarische und gemeinschaftliche Soziale, wie auch die Gottesbeziehung in Verkündigung, Gebet und Ritual.

Mit der Pastoral kann die deskriptive Frage danach gestellt sein, wie sie empirisch ausschaut, aber auch, wie sie ausschauen sollte oder dürfte. Dieser normative Anteil hat selber wieder zwei Dimensionen, die indikative und die imperative: Die erstere beinhaltet, was beispielsweise die Gemeinde als »Leib Christi« längst ist (vgl. 1 Kor 12,27). Dieser gnadentheologische Aspekt ist im Normbegriff mitzudenken. Er beinhaltet erst im zweiten Teil, was die Gemeinde sein soll. Auf diesem Hintergrund wird umso einsichtiger, dass die pastorale Praxis ein proprialer theologischer Ort ist, mit entsprechend normativer Valenz, im doppelten Sinn, nämlich als Vorgegebenheit der Gnade und von daher als entsprechende Aufgabe. Es kann auch sein, dass die Deskription einer pastoralen Praxis normative Qualität haben kann, wie die Beschreibung der Praxis Jesu in den Evangelien, als Vor-Gabe für die Aufgabe.

Der Wort- und Tatcharakter christlicher Existenz benötigt pastorale Räume und Zeiten seiner Selbstverwirklichung in beiden Bereichen. Deswegen bemühe ich den Pastoralbegriff nicht nur für die Sozialpastoral und die Pastoralgemeinschaft, sondern auch für die Glaubenspastoral und die Religionsgemeinschaft.[6] Während nach Hans Joachim Sander die Religionsgemeinschaft im Dienst der Tradition und der Ordnung des Überbrachten steht, weiß sich die Pastoralgemeinschaft den Menschen, wo immer sie leben, und vor allem den benachteiligten und leidenden Menschen verpflichtet.[7] Ich

6 Vgl. Ottmar Fuchs, Taufe und Gemeindeentwicklung, in: Walter Kasper et al. (Hg.), Weil Taufe Zukunft gibt, Ostfildern 2011, 34–75: 34ff.

7 Vgl. Hildegard Wustmans, Fragile Orte der Hoffnung in der Pastoral, in: Theologisch-Praktische Quartalschrift 158 (2010) 4, 408–416, 408ff.; Hans Joachim

bringe hier lieber meinen alten Vorschlag ein, im ersteren Fall von Glaubensgemeinschaft zu sprechen und den Pastoralbegriff auch auf die Glaubensgemeinschaft zu beziehen, denn auch die Verkündigung und die Erinnerung gehören zum pastoralen Vollzug dazu und benötigen ihn.[8] Denn die Erinnerung, vorweg die biblische, konstituiert sich selbst durch pastorale Erfahrungen in Wort, Ritual und solidarischer Tat.

Inhaltlich nimmt pastorales Handeln nämlich Maß an Jesus, der sich selber als den Hirten bezeichnet hat, der das Verlorene sucht, der Gerechtigkeit will, zur Liebe ermutigt und Gott als Rettung der Menschen verkündet. Die Kirche ist in dieser Welt der fortlebende »Pastor bonus«, der inkarnierte gute Hirte, der so mit allen Menschen umgeht, wie Jesus dies getan hat. Die Pastoral umfängt damit nicht nur die Seelsorge, sondern auch die Diakonie, nicht nur die Verkündigung, sondern auch die soziale Solidarität. Aber auch umgekehrt gilt: Es geht nicht nur um soziale Solidarität, sondern auch um die Verkündigung der Reich-Gottes-Botschaft, es geht nicht nur um die Diakonie, sondern um die Eröffnung einer ganz besonderen, die Liebe tragenden und insgesamt erlösenden Gottesbeziehung. Der Kirche bleibt die Aufgabe, beides in gegenseitiger Offenheit zu repräsentieren.

Von daher gehört es zur kirchlichen Identität, in einer ganz spezifischen Weise in die Gesellschaft hinein zu wirken, nämlich das Leben aus der Gnade Gottes heraus in Solidarität mit den anderen Menschen zu verantworten, und die Solidarität mit den Menschen als einen theologischen Ort zu begreifen, wo sich Gottes Gnade im Bereich der Solidarität unter den Menschen ereignet.

Im Lichte der Semiotik-Theorie von Charles S. Peirce gesehen, ist das Außen oder Andere des eigenen Innen ein integraler Bestandteil der Identität, weil letztere nur entsteht und Bedeutung gewinnt im Kontakt mit dem, was es nicht selber ist.[9] Entsprechend präzisiert Sander den Pastoralbegriff der Pastoralkonstitution des Zweiten Vatikanums, insofern die Kirche und die persönliche Existenz der Gläubigen ihre pastorale Identität dadurch realisieren, dass sie sich in Wort und Tat auf die Welt hin entwerfen und so zum integralen Zeichen des Reiches Gottes in der Welt werden.[10] Ohne diese Con- und

Sander, Nicht verschweigen. Die prekäre Lage der Kirche, Würzburg 2002.

8 Vgl. Ottmar Fuchs, Glaubenspastoral zwischen Innen- und Außen, in: Jan-Heiner Tück (Hg.), Erinnerung an die Zukunft. Das Zweite Vatikanische Konzil, Freiburg i. Br. 2012, 493–536.

9 Vgl. Charles Hartshorne/Paul Weiss (Hg.), Collected Papers of Charles Sanders Peirce, Vols. 1–6, Vols. 7–8, Cambridge Mass. 1931-1935, Vol. 5.

10 Vgl. Hans-Joachim Sander, Die Zeichen der Zeit erkennen und Gott benennen, in: Theologische Quartalschrift 182 (2001) 1, 27–40.

Proexistenz, ohne diese Mitfreude und diese Conpassio gibt es keine authentische christliche und kirchliche Existenz. Dabei entsteht eine Verbindung eigener Art, allerdings ohne dass Kirche und Welt ineinander aufgehen. Der Zeichenwert zerfällt, wenn die Kirche nicht ihr inhaltliches Gegenüber zur Welt behauptet, wie er auch zerfällt, wenn die Kirche diese Inhalte nicht im Austausch mit der Welt realisiert. Tut sie beides, dann wird sie dem inkarnatorischen Prinzip ihrer Herkunftsbasis in der Menschwerdung des Gottessohnes gerecht.

Die christliche Botschaft geht also, christologisch gesprochen, nicht nur davon aus, dass Christus in dieser Form in der Kirche präsent ist, sondern dass, weil die ganze Schöpfung durch Christus erschaffen wurde (vgl. Kol 1,16), auch dieser Christus in allen Menschen, Kulturen und Religionen zum Vorschein kommen kann. Für die christliche Botschaft hängt alles daran, diesen dann jeweils anders genannten Christus als das eigene Gegenüber zu identifizieren, anzuerkennen und die entsprechende Beziehung aufzunehmen. Dies ist der Grund dafür, warum alle Kräfte guten Willens in der Welt für die Kirche allianzfähig und kooperationsnotwendig sind: Zu Gunsten einer immer breiteren Christuspräsenz in Kirche und Welt und damit eines gemeinsamen Bauens am »Reich Gottes«, wie wir es nennen, unbeschadet dessen, wie es die anderen bezeichnen.

Präzisiert der Pastoralbegriff die Bezugsweise der Kirche nach innen und nach außen, dann beinhaltet die Pastoral auch das missionarische Handeln der Kirche und prägt zugleich dieses Handeln inhaltlich. Der Missionsbegriff seinerseits legt an die Pastoral eine Dynamik an (oder auch: er präzisiert eine bestimmte Dynamik) nämlich die einer Lebendigkeit, die sich mit dem Status quo selten zufrieden gibt, nicht im Sinne einer permanenten Unruhe, sondern im Sinne einer geschichtlichen Repräsentanz des göttlichen Semper maior in den Vollzügen der Pastoral, und dies beinhaltet auch ein Semper maior des Zur-Ruhe-Kommens, also von beidem, von Aktion und Kontemplation. Die Mission thematisiert in der Pastoral die entscheidende Dynamik zwischen innen und außen. Insofern ist das Missionarische die Grundhaltung aller Pastoral, und die Pastoral ist Grundlage aller Mission. Dieser dynamisierende kirchen- , gesellschafts- und weltbezügliche Anteil des Pastoralbegriffes mündet in den Missionsbegriff und präzisiert dessen inhaltliches Verständnis,[11] insofern jede lokale Kirche zugleich eine missionarische Kirche ist (und nicht nur diejenigen in den sogenannten Missionsländern).

11 Zum Verhältnis von Mission und Pastoral vgl. als erste diesbezüglich programmatische Monographie Franz Weber, Mission – Gegenstand der Praktischen Theologie?, Frankfurt a. M. 1999.

Die Pastoral jeder Teilkirche befindet sich damit konstitutiv in einem »Missionsland«, das nicht mehr verstanden wird als defiziente Beschreibung eines noch nicht oder nicht mehr »christianisierten« Landes, sondern als konstitutiver Kontext jeder Teilkirche, sich in einer konstruktiven, am Reich Gottes orientierten Relation zu Andersgläubigen und Anderslebenden im eigenen Land und zu den Mitchristen und Teilkirchen anderer Länder (wie zu deren Beziehungen zu Andersdenkenden und Anderslebenden, auch bei sich selbst) zu bestimmen und auch von diesem »Außen« ihrer selbst her die eigene pastorale Praxis zu entwerfen. Der Mission kommt in der Pastoral die Wächteraufgabe zu, die angesprochene Relationalität des je Eigenen einzuholen und diese Relation praktisch als reziprokes Begegnungsgefüge und als solidarischen Lebenszusammenhang zu verwirklichen. Der Missionsbegriff garantiert, dass die Außenperspektive für die Pastoral nicht beliebig ist, sondern eine inhaltliche und strukturell zu garantierende Notwendigkeit aufweist. Das Missionarische erfasst in der Pastoral jene Dynamik, sich möglichst intensiv und weitgehend in die Lebenszusammenhänge der Menschen und der Gesellschaft, in der sich die Kirchen befinden, hineinzubegeben, mit allen Kräften guten Willens zusammenzuarbeiten, und so möglichst viel von dem, was die Kirchen Reich Gottes nennen, also möglichst viel an aufbauender Transzendenzbeziehung (auch in anderen Religionen) und an Gerechtigkeit und Barmherzigkeit (im Einsatz für die Benachteiligten und für die Armen), also im Bereich der Martyria wie auch im Bereich der Diakonia, in den Gesellschaften mitaufzubauen: Nicht vereinnahmend, aber in der Hoffnung, dass Menschen auf die Kirche neugierig werden und Zugänge für den Glauben erspüren.

Um das Verständnis des pastoralen Geschehens zu komplettieren, sei daran erinnert, dass es sich im Horizont von Gnade und Gericht ereignet. Zunächst sucht pastorales und missionarisches Handeln nach dem, was die Gnade Gottes bereits geschenkt hat, nämlich wo in der Kirche und außerhalb möglicherweise schon viel von dem vorhanden ist, was in den Evangelien das Reich Gottes genannt wird, immer ansatzhaft selbstverständlich, oft auch mit anderen Namen und Motivationen. Pastorales und missionarisches Handeln sucht zuerst nach den Ermöglichungsbedingungen, nimmt sich selber in die Pflicht, diese zu entdecken und so weit wie nötig herzustellen, die es dann den Menschen von ihren eigenen Ressourcen her ermöglichen, an Christus zu glauben und auch dementsprechend ihr Leben zu gestalten. Eine solche Haltung der Pastoral könnte man auch eine ökologische Mission nennen:[12] Eine Tätigkeit nämlich, die von der Schöpfung und von den kreativen wie

12 Vgl. Ottmar Fuchs, Ökologische Pastoral im Geiste Teilhards de Chardin, in: Orientierung 59 (1995) 10, 115–119.

kreatorischen Gestaltungen der Menschen ausgeht und kein heilsames Jota davon unter den Tisch fallen lässt.

Wenn dies klar ist, kann demgegenüber mit gleicher Betonung gesagt werden, dass die pastorale Tätigkeit auch eine prophetische Dimension hat, dass sie das künftige Gericht in die Gegenwart hineinspricht, nicht als Drohpotential, sondern als Warnsignal, ganz im Sinne von Mt 25, 35-45, worin Jesus sein künftiges Verhalten als Richter an ein ganz bestimmtes *soziales* Verhalten ihm gegenüber in den Armen und Leidenden bindet. Der einzige Glaube, der hier gefordert ist, ist genau dies zu glauben, dass es dieses Gericht gibt. Das »Heulen« der Verurteilten ist, entsprechend der eschatologischen Rechtfertigungsgnade, nicht das Ergebnis eines Liebesentzugs, sondern ist ein Weinen, das *in* der Versöhnungsliebe möglich ist.[13] Es wird ihnen Leid tun, Leid zugefügt zu haben. Genau dies ist das sie rettende Gottesgeschenk.

Verbindet man das programmatische Zitat aus der Kirchenkonstitution Lumen gentium 1, dass die Kirche Zeichen und Werkzeug der Liebe Gottes zu den Menschen sei, mit dem programmatischen Beginn der Pastoralkonstitution, worin die »engste Verbundenheit der Kirche mit der ganzen Menschheitsfamilie« damit präzisiert wird, dass »Freude und Hoffnung, Trauer und Angst der Menschen von heute, besonders der Armen und Bedrängten aller Art, auch Freude und Hoffnung, Trauer und Angst« der Christen und Christinnen sind (Gaudium et spes 1), dann interpretiert GS 1 das Zitat aus LG 1 in einer ganz bestimmten Weise: Nämlich dass die Sorgen und Freuden der Menschen gesehen und gehört werden. Wer sie nicht wahrnimmt, hat mit LG 1 nichts zu tun.

Was in GS implizit enthalten ist, aber nicht konzeptionell entfaltet wird, ist die daraus resultierende Pluralisierung der Pastoral. Denn wer sich um veränderte menschliche und pastorale Umstände kümmert, muss differenziert hinschauen und zuhören. Und diejenigen, die sich dafür öffnen, dass die Erfahrungen der Menschen auch ihre eigenen sind und damit konstitutive Bedeutung haben, gehen über die Wahrnehmung hinaus zu einem Ortswechsel, der von den Erfahrungen der anderen her das eigene Verhalten prägt. Es geht um mehr als das Hinschauen, es geht um eine bestimmte Reaktion auf das Gesehene, nämlich darum, dass alles Menschliche »im Herzen (der Gläubigen) seinen Widerhall« findet (GS 1). Das lateinische Wort heißt hier »resonet«: Es geht also um die Resonanzfähigkeit kirchlicher Pastoral hinsichtlich dessen, was die Menschen, vor allem die Bedrängten, erfahren.

Es ist übrigens interessant und aufschlussreich, dass der Soziologe Hartmut Rosa im Anschluss an Charles Taylor den Vorgang der »echten Resonanz-

13 Vgl. Fuchs, Die andere Reformation, 30–49.

beziehung« als Wiedergewinnung authentischen Lebens gegenüber den entfremdenden Beschleunigungen in Wirtschaft und Gesellschaft vorschlägt.[14] Ohne diese Resonanzfähigkeit gibt es auch keine Evangelisierung. Letztere ereignet sich also in einem doppelten »Hörer und Hörerin des Wortes«-Sein: Im Hinhören auf die Geschichten der Vergangenheit, wie sie in der Bibel und in der kirchlichen Tradition Gottes Handeln in der Geschichte zum Vorschein bringen, und im Hinhören auf die Menschen in der Gegenwart und auf ihre Geschichten, damit die ersteren tatsächlich als für das je eigene Leben relevant erfahren werden können. Resonanz der Pastoral und Relevanz des Evangeliums bedingen sich gegenseitig. Beides konstituiert die Wahrnehmung der »Zeichen der Zeit« in konkreten Verhältnissen und das Setzen neuer Wirklichkeit als Zeichen des Reiches Gottes in dieser Welt.

Eine sich platonisch gebende Kirche und Pastoral hätte demgegenüber einige Vorteile, allerdings vom Evangelium her strikt unerlaubte, denn die Sehnsucht, Wirklichkeit über »reine« Abstraktionen, angeblich »unschuldige« Prinzipien und Idealisierungen im Griff haben zu wollen, entlastet zwar von der gründlichen Wahrnehmung der Wirklichkeit, entspricht aber ganz und gar nicht jener Geschichtstheologie, die mit der Theologie der »Zeichen der Zeit« im Horizont der topologischen Struktur der Heilsgeschichte verbunden ist.[15]

Was sich die Kirche einholt, wenn sie das Leben der Menschen »einholt«, sind in jedem Fall Turbulenzen und Konflikte, sowohl zwischen vorgesetzten Prinzipien und Abstraktionen und dem wirklichen Leben auf der einen, und zwischen unterschiedlichen wirklichen Leben auf der anderen Seite. Wer menschliches Leben wahrnehmen will, ist immer zugleich gezwungen, die darin aufscheinende Vielfältigkeit und Widersprüchlichkeit ernst zu nehmen.[16] Die generelle Aussage, menschliches Leben wahrzunehmen, macht

[14] Vgl. Hartmut Rosa, Beschleunigung und Entfremdung. Entwurf einer kritischen Theorie spätmodener Zeitlichkeit, Berlin 2013, 142ff.; ders., Resonanz. Eine Soziologie der Weltbeziehung, Berlin 2016.

[15] Zum Begriff des Topologischen in diesem Zusammenhang vgl. Ottmar Fuchs, Praktische Hermeneutik der Heiligen Schrift, Stuttgart 2004, 415ff.: In der dort entwickelten »topopraktischen Kriteriologie biblischer Hermeneutik« wird das Verhältnis zur biblischen Botschaft als eine Begegnung verstanden, in der die personalen und situativen Voraussetzungen der Menschen, die biblischen Geschichten begegnen, eine eigene konstitutive Bedeutungskraft entwickeln. Vgl. auch ders., Ermutigung zu einer topopraktischen Pastoral, in: Peter Hünermann/Bernd-Jochen Hilberath (Hg.), Herders theologischer Kommentar zum Zweiten Vatikanischen Konzil, Bd. 5, Freiburg 2006, 403–414.

[16] Vgl. Ottmar Fuchs, Plädoyer für eine radikale Pluralitätsethik, in: Zeitschrift für Missionswissenschaft und Religionswissenschaft 77 (1993) 1, 62–77.

zwar den Wirklichkeitsbezug zum Thema, erörtert aber noch lange nicht die pastorale Mikropraxie in ihrer Pluralität und darin kaum möglichen Exklusion.[17] Es gilt GS 37,4: Durch Christi Erlösung »kann und muss der Mensch nämlich gerade die von Gott geschaffenen Dinge lieben.«[18]

2 Pastoral als Evangelisierung

Die nachkonziliaren Schlüsseldokumente der katholischen Kirche für die angedeuteten Zusammenhänge in der »Pastoral« sind die Enzyklika »Evangelii nuntiandi« von Paul VI. und die Enzyklika »Evangelii gaudium« von Papst Franziskus (nicht von ungefähr in Alliteration zum 40 jährigen Jubiläum von »Evangelii nuntiandi«).[19] Mit dem Begriff der Evangelisierung charakterisiert Paul VI. in »Evangelii nuntiandi« (in Nr. 14) die »tiefste Identität« der Kirche. Im Grunde benennt Paul VI. damit all das, was die Quintessenz des Zweiten Vatikanums gewesen ist: Nämlich die Verbindung von Glaube und Wirklichkeit, von christlicher Lehre und menschlichem Leben, und unterstreicht dies als zukünftigen Weg der Kirche. Und eben diese Bemühung, Bekenntnis und Leben wieder in gegenseitiger Fruchtbarkeit aufeinander zuzubringen (und nicht die Behauptungsebene bereits als Erfahrungsebene auszugeben), muss sich konsequenterweise neu um diejenigen kümmern, bei welchen die Erfahrungen verankert sind, nämlich um die Menschen in ihren konkreten Lebenszusammenhängen.[20] Flächendeckende (Rück-)Eroberungsphantasien haben hier keinen Raum.[21]

17 Vgl. Hans-Joachim Sander, Das singuläre Geschichtshandeln Gottes – eine Frage der pluralen Topologie der Zeichen der Zeit, in: Peter Hünermann/Bernd-Jochen Hilberath (Hg.), Herders theologischer Kommentar zum Zweiten Vatikanischen Konzil, Bd. 5, Freiburg i. Br. 2006, 134–144.

18 Vgl. ders., Kommentar zu Gaudium et spes, in: Peter Hünermann/Bernd-Jochen Hilberath (Hg.), Herders theologischer Kommentar zum Zweiten Vatikanischen Konzil, Bd. 4, Freiburg i. Br. 2005, 581–886: 756.

19 Die missionstheologische Valenz von Evangelii gaudium verfolge ich hier nicht weiter, vgl. Markus Luber, Missio inter gentes und Evangelii gaudium, in: Zeitschrift für Missionswissenschaft und Religionswissenschaft 98 (2014), 254–269; Klaus Krämer, Klaus Vellguth (Hg.), Evangelii gaudium. Stimmen der Weltkirche, Freiburg i. Br. 2015.

20 Vgl. Ottmar Fuchs, Ist der Begriff der »Evangelisierung« eine »Stopfgans«?, in: Katechetische Blätter 112 (1987), 498–514.

21 Vgl. Ottmar Fuchs, Was ist Neuevangelisierung?, in: Stimmen der Zeit 210 (1992) 7, 465–472.

Deshalb entwickelt das zweite Vatikanum den Kirchenbegriff auf der Basis der Volk-Gottes-Vorstellung. Evangelisierung ist als der Prozess anzusehen, in dem die Botschaft des Evangeliums in Wort und Tat so verkündigt wird, dass darin die Kompetenzen aller Beteiligten (ihre »Charismen«) zum Zug kommen. Die Wirksamkeit nach außen hängt dabei wesentlich an der Zeugniskraft der praktischen Verwirklichung dieser christlichen Identität der Kirche.[22] Die Kirche missioniert sich selbst, und in diesem Zeugnis verausgabt sie sich nach außen in die Welt hinein.

»Basileia« ist das neutestamentliche Wort für das »Reich Gottes«. So geht es nicht um eine Verkirchlichung der Welt, sondern um ihre »Basileisierung«. Was dabei für die Kirche »herausspringt«, darf sie getrost von der Gnade Gottes abhängig machen und als nicht produzierbares Geschenk empfangen. Jesus spricht vom Reich Gottes, wenn er in der Begegnung mit Armen, Stigmatisierten und Schwachen seine Heilsbotschaft im Heilen kundtut, bzw. indem er den Sündern Gottes Vergebung zuspricht. Er spricht auch vom Reich Gottes, wenn er sich in seinen Reden und Gleichnissen mit den Armen und Leidenden solidarisiert: Wenn ich mit dem Finger meiner Hand heile, schlimme Entfremdungen austreibe, wenn ich gegen die Marginalisierung der Leidenden und Ausgegrenzten spreche und handle, wenn ich von einem rettenden und versöhnenden Gott spreche, dann ist das Reich Gottes zu euch gekommen! (Vgl. Lk 11,20).

Was die Kirche aufgrund der biblischen Offenbarung hoffnungsschenkend und ermutigend Reich Gottes zu nennen vermag,[23] geht in seiner faktischen Präsenz selbstverständlich über sie hinaus: Und zwar nicht nur im Liebes- und Gerechtigkeitshandeln vieler Menschen, sondern auch in den Transzendenzvorstellungen vieler Religionen und in den nichtreligiösen Symbolisierungen (in Bildern der Kunst, in Meditationen, in der Poesie, in der Musik usw.), welche die Hoffnung in hoffnungsarmen Situationen aufrechterhält, auch im immer wieder drohenden Sinnlosigkeitsverdacht bei dem Risiko, Gerechtigkeit, Freiheit und Liebe in dieser Welt praktisch zu vertreten.

Mission ist damit nicht nur an der bekenntnisorientierten Bekehrung Andersdenkender und Andersgläubiger orientiert. Mission im Kontext des Evangelisierungsbegriffes kann nicht nur auf die glaubensmäßige und sakramentale Begegnung mit Christus bezogen werden, sondern betrifft auch die mitmenschliche Praxis des Reiches Gottes in der Begegnung mit dem Christus, der in den Armen und Unterdrückten anwesend ist und in ihnen seinen be-

22 Vgl. Evangelii nuntiandi Nr. 21.

23 Vgl. Helmut Merklein, Die Gottesherrschaft als Handlungsprinzip. Untersuchung zur Ethik Jesu, Würzburg 1978.

sonderen Geist zur Sprache bringt (vgl. Röm 8,25). Gleichgültig, aus welchen Kulturen und Religionen sie kommen: Menschen haben immer einen herausragenden Verkündigungswert bezüglich dessen, was faktisch Gerechtigkeit und Solidarität bedeutet. Von einem solchen Missionsverständnis her ist die Subjektbasis der Pastoral zu erweitern: Nicht nur die Gläubigen, sondern alle Menschen können Subjekt pastoralen Handelns sein (analog dazu, dass alle Menschen gültig taufen können).

Jede Hoffnungs- und Humanitätssteigerung, welche durch religiöse und kirchliche Initiativen ermöglicht und vorangetrieben wird, ist (auch ohne dass die Adressaten deswegen schon in den Innenbereich der Kirche wanderten) durch und durch eine Arbeit am Reich Gottes in dieser Welt und gehört damit wesentlich zur Mission. So geht es nicht nur darum, die Fernstehenden wieder in die Kirchenbereiche hineinzubekommen, sondern dass sie da, wo sie jetzt sind und wahrscheinlich auch bleiben werden, in ihrer dortigen und eigenen Fähigkeit zur Hoffnung und zur Menschlichkeit angetroffen und aufgebaut werden. So wird die Kirche der weltliche Ort der unter Menschen so schwierigen göttlichen Kombination von Liebe und Freiheit. Eine Stunde Gespräch in einem Nebenraum der City-Kirche mit jemandem, der oder die wahrscheinlich nie wieder kommt, hat, wenn es Hoffnung und Menschlichkeit gegeben hat, auch in dieser Flüchtigkeit in den Augen einer solchen Theologie und nicht zuletzt in den Augen Gottes, der das Flüchtige einsammelt, einen unendlichen Wert.

Hier zeigt sich eine entscheidende missionarische Entgrenzung nach innen und nach außen, die eine permanente Entideologisierung des Glaubens und Entorganisierung institutioneller Grenzen provoziert. Einmal die Entgrenzung nach innen, insofern zum Zentrum der Kirche und zu ihrem besonderen Verantwortungsbereich von vorneherein alle die gehören, die in Not sind, und zwar allein deswegen, weil sie in Not sind, herkommend aus welchen Religionen und Kulturen auch immer. Dann um deretwillen die Entgrenzung nach außen, indem Christen mit allen Initiativen und Gruppen, mit allen Menschen guten Willens aus allen Religionen und Kulturen zusammenarbeiten und sich mit denen solidarisieren, die sich in ihren Aktionen und Parteinahmen für die Leidenden im eigenen Land und in anderen Ländern einsetzen und darauf aus sind, die sozialpolitischen und wirtschaftlichen Ursachen des Leidens aufzudecken und zu bekämpfen. Christliche Mission hat Kritik einzubringen, eigenen Kirchengestalten und sozialpolitischen Bereichen gegenüber genauso, wie anderen Religionen und Gesellschaftsformen.[24]

[24] Vgl. Ottmar Fuchs, Religionskritik als praktisch-theologische Aufgabe, in: Zeitschrift für Missionswissenschaft und Religionswissenschaft 98 (2014), 241–253.

Die Kirchen glauben an die unüberbietbare Authentizität der Offenbarung in Christus. Die Frage ist nur, in welchen Kategorien diese »Unüberbietbarkeit« zum Einsatz kommt: Es ist eine Unüberbietbarkeit an Anerkennung (und ein Vorschuss von Grundvertrauen, dass Gott schon vor dem Missionar da ist[25]), an Toleranz und Kooperationsbereitschaft, an Antifundamentalismus in dem Verzicht auf Diviniserung der eigenen partiellen Glaubenseinsichten, an Gottvertrauen und Freiheitsliebe, an Selbst- und Anderenkritik (aber jeweils strikt gebunden an die christlichen Werte der Gerechtigkeit und der Barmherzigkeit), an Gewaltverzicht und Ermächtigung der Ohnmächtigen, an Hoffnung, in der Alterität der anderen bisher unentdeckte Seiten des immer wieder fremden Geheimnisses Gottes zu entdecken. So gibt es tatsächlich eine Unüberbietbarkeit des Christentums, die mit der theologischen Größe des Reiches Gottes gegeben ist. Nur muss man genau hinsehen, welcher Praxis man dabei dient. Einen davon abstrahierenden Machtanspruch kann es nicht geben.

3 *Missionskonzepte in der Ökumene*

Auf dem Hintergrund des katholischen pastoral orientierten Missionsverständnisses gewinnen einige ökumenische Vorstellungen bzw. Programme anderer Kirchen ein interessantes Profil der Ähnlichkeiten und Unterschiede. Basis ist hier, analog zum katholischen Pastoralbegriff, die »Evangelisation« (was einige Affinität mit dem katholischen Evangelisierungsbegriff aufweist) als Sendung der Kirchen. Im ökumenischen Feld gibt es verschiedentliche Dynamiken zwischen auseinanderliegenden Positionen, deren Abstand zueinander unterschiedlich besetzt wird. Dabei wird bei keiner (auch einseitigen) Besetzung der gegenüberliegende Pol ganz vernachlässigt.

Ein Beispiel: Die ökumenische Erklärung »Gemeinsam für das Leben«, eine Missionserklärung des ökumenischen Rates der Kirchen, benennt die Spannung von Gottes- und Menschenbezug: »In unterschiedlichen Kirchen gibt es unterschiedliche Vorstellungen davon, welche Gestalt die Evangelisation [...] annehmen soll. Für die einen dient die Evangelisation dem vorrangigen Ziel, Menschen zur persönlichen Bekehrung durch Jesus Christus zu führen; für andere geht es bei der Evangelisation um Solidarität und christliches Zeugnis, die in der Begleitung unterdrückter Völker zum Ausdruck kommen.«[26]

[25] Vgl. Leonardo Boff, Gott kommt früher als der Missionar. Neuevangelisierung für eine Kultur des Lebens und der Freiheit, Düsseldorf 1992.

[26] Dokumentation: Gemeinsam für das Leben. Mission und Evangelisation in sich

Eine nicht unwesentliche Differenz tut sich dabei in der Frage auf, ob denn der Einsatz für Gerechtigkeit ein integraler Bestandteil des Missionsverständnisses ist oder »nur« als Folge und Auswirkung, als Umfeld des Glaubens wahrgenommen wird. Die *Kapstadt-Verpflichtung*, ein Dokument (2010) der evangelikalen Missionstheologie, tendiert dazu, dass der Kampf gegen Unterdrückung und für Gerechtigkeit zwar notwendig sei, aber nicht direkt zur Mission gehöre. Die Versöhnung der Menschen untereinander habe nicht die gleiche theologische Qualität wie die Versöhnung zwischen Mensch und Gott. In der sozialpolitischen Betätigung gehe es nicht um das Heil, sondern um eine Art Umfeld des Heils, für das die Menschen im Zusammenhang mit der Mission zwar verantwortlich seien, das aber nicht mit der Mission hinsichtlich des göttlichen Heils vermischt werden dürfe. Die Ethik sei das, was die Menschen leisten könnten; das Heil allein könne nur über die Rechtfertigungsgnade Gottes geschehen und über die entsprechende Glaubensannahme dieser Gnade. Dass auch das solidarische Handeln von der Gnade ermöglicht ist, scheint hier vergessen zu sein.[27]

Die Spannung zwischen der Glaubensverkündigung auf der einen und der caritativen und politischen Diakonie auf der anderen Seite entzerrt die Kapstadt-Verpflichtung durch temporale Flexibilität: »Integrale Mission ist Verkündigung und praktische Umsetzung des Evangeliums. Dies bedeutet nicht einfach, dass Evangelisation und soziales Engagement parallel erfolgen sollten. Vielmehr hat unsere Verkündigung bei integraler Mission soziale Konsequenzen, weil wir Menschen zu Liebe und Umkehr in allen Lebensbereichen aufrufen. Ebenso hat unser soziales Engagement evangelistische Konsequenzen, da wir die umwandelnde Gnade Jesu Christi bezeugen. Die Welt zu ignorieren, ist Verrat am Wort Gottes, das uns zum Dienst in der Welt beauftragt. Wenn wir das Wort Gottes ignorieren, haben wir der Welt nichts zu geben.«[28]

Die Kapstadt-Erklärung ist das Zeugnis einer gewissen Selbstkorrektur, insofern sie *nicht* in ähnlicher Weise wie die Lausanner Verpflichtung in Artikel

wandelnden Kontexte. Eine neue Erklärung des Ökumenischen Rates der Kirchen zu Mission und Evangelisation, in: Evangelisches Missionswerk in Deutschland (Hg.), Christus heute bezeugen: Mission auf dem Weg von Edingburgh 2010 nach Busan 2013, Hamburg 2013, 458– 94, Nr. 85.

27 Vgl. Fuchs, Die andere Reformation 67ff.

28 Die Kapstadt-Verpflichtung: Eine Erklärung des Glaubens und ein Aufruf zum Handeln. Dokumentation des 3. Internationalen Kongresses für Weltevangelisation vom 6.–15.10. 2010 in Kapstadt, in: Birgit Rinderhoff/ Michael Herbst/Ulf Harder (Hg.), Von Lausanne nach Kapstadt. Der 3. Kongress für Weltevangelisation, Neukirchen-Vluyn 2012, 224–286: 248 f.

Nr. 6 zur Evangelisierung aufruft. Erhard Berneburg, der Generalsekretär der Arbeitsgemeinschaft missionarische Dienste in der EKD hat dies so formuliert: »Mit großem Ernst über die ewige Verlorenheit der Menschen außerhalb des Heils in Christus, und die Notwendigkeit, ihn im Glauben anzunehmen, sagte die Lausanner Verpflichtung (3): ›Jesus Christus ... hat sich selbst als die einzige Erlösung für Sünder dahingegeben. Er ist der einzige Mittler zwischen Gott und Menschen. [...] Alle Menschen gehen an ihrer Sünde verloren, Gott aber liebt alle. Er will nicht, dass jemand verloren werde, sondern dass sich jedermann zur Buße kehre. Wer aber Jesus Christus ablehnt, verschmäht die Freude des Heils und verdammt sich zur ewigen Trennung von Gott.‹ «[29] 1974 war dies das Hauptmotiv zur Dringlichkeit der Mission. Es ist sicher nicht abwegig, dass dieses Motiv hintergründig (und manchmal auch vordergründig weiterhin und stellenweise vielleicht sogar verstärkt) eine beträchtliche Macht hat.

In diesem Zitat ist also völlig klar: Gott will, dass alle Menschen gerettet werden, aber es können von seiner Seite aus nur die gerettet werden, die an Christus glauben. Das heißt, im Endeffekt ist seine Liebe nur auf die beschränkt, die an ihn glauben. Es gibt eine Anfangsliebe blasser Art für alle Menschen (als Antrieb, dass sie doch zum richtigen Glauben kommen), aber die eigentliche Liebe Gottes gehört nur den Glaubenden, und zwar exklusiv den Nichtglaubenden gegenüber. Nach dem Motto: wer Gott verwirft, wird von Gott verworfen. Gott selbst wird auf die Do-ut-des-Reaktion reduziert und derart zum geheimnislosen Götzen gemacht. Der Gedanke, dass es bezüglich des Heils von Gott niemals ein Zuspät gibt, sondern immer ein Darüberhinaus, begründet in der Unendlichkeit und Nie-Abschließbarkeit seiner Liebe, hat hier keinen Platz.

Ganz anders klingt hier das Dokument »*Gemeinsam für das Leben*«: »Mission ist das Überfließen der unendlichen Liebe des dreieinigen Gottes. Gottes Mission beginnt mit dem Schöpfungsakt. Das Leben der Schöpfung und das göttliche Leben sind miteinander verflochten. Die Mission des Geistes Gottes schließt uns alle in einem unendlich großherzigen Akt der Gnade ein.«[30] Dieser Satz kann schlecht anders gedeutet werden, als dass Gottes Liebe allen Menschen geschenkt ist, allein schon durch die Geburt, und dass diese Liebe niemals verlorengeht. Mission besteht dann darin, diesen Tatbestand mit dem christlichen Bewusstsein davon, das Leben mit dem Glauben zu verbinden. Aber dieses Bewusstsein ist nicht die Bedingung der Liebe.

29 Zitat aus Lausanner Verpflichtung Artikel 3, zitiert bei Erhard Berneburg, Thesenblatt »Mission und Respekt« auf der missionstheologischen Konsultation vom 13.–15. 6. 2016 in Elstal, 3.

30 Gemeinsam für das Leben Art. 19.

Explizit wird die Siegerkategorie in Frage gestellt, etwa wenn es um »triumphalistische Heilungsgottesdienste geht: in denen der ›Heiler‹ auf Kosten Gottes verherrlicht wird, und in denen falsche Erwartungen geweckt werden.« [31] Denn wie soll dann Mission denen gegenüber geschehen, die keine Heilung erfahren, die keine Siege erleben und auf der Schattenseite des Lebens sich befinden?

Es geht also nicht primär um zahlenmäßiges Wachstum und um Missionsgewinn, sondern um die Selbstgestaltung im Horizont der Selbstentäußerung Christi und um die Gelassenheit, dem Geist Gottes zu überlassen, welche Auswirkung dieses Zeugnis auf die Menschen hat.[32] Es geht darum, »dass wir verletzlich sind, dass wir dem Beispiel Christi folgen und das Kreuz auf uns nehmen und uns selbst entäußern [...]«“[33] Authentische Mission besteht also darin, dass der andere Mensch ein Partner, eine Partnerin und nicht ein Adressatenobjekt der Mission wird.[34]

Dazu gehört es auch, jenen Gott, von dem wir in unserem Glauben ausgehen, auch anderswo wahrzunehmen und in einer entsprechend würdigenden Kommunikation dies zu bezeugen. »Gott ist da, bevor wir kommen (Apg 17) und unsere Aufgabe ist es nicht, Gott mitzubringen, sondern Gott zu bezeugen, der bereits da ist.«[35] So geschieht »authentische Evangelisation [...] im Respekt vor der Religions- und Glaubensfreiheit aller Menschen, die als Gottes Ebenbild geschaffen sind.«[36] Hier wird eindeutig die sanktionsfreie Freiheit des Menschen zum Nichtglauben in den anerkennenden Blick genommen.

Die Funktion der Kirchen besteht damit nicht in einem selbstbezogenen Projekt der Ausbreitung, sondern darin, dass die Kirchen »Gottes Erlösung in dieser Welt« verkörpern.[37] Von daher erfordert die Mission, mit jenen Organisationen und Initiativen zusammenzuarbeiten, die im Bereich des Sozialen Verbesserungen anzielen, aus welchen Motivationen und Vorstellungshintergründen auch immer.[38] Das Dokument fordert zudem dazu auf, jede Art von Konkurrenzverhalten zwischen den Kirchen aufzugeben und in dieser Art von Mission sich gegenseitig zu stützen.[39] Jegliche Art von Arroganz bezüg-

31 Ebd. Art. 53.
32 Vgl. ebd. Art. 62.
33 Ebd. Art. 92.
34 Vgl. ebd. Art. 93.
35 Ebd. Art. 94.
36 Ebd. Art. 110.
37 Vgl. ebd. Art. 58.
38 Vgl. ebd. Art. 64.
39 Vgl. ebd. Art. 65 ff.

lich der eigenen Mission, jede Herablassung und Herabsetzung der Missionen anderer Kirchen ist abzulegen.[40] Die Kirchen brauchen sich gegenseitig für diese Mission, sie sind darin in Christus substantiell miteinander verbunden.

Verzichtet wird auf das Postulat zur Heroisierung des Glaubensbekenntnisses: »In Situationen, in denen der Glaube nur unter Lebensgefahr öffentlich bezeugt werden kann, kann eine überzeugende Alternative darin bestehen, das Evangelium einfach vorzuleben.«[41] Dies schließt nicht aus, in bestimmten Situationen auch für das Bekenntnis des eigenen Glaubens etwas zu riskieren, aber nicht im Sinne einer überichhaften Dramatik, sondern in dem Sinne, dass es mit der eigenen Identität zu tun hat, auch mit der eigenen Integrität, auch Authentizität, und der darin geschenkten Gnade (vgl. Lk 12,12), den Mund aufzutun und Entsprechendes zu sagen.

C. Siebenfacher Ausblick

Folgende sieben zusammenfassende Schwerpunkte beschließen mein Anliegen für die Zukunft christlicher Mission:

1. Im Blick auf Jesus und seine Predigt vom Reich Gottes mit dem Doppelgebot, wobei das zweite dem ersten gleich ist, gehören *Gottes- und Nächstenliebe unterschieden untrennbar zusammen. Von daher sind beide als Vollzug christlicher Mission anzuschauen, und zwar gleichermaßen*. Die Frage danach, ob immer beides zusammen geschehen muss, ist nicht prinzipiell zu klären, sondern nur situativ. Grundsätzlich gehören sie zusammen in der Identität christlicher Kirchen und Menschen, wobei sich dieses Prinzip in der Wirklichkeit immer nur flexibel ereignet. Es hängt von der aktuellen Herausforderung ab, welche Dimension des Missionarischen in einer bestimmten Situation die entscheidende sein wird und welche weniger. Madeleine Delbrel entwickelt in atheistischer Umgebung die Spiritualität der Einsamkeit des glaubenden Menschen, der kontrafaktisch die Verherrlichung Gottes nicht aufgibt und ansonsten in allem das Leben der Marginalisierten teilt.[42]

40 Vgl. Evangelisches Missionswerk in Deutschland/Internationales katholisches Missionswerk Missio (Hg.), Mission – Respekt. Christliches Zeugnis in einer multireligiösen Welt, Studienausgabe, 9 (es handelt sich hier um ein ökumenisches Dokument aus dem Jahr 2011, mit ähnlicher Ausrichtung wie *Gemeinsam für das Leben*), Aachen 2014, 12.

41 Gemeinsam für das Leben Art. 89.

42 Vgl. Dorothee Steiof, Verherrlichung Gottes Gottes. Madeleine Delbrêl und alttestamentliche Texte, Stuttgart 2013, 181–370.

Dann kann die unmittelbar notwendige Diakonie die volle Form des Missionarischen im Horizont dieser unaufschiebbaren Notwendigkeit sein. Und dies gilt auch umgekehrt: etwa im Bereich der Doxologie, wenn Menschen in ihren spirituellen und kultischen Handlungen in der Ergebung Gott nochmals größer sein lassen als die eigenen Möglichkeiten, auch als das eigene Elend. Oder in der Klage, wenn nichts anderes mehr übrigbleibt, als die Anklage Gottes, weil er nicht rettend eingreift. Das Vertrauen auf die Zusage Jesu, dass die Pforten der Hölle die gesamte Identität der Kirche nicht überwältigen werden (vgl. Mt 16,13), kann die Angst überwinden helfen, dass über unmittelbar notwendiges Tatgeschehen das Wortgeschehen verschwinden könnte (oder auch umgekehrt).

2. Die Dialektik zwischen *Singularität der eigenen Wahrheit und Universalität ihrer Bedeutung ist als generative Spannung wahrzunehmen.* Es ist zu vermeiden, dass die Singularität Christi bezüglich des göttlichen Heiles für diese Welt exklusiv und nicht inklusiv verstanden wird. Diese Erlösung gilt für alle Menschen, auch für die, die nicht an Christus glauben. Gottes Heilsradius ist unendlich zu denken. Jesus ist die historische Spitze jener zweiten göttlichen Person, durch die die ganze Schöpfung geschaffen wurde, und in der sich die Schöpfung vollendet. Die Gnadenordnung reicht also in die Schöpfungsordnung hinein und ist ihr innerster Kern. Deswegen gehören zu ihr auch alle, die vor Jesus gelebt haben und alle, die nach ihm leben, ohne ihn zu kennen.

Alle Dokumente gehen davon aus, dass Gott sich allein in Christus endgültig geoffenbart und dadurch die Rettung in die ganze Welt gebracht hat. In »Gemeinsam für das Leben« lautet dies so: »Evangelisation [...] will diese gute Nachricht mit allen teilen, die sie noch nicht gehört haben und sie zu der Erfahrung eines Lebens in Christus einladen.«

Von außen gesehen ist dies jene Haltung, die für den anderen, der anderes denkt und glaubt, besser weiß, was für ihn gut ist als er selbst. Positiver gesehen ist es jenes pädagogische Paradox, Menschen etwas nahezubringen, was sie noch nicht haben (können), ohne die reziprok-gleichstufige Beziehung mit ihnen zu verletzen.

Es stellt sich also die Grundfrage, wie das behauptete Wahrheitsgefälle mit ihrem Inhalt, für die anderen wichtig zu sein, tatsächlich so in die Kommunikation eingespeist wird, dass der andere Mensch selber darin genauso wichtig genommen wird wie derjenige, der diese Wahrheit behauptet. Denn es ist die Wahrheit von der Wichtigkeit aller Menschen bei Gott.[43]

[43] Analog dazu Nostra aetate: vgl. Fuchs, Reformation 77f.; Ulrike Bechmann, Eine neue Basis für die Haltung der Kirche zu den Religionen. Die biblische Herme-

»Lass mich dich lernen, dein Denken und Sprechen, dein Fragen und Dasein, damit ich daran die Botschaft neu lernen kann, die ich dir zu überliefern habe.«[44] So beeindruckend dieser bekannte Satz von Bischof Klaus Hemmerle ist, so im guten Sinne fragwürdig ist das Muss der Botschaft im letzten Satzteil. Was ist das für ein Muss? Ist es eine angstbesetzte Heilsfurcht oder es ist ein Muss, das seine Begründung in der Caritas, in der Diakonie hat? Muss es denn überhaupt sein, dass die Menschen den christlichen Glauben »haben«?

Sagen wir es so: Von der eigenen Erfahrung her (hoffentlich!) glauben wir, dass es für die Menschen und die Bewältigung ihres Lebens gut sein könnte, an einen solchen Gott zu glauben, der sie trägt, und der mit ihnen bis in die tiefsten Katastrophen des Lebens hinein mitgeht. Mehr können wir nicht sagen, weil wir sonst in den Bereich der Wenn-dann-Erzwingung kämen.

Das missionarische Zeugnisgeben bedeutet weder Überreden, auch nicht unbedingt Überzeugen, denn im Wort des Überzeugens ist auch noch das Wort »über«, auch hier lauert die Haltung, sich über die anderen zu stellen und mit der besseren Wahrheit und gescheiteren Argumentation auch die Kommunikation entsprechend abstufend zu gestalten. Verzicht auf Druckmittel provoziert manche Hilflosigkeit des Zeugnisses.

3. Ein entscheidendes Moment bleibt die Frage, *wieweit die Mission auf jede Art von Drohpotential verzichtet.* Denn verbindet sich ihre Wahrheitsbehauptung mit einer bestimmten Drohung, und wenn sie auch nur subkutan ist, dann wird von vorneherein die Gleichstufigkeit in der Beziehung und darin die Wichtigkeit des Menschen und zugleich seine Wichtigkeit bei Gott zerstört. Die andere Seite muss dann entweder aus der Kommunikation aussteigen oder sie fügt sich der Drohung und vollzieht damit eine Selbstunterwerfung. Es ist zu verführerisch, eine immer komplexere und pluralere Welt wenigstens religiös derart in ein Schwarz-Weiß-Korsett zu bringen und diese auch noch mit einem dafür zurechtgestutzten ungöttlichen Gott, also einem Götzen, zu begründen. In der Heckscheibe eines Autos las ich: »Christus ist unser Retter. Glaube an ihn, damit du nicht in die Hölle kommst!« Hätte es nicht heißen dürfen: »Glaube daran, dass du von Gott geliebt bist, was immer du glaubst und tust«?

Ist die Mission so geartet, dass sie das Wort »einladen« wirklich strikt versteht und nicht als ein Kaschierungswort für eine ganz bestimmte Bedingungs- und Wenn-dann-Struktur? Theologisch geht es dabei um die Freiheit,

neutik der Konzilserklärung Nostra aetate, in: Peter Ebenbauer et al. (Hg.), Zerbrechlich und kraftvoll, Innsbruck/Wien 2014, 105–120.

44 Klaus Hemmerle, Spielräume Gottes und der Menschen, Freiburg i. Br. 1996, 329.

nicht zum Glauben kommen zu müssen, und dabei gleichwohl nichts von Gottes Liebe zu verlieren.[45] Dies gilt übrigens auch für die positive Version von Drohung, nämlich »Menschen durch materielle Anreize und Belohnungen gewinnen zu wollen.«[46]

Diese Freiheit ist kein Zugeständnis, sondern diese Freiheit entspringt »unmittelbar aus der Würde des Menschen, die ihre Grundlage in der Erschaffung aller Menschen als Ebenbilder Gottes hat.«[47] Drohungs- und Bestechungsverzicht ist ein eigenes Wahrheitskriterium christlicher Mission. Und zur Religions- und Konfessions- gehört auch die Blasphemiefreiheit, vor allem fundamentalistisch-destruktiven Religionsformen gegenüber.[48] Auch dies kann eine Form öffentlicher Missionstätigkeit sein. Dazu gehört auch, über andere Konfessionen und Religionen kein falsches Zeugnis abzugeben oder Vorurteile zu zementieren.[49] Ähnlich verurteilt auch das ökumenische Dokument »Christliches Zeugnis in einer multireligiösen Welt« jede Art von Täuschung und Zwangsmitteln.[50] Und es muss die Lizenz dafür ausgegeben werden, dass andere Menschen in (Sub-)Kulturen für den christlichen Glauben neue, fremde Ausdrucksformen entdecken und entfalten dürfen.[51]

4. *Der Geist der Erwählung zum Glauben weht, wo er will.*[52] Was heißt das nun für die Theologie der Mission? Vor allem einer Mission, die sich als Verlängerung der missio dei versteht: Mission ist freie, jedenfalls sanktionsfreie Teilhabe und Teilgabe am heilenden Handeln Gottes im Bereich des Wortes wie im Bereich der Tat. Dazu gehört die Einsicht, dass der Heilige Geist »nie von uns gebändigt oder ›domestiziert‹ ist.«[53] Es ist also die aller Mission vorgängige theogene Wert *aller* Menschen zu achten. Jedes missionarische Engagement »muss daher den heiligen Wert jedes Menschen und der Erde schützen«.[54] So ist die Frage berechtigt: Wer ist am Werk, wenn ein Christ, eine Christin zu einer anderen Religion wechselt, oder auch nur wenn jemand in-

45 Vgl. Gemeinsam für das Leben 80.

46 Vgl. Christliches Zeugnis 12.

47 Ebd. 14.

48 Vgl. Ottmar Fuchs, Ist »Gott« ein »A…«? Zur »Lücke« ungeschönter alltagssprachlicher Gotteskritik, in: Rainer Bucher/Renate Oxenknecht-Witzsch (Hg.), Was fehlt? Leerstellen der katholischen Theologie in spätmodernen Zeiten. Ein Experiment, Würzburg 2015, 123–141.

49 Vgl. Ebd. 15.

50 Ebd. 9.

51 Vgl. Christliches Zeugnis 15.

52 Vgl. ebd. 10.

53 Gemeinsam für das Leben Art. 35.

54 Ebd. Art. 42.

nerhalb des Christlichen die Konfession wechselt? Wer kann hier einfach sagen, dass der Geist Gottes nicht am Werke sei? Bis in die Möglichkeit dualer oder mehrerer Religions- und Konfessionszugehörigkeiten hinein.

Die Kategorie des missionarischen Erfolgs ist eine immer wieder komplizierte, weil zwischen Erst- und Zweitmotiv genau zu unterscheiden ist. Die Reich-Gottes-Bezogenheit kommt vor der Kirchenbezogenheit und qualitative inhaltliche Ausrichtung kommz vor dem quantitativen Erfolg. Es geht nicht um Zähl- , sondern um Seelsorge, also um eine Pastoral, die allen zugute kommen darf. Diese zu anderen Kollektiven durchaus alternativen Erfolgsmesser gilt es in permanenter Umkehr und Korrektur anderer, sich vordrängender Erfolgskriterien in Erinnerung zu bringen.

5. *Zur pastoralen Rekonstruktion der Mission gehört auch das Gebet,* nicht nur für deren Erfolg. Es ist auch ein Moment christlicher Mission, für das Wohlergehen der Menschen, auch ganz anderer Menschen und Religionen zu beten. Dazu gehört wesentlich *das stellvertretende Gebet,*[55] nämlich für sie und an ihrer Stelle zu glauben, davon Zeugnis abzugeben und stellvertretend für sie die Sakramente zu feiern und für sie das Heil zu erwarten.[56]

So wird in der Eucharistie, so wird im Abendmahl das Heil der ganzen Welt gefeiert, die Erlösung aller Menschen, in expliziter Stellvertretung für diejenigen, die davon nichts wissen oder nichts wissen wollen. Dafür sind besonders die Grundsakramente zu verausgaben, nämlich die Taufe und das Herrenmahl.[57] Denn die Jünger werden bekehrt, sie haben sich nicht bekehrt. Es ist immer die Initiative Gottes, die Initiative seiner Erwählung, sei es durch die Geburt in das Christentum hinein, sei es durch Bekehrungen darüber hinaus. Die stellvertretende Mission gleicht gewissermaßen von Seiten der Gläubigen jenes Erwählungsdefizit aus, das mit Gottes Erwählung gegeben ist. So zeigt sich die Stellvertretung, ermöglicht durch Christi Stellvertretung, als ein wichtiger Akt des Missionarischen selbst.

Wie Jesus am Ende das Scheitern seiner Mission am Kreuz erlebt und noch dieses Scheitern im Motiv der Stellvertretung für diejenigen, die die Botschaft nicht annehmen, ja für die Täter, stellvertretend betet und stellvertretend sühnt, so ist auch die menschliche Mission nicht mit dem Scheitern zu Ende, sie zieht sich dann nicht auf sich zurück, sondern begibt sich in den anderen Modus, in die andere Qualität des missionarischen Handelns, nämlich in das stellvertretende Fürbittgebet und in ein sakramentales Feiern, das die

[55] Vgl. Ottmar Fuchs, »Stellvertretung« – eine christliche Möglichkeit!, in: Theologische Quartalschrift 185 (2005) 2, 95–126.

[56] Vgl. Christliches Zeugnis 19.

[57] Vgl. Ottmar Fuchs, Sakramente – immer gratis, nie umsonst, Würzburg 2015.

Nichtdazugehörigen, die ganz Anderen nicht aus dem Blick verliert, sondern im Radius des Heiles wahrnimmt und sich dafür einsetzt. Die stellvertretende Mission gleicht gewissermaßen jenes Erwählungsdefizit aus, das mit Gottes begrenzter Erwählung gegeben ist. So zeigt sich die Stellvertretung als ein wichtiger Akt des Missionarischen selbst.

Hierher gehört auch die auszubauende Möglichkeit, zwischen den Konfessionen und Religionen sich gegenseitig zum Schweigen, zur Anbetung, zum Gebet einzuladen und entsprechende Gottesdienste zu entwerfen. Überhaupt sind jene Erfahrungsräume zu öffnen, die als gemeinsame Freude an der Gratuität des Lebens erlebt werden können. Dieser gemeinsame Vollzug der Doxologie, der Spiritualität, Gott größer sein zu lassen auch als die eigenen Offenbarungen, auch als die eigene Sprachlosigkeit in der Erfahrung von Katastrophen, und deswegen sich gemeinsam auf diesen je größeren Gott ausrichten zu können und zu dürfen, wäre eine faszinierende Basis einer christlichen Mission, die nicht sich, sondern Gott die Ehre gibt.[58] In solchem Zusammenhang über Orthodoxie und Orthopraxie hinaus gelingt orthopathisch eine gemeinsam zu entdeckende Mystik der Gottesverehrung und der Gottesfurcht.[59]

6. *Mit der Frage nach dem Heil steht auch immer die jeweilige Eschatologie zur Debatte.* Ist es eine dualistische Eschatologie zwischen Himmel und Hölle, zwischen Heil und Unheil, mit der dann so recht die schärfste Drohkulisse aufgebaut werden kann, oder ist es jene Eschatologie, die nichts vom Gericht schmälert, die aber das Gericht sich innerhalb der unendlichen Liebe und Versöhnungsmacht Gottes ereignet sein lässt? Hier geht es nicht um Laxheit in der Mission bzw. in der Pastoral, sondern um die Entdeckung der richtigen Grenzziehungen. Im Horizont des universalen Heils und der nicht zurückgezogenen Liebe Gottes für alle Menschen, also durch den durch das eschatologische Rechtfertigungsgeschehen ermöglichten Reueschmerz und seiner »verklärten« Narben, in denen das Schlimme, das man anderen angetan hat, niemals vergessen wird, verschärft sich das Gericht. Dies alles geschieht *in* der Seligkeit der Geretteten, und mit der Gabe, *in* dieser Liebe das Schlimme, das man anderen angetan hat, niemals vergessen zu müssen.[60]

58 Vgl. Fuchs, Religionskritik 249–252.

59 Vgl. zum Begriff der Orthopathie im Zusammenhang mit Evangelii gaudium: Luber, Missio 266ff.

60 Vgl. Ottmar Fuchs, Eschatologie unter dem Gesichtspunkt Gerechtigkeit, in: Christoph Böttigheimer, Ralf Dziewas, Martin Hailer (Hg), Was dürfen wir hoffen? Eschatologie in ökumenischer Verantwortung, Leipzig 2014, 149–178; ders., Die andere Reformation. Ökumenisch für eine solidarische Welt, Würzburg 2016;

Die Verwurzelung christlicher Mission in der missio dei und damit in der Trinitätstheologie darf sich nicht (nur) am harmonischen Kommunikationsmodell orientieren, das im Zusammenhang mit der unharmonischen und zerrissenen Welt kaum kommunizierbar ist, sondern hat darin auch den Riss, wie er sich in Gott selber zeigt, mit einzubeziehen, zum Vorschein kommend in der Klage der zweiten göttlichen Person am Kreuz gegen Gott und in der Vorstellung, dass diese Klage nie aufhört, solange es das Leiden der Menschheit gibt. Insofern erfasst der Resonanzvorgang aus GS 1 immer auch das, was keine Resonanz mehr zeitigt, weil Leid und Tod zu viel und am Ende alles abbrechen. Es geht um die Resonanzfähigkeit der Resonanzbrüche in der Gottesbeziehung. Deshalb betont GS 1 die ausfallenden Erfahrungen *leidender* Menschen in der solidarischen mitleidfähigen Menschenbeziehung.

Wenn Christus tatsächlich der einzige Mittler ist, dann auch insofern, als sich diese »Vermittlung« im Widerstreit ereignet. Und dies geschieht bis ins Gericht hinein, in dem Christus die Klage der geschundenen Menschheit in Gott gegen Gott führen wird. Der Dualismus ist in Gott auszutragen, und nicht in die Hölle hinein gott- und lieblos »out zu sourcen«.[61]

7. Das Evangelium ist explizit und eindeutig zum Ausdruck zu bringen, aber nicht in der Funktion, »der erlösenden Gnade Gottes Grenzen zu setzen«.[62] *Auch die semantische, organisatorische, architektonische und ästhetische Ausdrücklichkeit des Glaubens ist für alle Menschen offen zu halten.* Menschen aus anderen Glaubenszusammenhängen, religiösen Traditionen und Überzeugungen dürfen zur Teil-Nahme im Bereich christlicher Identität eingeladen werden. Hier öffnet sich der Blick für jene Beziehung, in der z. B. Muslime in der Lebensgestaltung von Christen etwas entdecken, das auch für ihre eigene Identität innerhalb des Islam wichtig ist und dort etwas beleuchtet, was sie vielleicht noch nicht in dieser Weise wahrgenommen haben (dies kann auch umgekehrt geschehen!).[63] Mit der positiven Darstellung des Islam im eigenen Bereich kann es auch geschehen, dass muslimische Menschen auch ihre eigene Identität in diese Richtung entfalten können.[64]

Ottmar Fuchs, Mitleidbasierte Barmherzigkeit bis ins Gericht, in: George Augustin (Hg.), Barmherzigkeit leben, Freiburg i.Br. 2016, 30–67

61 Vgl. Fuchs, Der zerrissene Gott 109–126.

62 Gemeinsam für das Leben Art. 80, vgl. auch Art. 83.

63 Vgl. Peter Beach/William Dunphy, Mönch und Moslem. Das Benediktinerkloster von Toumliline, Aschaffenburg 1963, 9; vgl. auch 229.

64 Vgl. dazu die literarischen Begegnungen mit dem Islam im Beitrag von Christoph Gellner, »Unsere Religion ist die Religion der Liebe«, in: Herder Korrespondenz 69 (2015) 1, 42–46.

Auch Menschen ohne Christusglauben sind nicht ohne Hoffnung. Es gibt viele Formen von Hoffnung, auch über die Hoffnungslosigkeit hinaus. Und vielleicht wird es in Zukunft so sein, dass die die rituellen, insbesondere die sakralen Lebensäußerungen der Kirchen nicht nur Orte ihrer Konzentration sind, sondern sich in der Sphäre zwischen innen und außen befinden, so dass Menschen aus allen Bereichen, Religionen und Vorstellungen hier, ohne Zugriffigkeit, willkommen sind, um sich in bestimmten Situationen einer Wirklichkeit zu verdanken, die sie nicht selber herstellen müssen. Die Pastoral der Taufe macht sehr deutlich, dass hier das Ritual dem Glauben vorgängig sein darf. Ähnliches wäre für das zweite Hauptsakrament der Kirchen zu entdecken, für das Abendmahl.[65]

[65] Vgl. Fuchs, Sakramente 38–42, 49–72 (Taufe), 73– 98 (Eucharistie).

III.

MISSION ALS MARTYRIA

Vormoderne überlebt Postmoderne?

Heiligenverehrung als (missionarischer) Topos der Orthodoxie heute. Fallbeispiel Rumänien

Ioan Moga

1 Einleitung

Im Jahre 2009 machte der bekannte Wiener Pastoraltheologe Paul Zulehner zwei »gegenläufige Prognosen« für die Zukunft der Religion im Osteuropa: Die erste sah ein Wachsen des »im Westen sich immer noch rasch ausbreitenden atheisierenden (alltagspraktischen oder neoatheistischen) Säkularismus« voraus, das als Folge »einen dramatischen Niedergang an Religiosität, Gläubigkeit und Kirchlichkeit«[1] hätte; die zweite Prognose ging im Gegenteil davon aus, dass »sich Osteuropa nicht dieser einströmenden westlichen Moderne einfach unterwerfen« wird: »Vielleicht würden religiöse und moderne Kräfte das ererbte positive Verhältnis zwischen Moderne und Christentum lebendig erhalten und noch vertiefen...«[2] Unabhängig davon, ob man dieses »Entweder-oder«-Szenario als der Komplexität dieser Problematik angemessen einstuft, scheint die zweite Prognose der Realität viel näher zu kommen als die erste. Von einem gesellschaftlich relevanten Niedergang der Religiosität *und* Kirchlichkeit in den südosteuropäischen Ländern ist keine Spur – im Gegenteil.

Der vorliegende Aufsatz versucht am Beispiel Rumänien zuerst, die unterschiedlichen Facetten einer breitangelegten Religiosität unter Heranziehung soziologischer Umfragen zu veranschaulichen. In einem zweiten Schritt soll untersucht werden, welche Relevanz eine im orthodoxen Bereich auf Heiligenverehrung zentrierte Frömmigkeit für diese starke Religiosität haben kann; schließlich wird nach der spirituell-theologischen Tragweite dieses ver-

1 Paul Zulehner, Europas Religionen im Modernisierungsstress, in: Johann Marte u.a. (Hg.), Religion und Wende in Ost-, Mittel- und Südosteuropa 1989-2009, Innsbruck/Wien 2010, 31.

2 a.a.O., 32.

meintlich »vormodernen« Topos der Glaubenspraxis in der Postmoderne gefragt.

2 *Soziologische Momentaufnahme: kirchlicher Charakter der Frömmigkeit*

Zu den spannendsten Fragen der aktuellen religionssoziologischen Forschung gehört auch die unterschiedliche Verhältnisbestimmung zwischen Religion und Moderne in West- und Osteuropa.[3] Während die westeuropäische Erfahrung die klassische Säkularisierungsthese zumindest tendenziell zu bestätigen scheint, zeigt die Entwicklung der postkommunistischen Gesellschaften in Osteuropa, dass Religiosität ein Grundbestandteil ihrer spätmodernen Ausprägung bleibt. In erster Linie stehen hier die Länder mit orthodoxer Mehrheitsbevölkerung im Mittelpunkt, die nach Detlef Polak und Gergely Rosta eine »religiöse Renaissance« durchleben (die Autoren beziehen sich konkret auf Russland, Bulgarien und Rumänien), während in Ostdeutschland und teilweise in Slowenien, Ungarn und Tschechien ein »religiöser Niedergang« und in Polen ein »leichter Rückgang bei weitgehender Niveaustabilität«[4] zu vermerken wäre.

Repräsentativ bleibt in dieser Hinsicht eine vom Pastoralen Forum in Wien durchgeführte Studie aus dem Jahre 2007 die u.a. zum Ergebnis kommt,[5] dass sich in den osteuropäischen Ländern mit orthodoxer Mehrheitsbevölkerung[6] ein »gemeinsames nichtsäkulares Modell der Modernität entwickelt – ein Modell, das alternativ ist zum säkularen Modell Westeuropas und überaus gesättigt mit den traditionellen populären Formen orthodoxer Religiosität.«[7]

Über die breit gefächerte Debatte bezüglich der unterschiedlichen Modelle der Beziehung zwischen Religion und Moderne hinaus kann der Theologe anhand dieses Phänomens auf die eigene kirchliche Tradition schauen und prüfen, welche Topoi der kirchlichen Identität in die breite Gesellschaft hin-

3 Vgl. Olaf Müller, Kirchlichkeit und Religiosität in Ostmittel- und Osteuropa. Entwicklungen – Muster – Bestimmungsgründe, Münster 2011.

4 Detlef Polak/Gergely Rosta, Religion in der Moderne. Ein internationaler Vergleich, Frankfurt a. M. 2015, 250.

5 Paul M. Zulehner/Miklós Tomka/Inna Naletova (Hg.), Religionen und Kirchen in Ost(Mittel)Europa. Entwicklungen nach der Wende, Ostfildern 2008, 179.

6 Die untersuchten Länder waren: Bulgarien, Rumänien, Serbien, Moldawien, Weißrussland, Ukraine.

7 Zulehner/Tomka/Naletova, Religionen, 179.

einwirken und zu diesem »nichtsäkularen Modell der Modernität« beitragen. Konkreter formuliert: Welche sind die kirchlichen Faktoren, die in Ländern mit orthodoxer Mehrheitsbevölkerung den hohen Anteil an Religiosität erklären können? Denn ein Blick auf die soziologischen Umfragen zeigt: In Ländern wie Rumänien ist es *nicht* eine entkirchlichte oder rein privatisierte, eklektische Religiosität, die die Gesellschaft prägt (nach dem Motto: Gott ja, Kirche nein), sondern eine *kirchlich gefärbte oder sogar kirchliche*.

Drei neuere soziologische Umfragen aus den Jahren 2013 und 2015[8] kommen in Rumänien zu ähnlichen Ergebnissen: 84% der Rumänen verstehen sich selbst als »religiös«, wobei davon etwa 30% einmal oder mehrmals pro Woche in die Kirche gehen, weitere 19% einmal im Monat, 38% zu den wichtigen kirchlichen Festen. Nur 10% von den als »religiös« Selbstdeklarierten gehen nur 1mal pro Jahr in der Kirche, bzw. nur 3,4% gehen nie in die Kirche.[9] Die Religiosität steht also in einem zwar differenzierten, aber deutlich mehrheitlichen Bezug zur kirchlichen Praxis (Gottesdienstbesuch). Das prägt auch die religiöse Praxis: 83% der ganzen Bevölkerung beachten den Sonntag und die kirchlichen Feste, fast 75% bekreuzigen sich, wenn sie an einer Kirche oder einem Kreuz vorbei gehen, 60% lassen ihre Wohnungen oder Autos von den Priestern mit Weihwasser segnen (!), 53% spenden regelmäßig Geld für die Kirche(n) und fast 40% nehmen priesterlichen Beistand in Anspruch (Seelsorge). Ja, 29,6% der rumänischen Bevölkerung hält regelmäßig die kirchlichen Fastenvorschriften (d.h. für die orthodoxen Kirchenmitglieder veganes Essen mittwochs und freitags sowie in vier Fastenzeitperioden im Jahr).[10]

Wenn es um die Konkretisierung des Glaubens geht, glauben 96,5% der Rumänen an Gott, 84,4% an die Heiligen, 54,4% an das Leben nach dem Tod, jedoch nur 15% an Außerirdische oder Hexerei. D.h. der Glaube an Gott geht nicht einher mit einem allgemeinen, »voraufklärerischen« Aberglauben (wofür der Glaube an Flüche oder Hexerei stehen würde), sondern ist ein

8 INSCOP-Umfrage vom Juli 2015 (http://www.inscop.ro/iulie-2015-comportamentul-religios/), IRES-Umfrage vom Juli 2013 (http://www.ires.com.ro/articol/ 238/august-2013---romania-credincioasa--perceptii-privind-religia-si-morala), IRES-Umfrage vom Juli 2015 (http://www.ires.com.ro/articol/302/romania-credincioasa--percep%C8%9Bii-%C8%99i-comportament-religios) [IRES: Rumänisches Institut für Evaluation und Strategie; INSCOP ist ein unabhängiges soziologisches Institut »zur Forschung der öffentlichen Meinung in Rumänien«].

9 Vgl. INSCOP-Umfrage 2015. Laut der IRES-Studie 2015 gehen 18% der Rumänen nur einmal pro Jahr oder seltener in die Kirche, hingegen 22% mehrmals pro Woche und 23% mehrmals pro Monat und 31 % mehrmals pro Jahr. Es gibt kaum ein Unterschied bei diesen Angaben zwischen den Jahren 2013-2015.

10 Vgl. INSCOP-Umfrage 2015.

Glaube, der sich mit der kirchlichen Tradition identifiziert (wofür der Glaube an die Heiligen steht).[11] Natürlich könnte man bei genauerer Analyse auch theologische Rückfragen an das Identitätsmuster des christlichen Selbstverständnisses der Befragten formulieren: wie erklärt sich die Tatsache, dass trotz der starken kirchlichen Bindung (regelmäßiger Kirchenbesuch, gelebte Frömmigkeit) nur eine knappe Mehrheit (51%) der Befragten an der »Auferstehung der Toten« glaubt?

Das Gebetsleben scheint im Rahmen dieser Religiosität eine große Rolle zu spielen: 27% der Befragten geben an, mehrmals pro Tag zu beten, weitere 42% einmal pro Tag und 13% nur ein paar Mal pro Woche.[12] Eine weitere relevante Erkenntnis über die kirchlich verankerte Religiosität ist auch zu gewinnen bei der Frage, wofür die Kirche aus der Sicht der Befragten Antworten anbiete: Für 86% stehen die spirituellen Bedürfnisse der Menschen an erster Stelle, gefolgt von 76% bei ethischen Fragen, 72% bei Familienproblemen, dagegen »nur« 59% bei sozialen Problemen. Die Kirche wird also in erster Linie als spirituelle Quelle wahrgenommen, weniger als sozial-karitative Institution (wobei sich auch hier eine Mehrheit dafür ausspricht).[13] 83% der Befragten sind Mitglieder der Orthodoxen Kirche, 4% der Römisch-Katholischen Kirche, 1% der Griechisch-Katholischen Kirche, 4% sind laut Selbstangabe Protestanten und nur 1% Agnostiker oder Atheisten. Von den Orthodoxen, Römisch-Katholiken und Griechisch-Katholiken sagen 59%, dass sie beichten gehen, davon 51% mehrere Male pro Jahr und 26% nur einmal pro Jahr.

Eine interessante Frage betrifft auch die Wallfahrten: 26% der befragten Rumänen waren mindestens einmal im Leben auf einer Wallfahrt; die meisten davon pilgerten zum Grab des noch nicht heiliggesprochenen Priestermönchs Arsenie Boca (1910-1989) im Kloster Prislop (Siebenbürgen)[14] oder in die Stadt Iasi zu den Reliquien der Hl. Parascheva (einer griechischen Nonne aus dem 11. Jh., die auf dem ganzen Balkan verehrt wird und deren Reliquien im 17. Jh. nach Iasi gebracht wurden). Weitere wiederum besuchten verschiedene Klöster Rumäniens. Die marianische Frömmigkeit spielt dabei eine wichtige Rolle: Diejenigen, die auf eine Wallfahrt gehen, tun das vor

11 Vgl. INSCOP-Umfrage 2015.

12 Vgl. IRES-Studie 2015.

13 Vgl. IRES-Studie 2015.

14 Zum sogenannten »Heiligen von Siebenbürgen« vgl. Mihail Daniliuc (Archimandrit), Heilige Mönche und bedeutende geistliche Mönchsväter aus Rumänien, in: Jürgen Henkel/Nikolaus Wyrwoll (Hg.), Askese und Konsumgesellschaft. Aktualität und Spiritualität von Mönchtum und Ordensleben im 21. Jahrhundert, Bonn/Hermannstadt 2013, 269–271.

allem zu den Marienfesten; sie suchen Orte auf, am denen sich Marienikonen befinden.[15]

Ohne die Aussagekraft dieser soziologischen Umfragen und Studien zu verabsolutieren, gilt es festzuhalten, dass hier eindeutig eine – im westeuropäischen Vergleich[16] – deutlich *stärkere Religiosität (in) der Gesellschaft* präsent ist und dass diese christliche Religiosität an *kirchliche Rhythmen und Frömmigkeitspraktiken gebunden* ist. Die entscheidende Frage ist jedoch die: Worauf ist die *kirchliche* Rückbindung dieser in der rumänischen Gesellschaft stark präsenten Religiosität und die – im Vergleich mit westeuropäischen Gesellschaften – hauptsächlich *spirituell-moralische Wahrnehmung der Rolle der »Kirche«* zurückzuführen?

Die Standardantwort seitens der meistens Soziologen, wonach der religiöse Aufschwung in Osteuropa nichts mit der Orthodoxen Kirche an sich zu tun hätte, sondern mit auf die Orthodoxe Kirche »projizierten politischen und nationalen Erwartungen«[17], greift m.E. zu kurz, denn sie versucht, die allseits bekannte kirchenpolitisch relevante Nähe zwischen Religion und Kultur (oder sogar Nation) in diesen Ländern in die viel komplexere Frage nach Religiosität und Frömmigkeit zu transportieren. Wenn jedoch eine gesellschaftliche Mehrheit angibt, an Heilige zu glauben, kirchliche Riten regelmäßig zu vollziehen, kirchliche Weihehandlungen in Anspruch zu nehmen usw., dann spricht das weniger für nationale oder sozialpolitische Erwartungen, als vielmehr von einer *spirituellen Ausrichtung der kirchlichen Frömmigkeit*, die die Grundbedürfnisse dieser Menschen zu erfüllen scheint. Ein Beispiel: der seltene Kommunionempfang[18] ist kein Barometer für den nicht-kirchlichen Charakter dieser Religiosität, sondern für eine übertriebene Eucharistiefrömmigkeit: ein frommer orthodoxer Gläubiger aus irgendeinem Dorf in Osteuropa geht nur ein paar Mal im Jahr zur Kommunion; *nicht* aus Gründen der Kirchenferne, sondern im Gegenteil, weil er die Kommunion als viel zu kostbar angesichts des eigenes Sündenbewusstseins einschätzt.[19]

[15] Vgl. IRES-Studie 2015.

[16] Vgl. etwa den Unterschied zu ähnlichen Fragen in World Values Survey 2013 für den Fall Deutschlands: file:///C:/Users/User/AppData/Local/Temp/F00002673-WV6_Results_Germany_2013_v_2016_01_01.pdf (aufgerufen: 14.10.2016).

[17] Polak/Rosta, Religion, 273: »Die religiöse Renaissance in Russland besitzt weniger einen religiösen, als einen nationalen und politischen Charakter.«

[18] Vgl. a.a.O.

[19] Dass diese wiederum aus liturgiewissenschaftlicher Sicht als eine späte Entartung des gemeinschaftlichen Charakters der Eucharistie anzusehen ist, gehört zu einer anderen Debatte.

Deshalb ist die Theologie in der Pflicht, Deutungsmuster zu entwickeln, die das Phänomen des »religiösen Aufschwungs« in Osteuropa angemessen einordnen können, jedoch nicht als Alternative, sondern als komplementären Zugang zu den religionssoziologischen Erklärungen.

3 Die Heiligenverehrung als Zentrum des gelebten Glaubens

Eine mögliche theologische Antwort hat mit einem Grundpfeiler der ostkirchlichen Spiritualität selbst zu tun: die *Heiligenverehrung* als Bindeglied zwischen kirchlich-sakramentalem Leben und Alltagsleben. In allen Umfragen spielt – neben der sehr allgemeinen Angabe des Glaubens an Gott und des »Religiös-Seins« – der Bezug zu den Heiligen, zu heiligen Pilgerorten und zu heiligenden Handlungen eine zentrale Rolle.

Blickt man auf den ausufernden religiösen Büchermarkt in Rumänien oder auf die Leitmotive der kirchlichen Zeitschriften (damit sind diejenigen Themen gemeint, die über das kirchlich-liturgische, missionarische und sozial-karitative Selbstdarstellungsprogramm der jeweiligen Diözese hinausgehen), dann ragt gerade *die zentrale Rolle von Heiligen* oder *noch nicht heiliggesprochenen Persönlichkeiten* heraus. Leben und Worte der geistlichen Väter und Mütter fungieren als *Ratgeber-Bestseller* für viele Menschen, weit über die Zahl der aktiven Kirchgänger hinaus. Egal wie man zu der »Kirche als Institution« oder der Hierarchie steht (ein Zuwachs antiklerikaler Strömungen ist in den letzten Jahren durchaus feststellbar), »Kirche« bleibt im erweiterten Sinne Ort der Heiligkeit und der gelebten geistigen Lebenshilfe. *Heilige und geistliche Väter oder Mütter sind das Zentrum dieser Kirchlichkeit.* Diese auf Heiligenpersönlichkeiten zentrierte Spiritualität befruchtet eine Frömmigkeitspraxis, die sich in den angeführten Umfragen wiederfindet: die steigende Anzahl von Wallfahrten und die zunehmende Verehrung von Reliquien und von wundertätigen Ikonen.

Was haben jedoch Heilige mit der Moderne zu tun? Ist die starke Heiligenverehrung in den heutigen, mehrheitlich orthodox geprägten Gesellschaften Osteuropas Ausdruck einer psychologischen Abkapselung angesichts sozialer Frustration oder sogar Flucht in eine ewigkeitszentrierte Spiritualität als Antwort auf das Nichtbewältigen-Können der Geschichte?

Aus theologischer Sicht ließe sich diese Frage verneinen. Der emeritierte orthodoxe Grazer Theologe Gregorios Larentzakis schreibt der Heiligenverehrung eine positive Rolle in der Auseinandersetzung des Christen mit der heutigen Welt zu: Heiligenverehrung bedeutet »nicht Konservativismus und Anachronismus, Beschäftigung mit der Vergangenheit, verträumte Glorifizierung der alten Helden des Glaubens«[20], sondern »Selbstfindung des Christen in einem Verhältnis von Person zu Person«[21]. Heilige seien »unsere Partner, die am Dialog von heute partizipieren«[22]; ihr starker Vorbildcharakter rühre daher, dass sie selbst »mutige und entschlossene Männer und Frauen waren, die gegen den Strom geschwommen sind.«[23]

Doch die *Vorbildfunktion* des Heiligen erklärt noch nicht die starke Frömmigkeit, die damit einhergeht. Man sollte deshalb, neben diesen allgemeinen Aussagen zur Heiligenverehrung, zwei weitere Charakteristika thematisieren: *Erfahrbarkeit mit allen Sinnen* und *Alltagsbezogenheit.*

Sowohl in der privaten Gebetspraxis, als auch in der Ikonen- und der Reliquienverehrung werden die Heiligen als etwas *mit allen Sinnen Erfahrbares und Lebensnahes* erlebt. Heilige sind keine abstrakte Präsenz, kein moralischer Referenzpunkt, sondern sind präsent im Alltag des Einzelnen durch ihr Lebenszeugnis, ggf. ihre Ratschläge, ihr Abbild (Ikone) und nicht zuletzt durch die verehrte Reliquie als Konkretisierung der geheiligten Leiblichkeit. Seit dem Sieg über dem Ikonoklasmus (der den Ikonen- und Reliquienkult verbieten wollte) bleibt die Identität der orthodoxen Frömmigkeit an die Sinnenhaftigkeit des Heiligenkultes gebunden.

Gerade die Reliquienverehrung erlebt in jüngster Zeit in den orthodoxen Ländern eine starke Renaissance: das panorthodoxe Bewusstsein wächst im Kirchenvolk nicht zuletzt dank der »Reliquienbesuche« aus anderen orthodoxen Ländern oder Pilgerfahrten zu berühmten neuzeitlichen Heiligen eines anderen orthodoxen Volkes. Die Prozessionen mit heiligen Reliquien, die etwa aus Griechenland für ein paar Tage nach Rumänien gebracht werden, sind Feste des Kirchenvolkes: Zehn- oder sogar Hunderttausende strömen dorthin. Dabei lebt die Reliquienfrömmigkeit sehr stark von der wundertätigen Wirkung und dem unversehrten, wohlduftenden Charakter der Reliquien, die für ihre Selbst-Authentifizierung[24] entscheidend sind.

[20] Grigorius Larentzakis, Die orthodoxe Kirche. Ihr Leben und ihr Glaube, Münster ³2012, 90.

[21] a.a.O., 91.

[22] a.a.O.

[23] a.a.O., 101.

[24] Vgl. James Skedros, Hagiography and Devotion to the Saints, in: Augustine Casiday (Hg.), The Orthodox Christian World, New York 2012, 446.

4 *Heiligenkult: Vormoderne Nachwehen oder eine postsäkulare Neusynthese?*

Die aufgeklärte Vernunft kommt angesichts eines solchen Phänomens schnell an ihre Grenzen. Ein neues Mittelalter also? Aus westlicher Sicht ist diese Frage naheliegend. Selbst im römisch-katholischen Bereich ist die Reliquienverehrung theologisch zwar noch aufrechterhalten (siehe etwa bei Heiligsprechungen), sie wird jedoch in der Glaubenspraxis fast ausschließlich als Ausdruck einer längst verabschiedeten, mittelalterlichen Frömmigkeit angesehen.[25] Hingegen strömen auch im Westen orthodoxe Gläubige in der Diaspora zu den Reliquien namhafter Heiligen; der Hl. Nikolaous in Bari ist nur das bekannteste Beispiel.[26]

Wie ist das mit dem (post)modernen Ethos eines historisch-kritischen Zugangs zum Christentum vereinbar? Ein Urteil ist schwerer zu fällen, als man bei einer flüchtigen Beschreibung dieser religiösen Formen annehmen könnte. Die inzwischen auch von einigen im Westen wirkenden orthodoxen Theologinnen und Theologen vertretene These, alles ließe sich dadurch erklären, dass die Orthodoxe Kirche keine Aufklärung durchgemacht habe oder die Aufklärung nur am Rande mitbekommen und mitrezipiert habe[27], kann nur *ein Teil* einer Antwort sein. Denn sie unterstellt einer großen, ja sogar mehrheitlichen Gesellschaftsschicht (wenn man die Umfragen als Kriterium nimmt), sie sei, zumindest was Religion anbetrifft, in der Vormoderne geblieben, was weder kulturgeschichtlich noch soziologisch zutrifft. Eine pauschale traditionskritische »Demontage« der ostkirchlichen Frömmigkeit und Väterbezogenheit macht denselben reduktionistischen Fehler, den auf der anderen Seite die orthodoxen Rigoristen machen, wenn sie das »abgefallene«, westliche Christentum scharf verurteilen. Zwar kann man aus religionsphilo-

25 Vgl. Christoph Kardinal Schönborn, Glauben mit allen Sinnen: Reliquienschatz und Heiligenverehrung, 7. Katechese 2004/2005, http://www.erzdioezese-wien.at/pages/inst/14428675/text/katechesen/article /25956.html (Stand: 14.10.2016).

26 Am Rande sei angemerkt: Die Reliquienverehrung hat ein unerwartetes »Integrationspotenzial«, denn durch diesen Frömmigkeitsaspekt entdecken viele orthodoxe Gläubigen die Kirchen- und Kulturgeschichte des jeweiligen Gastlandes, lernen Ortsheilige aus dem ersten Jahrtausend kennen und entwickeln dadurch ein Gespür für die christliche Identität Westeuropas.

27 Vgl. Pantelis Kalaitzidis, Ist das orthodoxe Christentum vor der Moderne stehengeblieben? Die Notwendigkeit einer neuen Inkarnation des Wortes und das eschatologische Verständnis von Tradition und der Beziehung Kirche-Welt, in: Florian Uhl (Hg.), Die Tradition einer Zukunft. Perspektiven der Religionsphilosophie, Graal/Müritz 2011, 139–176.

sophischer Sicht bedauernd oder kritisch feststellen, dass die orthodoxe Welt nicht die kultursystematische Auseinandersetzung mit der Aufklärung absolviert hat, die der Westen hinter sich hat. Doch ob man deswegen schon diagnostizieren kann, dass »das gesamte [orthodoxe] Kirchenleben zu einem Gefangenen vormoderner Strukturen und Praktiken«[28] geworden ist, bleibt fraglich. Besteht etwa in dieser mit vormodernen Elementen »belasteten« Entwicklung nicht auch eine eigene Dynamik, die sich nur dann erschließt, wenn man die langgedienten Muster »*vormodern – traditionalistisch – fromm = überholt, negativ*« versus »*postmodern – aufgeklärt – kritisch = fortschrittlich, positiv*« etwas relativiert?

Was, wenn dieses religiöse Verhalten, das man »traditionell« oder »traditionsorientiert« nennen mag, das Zeichen einer gerade stattfindenden *postsäkularen Neusynthese osteuropäischer (oder genauer: orthodoxer) Färbung* ist, die aufgrund einer kollektiven, fast traumatischen *Atheismus- und Säkularisierungserfahrung* (gemeint ist die kommunistische Zeit), aber auch aufgrund einer *offenen Kultur der Glaubenskontinuität* dazu kommt, Glaubenstradition in uralten Frömmigkeitsformen mit modernen Lebens- und Denkvorstellungen verbinden zu wollen? Zu einer solchen Hypothese muss uns zumindest die wiederum soziologisch belegte Tatsache leiten, dass die starke Heiligenverehrung nicht allein in bildungsarmen Schichten präsent ist, sondern sich fast gleichmäßig durch alle Gesellschaftsschichten zieht. Die Wiener Studie stellt als Ergebnis trocken fest: »Der Glaube daran, dass Religion im täglichen Leben hilft, hat nichts mit einer niedrigen Ausbildung zu tun. Es ist ein modernes Phänomen, das unter den gut Ausgebildeten sehr verbreitet ist.«[29]

Natürlich kennt die Heiligenverehrung in der individuellen Praxis ein sehr breites Spektrum von Ausdrucksformen, die nicht immer dem kirchlichen Ethos entsprechen und auch Aberglauben beinhalten. Grundsätzlich gilt jedoch, dass die Heiligenverehrung der Ort ist, wo mutmaßlich vormoderne Frömmigkeitsformen Ausdruck tiefer spiritueller Erfahrungen werden, wo der einzelne Mensch sein modernes *Subjektsein* kundgibt und auslebt, aber zugleich *Teil eines dia- und synchronen gemeinschaftlichen Ganzen* wird. Die Person der Heiligen ist der beste spirituelle Zugang zu dieser Synthese zwischen Subjektivität und Zugehörigkeit zu einer zeitüberdauernden Gemeinschaft. Der Heilige ist kein Held oder Superman, sondern ein Mensch auf dem Weg zur Vollendung, sein Leben ist eine Einladung für ein lebenswertes

28 a.a.O., 142.

29 Zulehner/Tomka/Naletova, Religionen, 149. Dabei betonen die Autoren der Studie, dass in »orthodoxen Ländern«, »der Glaube der gut Ausgebildeten an religiöse Heilung sehr hoch ist« (a.a.O.).

Leben vor und mit Gott. Die Heiligen sind aber zugleich Präsenz des Wiederkommenden, sie sind nichts anderes als praktisch gelebte Eschatologie; sie zeugen von einer zukünftigen und doch sehr präsenten, nahen Welt.

Entscheidend für diesen Aspekt ist die Tatsache, dass die Heiligenverehrung in der orthodoxen Frömmigkeit als *Weiterführung einer gelebten Spiritualität der geistlichen Vaterschaft* erfahren wird. Die Seelsorge durch einen Starez (der seinerseits in einer geistlichen Kontinuität steht) ist für die Orientierung im Leben – über das Sakrament der Beichte hinaus – von zentraler Bedeutung.[30] Die Existenz, Autorität und Wirkungskraft der Starez (sprich: der geistlichen Väter oder Mütter) sind nicht an eine äußere Institution gebunden: Das partielle oder totale Auslöschen der Klöster in der kommunistischen Zeit konnte diese Lebensader der orthodoxen Spiritualität nicht zerstören. Deshalb kann man nur bedingt von einer »Renaissance« der Religiosität in den orthodoxen Ländern sprechen, als sei diese irgendwann in irgendeiner Form entschlafen: Denn durch die starke Zentrierung auf die »Institution« der geistlichen Väter blieb ja diese Form der gelebten Frömmigkeit erhalten, auch wenn sie nicht so manifest war (zumindest in Rumänien, wo selbst die führenden Parteimitglieder ihre Kinder taufen ließen). Das Beispiel des bereits Ende der 1940er Jahre von den Menschen als Heiligen angesehenen Priestermönchs Arsenie Boca, der in den 1950er Jahren von den Kommunisten inhaftiert und verfolgt, von der Rumänisch-Orthodoxen Kirche suspendiert wurde und bis zu seinem Tod (1989) ein Schattendasein führte, ist dabei prägnant: Trotz aller Kontaktverbote seitens der kommunistischen Führung und der totalen Marginalisierung seitens der Kirchenhierarchie, pilgerten viele Menschen zu ihm, ungeachtet aller Gefahren, die sie dadurch auf sich nahmen. Nach der Wende entwickelte sich die Verehrung um diesen noch nicht heiliggesprochenen geistlichen Vater zu einem präzedenzlosen Massenphänomen in Rumänien. – Heiligenverehrung knüpft also sehr stark an eine gelebte Spiritualität der geistlichen Vaterschaft an, die zwar im Glaubens- und Lebensraum der Kirche stattfindet, sich aber nicht von den historischen Grenzsetzungen der Institution Kirche bestimmen lässt.

Hierin gründet nicht zuletzt auch die *Alltagsbezogenheit* der Heiligenverehrung, die auch im Topos der »Heilung« spürbar wird. Die bereits erwähnte Studie des Wiener Pastoralen Forums betont das deutlich: »Die orthodoxen Befragten zeigen eine stärkere Neigung zum Glauben an (religiöse) Heilung. […] So ist zum Beispiel der Glaube an die heilende Wirkung von

30 Vgl. als Beispiel die Beschreibung eines geistlichen Vaters durch einen geistlichen Sohn: Vikarbischof Sofian von Kronstadt, Vater Teofil von Sâmbăta (1929-2009) und die Beziehung zu dem lebendigen Gott – unserem Vater, in: Henkel/Wyrwoll (Hg.), Askese und Konsumgesellschaft, 82-88.

Weihwasser und Handauflegung weitaus mehr in den orthodoxen als in den katholischen Ländern verbreitet.«[31] Doch aus theologischer Sicht ist nicht die Frömmigkeitsform des »Glaubens an die heilende Wirkung von Weihwasser« aussagekräftig, sondern der Inhalt, womit diese Praxis gefüllt wird. Sie kann sowohl vom Aberglauben oder vom einfachen Heilungsglauben, aber auch von einem eschatologisch frischen Bewusstsein getragen werden, wonach im Weihwasser und in anderen Elementen ein neuer Zugang zur Realität geübt wir: Das Unsichtbare im Sichtbaren zu erkennen.

Man wird am Ende dieser unsystematischen Ausführungen kein Fazit im eigentlichen Sinne formulieren können. Entscheidend ist festzuhalten – gerade im Hinblick auf den Dialog mit den anderen Konfessionen – dass die aktuelle, stark verbreitete Religiosität in den orthodoxen Ländern nicht allein mit soziologischen Erklärungsmustern verstanden werden kann und dass die Theorie über die »unaufgeklärte Orthodoxie« zu kurz greift. Sie weist, gerade im Hinblick auf die Heiligenverehrung, auf einen Grundaspekt der orthodoxen Spiritualität hin, der sich nicht einfach mit Kategorien wie »vormodern« oder »traditionalistisch« definieren lässt. Diese »Andersheit« der orthodoxen Frömmigkeit lädt uns ein, in eine Dynamik des religiösen Lebens einzusteigen, die zwar auch ihre Schattenseiten haben kann (Aberglauben, Rigorismus, Anachronismus), aber grundsätzlich viele *Ausdrucksformen einer in der Moderne weiter gelebten altkirchlichen Spiritualität* (geistliche Vaterschaft) in sich birgt. Deshalb gilt es, die missionarische Eigendynamik dieser Spiritualität nicht automatisch als Relikt der Vergangenheit abzutun, sondern ihre Relevanz für eine aktive Lebenshilfe anzuerkennen.

31 Zulehner/Tomka/Naletova, Religionen, 163.

»Together towards Life – Mission and Evangelism in Changing Landscapes«

Neue Perspektiven für die Mission aus dem Ökumenischen Rat der Kirchen

Jutta Koslowski

1 Einführung

Mission gehört zum Wesen der Kirche. Im Unterschied zu anderen Religionen, wie etwa dem Judentum, aber auch dem Buddhismus, versteht sich das Christentum (ebenso wie der Islam) prinzipiell als eine Glaubensgemeinschaft, die auf Expansion angelegt ist. Auch wenn sich inzwischen die Einsicht verbreitet hat, dass der christliche Glaube keinen *exklusiven* Anspruch vertritt,[1] so ist doch an der *universalen* Gültigkeit der christlichen Botschaft festzuhalten. Programmatisch kommt sie im »Missionsbefehl« zum Ausdruck, wie er im Neuen Testament in zentraler Stelle zu finden ist, nämlich als abschließendes Vermächtnis im ersten der vier Evangelien (Mt 28, 18–20).

Zugleich steht die Mission gegenwärtig starken Herausforderungen gegenüber. War der Begriff »Mission« früher einmal positiv besetzt (jemand ist »mit einer wichtigen Mission unterwegs«), so wird er heute weitgehend kritisch gesehen (wenn jemand »missionarisch« auftritt, so ist gilt dies als Synonym für »besserwisserisch« und »unbelehrbar«). Die Akzeptanz für Mission ist nicht nur gesellschaftlich, sondern auch innerkirchlich geschwunden. Dies hat dazu geführt, dass viele der »Missionswerke«, die vor allem im evangelischen Bereich von der Mitte des 19. bis zum Beginn des 20. Jahrhundert ge-

1 Zur Diskussion um die religionstheologischen Positionen des Exklusivismus, Inklusivismus und Pluralismus vgl. Perry Schmidt-Leukel, Grundkurs Fundamentaltheologie. Eine Einführung in die Grundfragen des christlichen Glaubens, München 1999, 181–187; Ders.: Die religionstheologischen Grundmodelle: Exklusivismus, Inklusivismus, Pluralismus, in: Anton Peter (Hg.), Christlicher Glaube in multireligiöser Gesellschaft, Immensee 1996, 227–248; Perry Schmidt-Leukel, Theologie der Religionen. Probleme, Optionen, Argumente, München-Neuried 1997.

gründet wurden, ihr Selbstverständnis gewandelt haben: weg vom *evangelistischen* und hin zu einem ganzheitlichen bzw. *sozialdiakonischen* Ansatz. Dies spiegelt sich auch in einer veränderten Namensgebung wider: So hat sich die traditionelle Basler Mission, die im Jahr 1815 gegründet worden ist, 2001 in »mission 21« umbenannt (wobei das Stichwort Mission erhalten blieb, aber die zukünftige Neuausrichtung deutlich wird). Das Missionswerk WEK (Welt-Evangelisations-Kreuzzug) heißt nun WEC (Weltweiter Einsatz für Christus). Auch im akademischen Bereich hat das gewandelte Missionsverständnis institutionelle Veränderungen mit sich gebracht: Die Institute für Missions- und Religionswissenschaft (MRW), die an evangelischen Fakultäten eines der sechs Fächer vertraten, welche für das Theologiestudium konstitutiv waren, wurden inzwischen fast ausnahmslos umgewandelt in Lehrstühle für das Fach Religionswissenschaft bzw. interkulturelle Theologie. Ihr Anliegen ist es, die zukünftigen Religionslehrer und Pfarrerinnen mit Grundkenntnissen über andere Religionen auszustatten und sie in der interreligiösen Begegnung sprachfähig zu machen, damit das friedliche Zusammenleben in einer multikulturellen Gesellschaft gelingen kann.

Doch stellt sich die Frage, ob Mission durch den interreligiösen Dialog abgelöst werden sollte oder ob sie weiterhin von Bedeutung ist. Dabei zeichnet sich ein ökumenischer Konsens ab, dass sowohl Mission als auch Dialog zum Auftrag der Kirche gehören – jedoch ist umstritten, in welchem Verhältnis sie zueinander stehen. Um diese wichtige Frage zu klären, hat der Ökumenische Rat der Kirchen (ÖRK) ein Dokument verabschiedet, das wichtige Impulse enthält und im Folgenden näher erarbeitet werden soll.

2 *»Together towards Life«: Entstehungsgeschichte*

Das Dokument *»Together towards Life – Mission and Evangelism in Changing Landscapes«* wurde auf der Zehnten Vollversammlung des Ökumenischen Rates der Kirchen verabschiedet, die vom 30. Oktober bis zum 8. November 2013 in Busan (Südkorea) stattfand.[2] Es handelt sich um die erste Erklärung des ÖRK zur Mission, seit der Zentralausschuss 1982 den Text »Mission und Evangelisation – eine ökumenische Erklärung« angenommen hatte.[3]

2 World Council of Churches, Resource Book. 10th Assembly Busan, 2013, WCC Publications, 51–76. Deutsche Übersetzung: Gemeinsam für das Leben. Mission und Evangelisation in sich wandelnden Kontexten, in: https://www.oikoumene.org/en/resources/documents/commissions/mission-and-evangelism/together-towards-life-mission-and-evangelism-in-changing-landscapes (Stand: 13.9.2016)

3 Ökumenischer Rat der Kirchen, Mission und Evangelisation. Eine ökumenische

Dabei ist zu beachten, dass das Thema Mission für die Entstehung des ÖRK von grundlegender Bedeutung ist, denn er besteht ja aus einem Zusammenschluss der Bewegung für Praktisches Christentum und der Kommission für Glauben und Kirchenverfassung (1948) sowie des Internationalen Missionsrates (1961 hinzugekommen). Die neue Missionserklärung wurde auf Beschluss der 9. Vollversammlung in Porto Alegre (2006) von der Kommission für Weltmission und Evangelisation (CWME) ausgearbeitet und auf der Sitzung des Zentralausschusses in Kreta (Griechenland) am 5. September 2012 einstimmig angenommen. Das Dokument *Together towards Life* versteht sich nicht als abschließendes Statement, sondern reflektiert einen dynamischen Prozess, wie er in der Präposition *»towards«* zum Ausdruck kommt, die auch für andere ÖRK-Dokumente aus neuerer Zeit charakteristisch ist (vgl. die ebenfalls in Busan verabschiedete Konvergenz-Erklärung zur Ekklesiologie *»The Church: Towards a Common Vision«*). Im Untertitel wird artikuliert, dass das Thema Mission *»in Changing Landscapes«* bedacht werden soll, womit auf den Paradigmenwechsel im Missionsverständnis, aber auch in Theologie und Gesellschaft allgemein hingewiesen wird.

3 »Together towards Life«: Inhalte

Der Text des Dokuments besteht aus 112 Absätzen (in der Originalfassung noch nicht enthalten). Er ist in sechs Abschnitte eingeteilt: »Gemeinsam zum Leben: Einführung in das Thema«, »Geist der Mission: Atem des Lebens«, »Geist der Befreiung: Mission von den Rändern her«; »Geist der Gemeinschaft: Kirche unterwegs«, »Geist von Pfingsten: Gute Nachricht für alle« und »Fest des Lebens: Zusammenfassende Grundüberzeugungen«; diese sind jeweils in weitere Kapitel untergliedert. Die Anlage macht deutlich, dass das Missionsdokument *Together towards Life* einem pneumatologischen Grundansatz folgt: Jeder der vier Hauptteile bezieht sich mit unterschiedlichem Akzent auf den Geist Gottes.

Eine der wichtigsten und auf der Vollversammlung in Busan am meisten diskutierten Passagen ist diejenige über »Mission von den Rändern her« (*Mission from the Margins*, Nr. 36 f.), mit welcher der Abschnitt *»Geist der Befreiung«* beginnt. Dort heißt es: »Mission von den Rändern her macht es notwendig, dass die Kirche die Komplexität der Dynamik von Machtverhältnissen, von globalen Systemen und Strukturen und lokalen Kontexten ver-

Erklärung, Genf 1982. https://difaem.de/fileadmin/Dokumente/Publikationen/Dokumente_AErztliche_Mission/mission_und_evangelisation.pdf (Stand: 13.9.2016)

steht. Christliche Mission ist bisweilen in einer Weise verstanden und praktiziert worden, dass Gottes Solidarität mit denen, die immer wieder an den Rand gedrängt werden, nicht erkannt wurde. Daher lädt eine Mission aus der Perspektive der Peripherie die Kirche ein, eine neue Vorstellung von Mission als Berufung durch den Geist Gottes zu entwickeln, der sich für eine Welt einsetzt, in der alle Menschen Zugang zur Fülle des Lebens haben.« (Nr. 37) Die Neu-Interpretation des Missionsauftrags im Horizont der Befreiungstheologie wird in den folgenden Kapiteln noch weiter vertieft (»Warum gibt es Ausgrenzung und Zonen der Marginalisierung?«, »Mission als Kampf und Widerstand«, »Mission im Dienst der Gerechtigkeit und Inklusion«, »Mission als Heilung und Suche nach Ganzheit«). Dadurch wird das Thema Mission mit dem aktuellen Diskurs über Inklusion verknüpft – auch dies ein Versuch, dem Anspruch des Dokuments gerecht zu werden und Mission *»in sich wandelnden Kontexten«* neu zu bedenken.

Im nächsten Abschnitt *»Geist der Gemeinschaft«* wird der Missionsauftrag im Hinblick auf seine ökumenische Dimension untersucht und in folgenden Kapiteln weiter entfaltet: »Gottes Mission und das Leben der Kirche«, »Gottes Mission und die Einheit der Kirche«, »Gott befähigt die Kirche in die Mission« und »Ortsgemeinden: Neue Initiativen«. Die Vorstellung, die hier zum Tragen kommt, ist diejenige der *missio Dei*: Die Kirche ist nicht Initiatorin der Mission, sondern sie lässt sich mit hineinnehmen in die Mission Gottes in der Welt, durch welche er seine Schöpfung hin zur Neuschöpfung führt (vgl. Nr. 55). Diese übergreifende Perspektive soll es ermöglichen, Konflikte zwischen den Kirchen zu lösen, welche durch die Missionstätigkeit entstanden sind. Hier ist insbesondere das Problem des *Proselytismus* zu nennen, auf das die orthodoxen Kirchen immer wieder hinweisen (vgl. Nr. 62). Andererseits müssen sich diese der kritischen Anfrage stellen, ob ihr Konzept eines *»kanonischen Territoriums«* unter den Bedingungen moderner Migrationbewegungen und einer globalen Gesellschaft noch vertretbar ist. Ein Bekenntnis zur Religionsfreiheit und zum prinzipiellen Recht des Einzelnen auf Konversion ist eine wichtige Voraussetzung für die ökumenische Lösung dieser Fragen. Der Ansatz der *missio Dei* »führt zu einem ekklesiologischen Ansatz ›von unten‹. Aus dieser Sicht ist es nicht die Kirche, die eine Mission hat, sondern vielmehr die Mission, die eine Kirche hat.« (Nr. 58) Im Gegensatz zu der (jedenfalls in den westlichen Kirchen vorherrschenden) »Missionsmüdigkeit« werden hier Mission und Kirche geradezu miteinander identifiziert (vgl. Nr. 61), so dass die Mission als konstitutiv für die Kirche angesehen wird und Kirche ohne Mission nicht zu denken ist.

Der folgende Abschnitt unter der Überschrift *»Geist von Pfingsten«* setzt einen neuen Akzent. Während bei »Geist der Befreiung« vor allem Anliegen von ÖRK-Mitgliedskirchen aus dem *Global South* aufgenommen worden sind und »Geist der Gemeinschaft« sich mit der Perspektive orthodoxer Kirchen auseinandersetzt, reflektiert »Geist von Pfingsten« die Theologie evangelikaler und charismatischer Christen – also einer Gruppe, die für die zukünftige Entwicklung des Christentums von großer Bedeutung ist, aber im Hinblick auf ihre Beteiligung am ÖRK noch immer dramatisch unterrepräsentiert.[4] Schon das Stichwort »Pfingsten« in der Überschrift weist in eine neue Richtung. Statt von »Mission« wird im folgenden von »Evangelisation« gesprochen (die Kapitelüberschriften lauten: »Aufruf zur Evangelisation«, »Evangelisation nach der Weise Christi«, »Evangelisation, interreligiöser Dialog und christliche Präsenz« sowie »Evangelisation und Kulturen«).

Besonders wegweisend ist hier das Kapitel, in dem das Verhältnis von Evangelisation und interreligiösem Dialog bedacht wird (Nr. 93–96). Es enthält konzentrierte und ausgewogene Thesen zu dieser Thematik, die zukünftig Beachtung verdienen. Die kontroverse Diskussion wird gewiss weitergeführt werden, sollte aber hinter diese Einsichten nicht mehr zurückfallen. *Evangelisation* wird so charakterisiert: »Authentische Evangelisation gründet in Demut und Respekt vor allen Menschen und gedeiht im Kontext von Dialog. In Wort und Tat vermittelt sie die Botschaft des Evangeliums, der Heilung und der Versöhnung.« (Nr. 89) Über den *interreligiösen Dialog* wird gesagt: »Gott ist da, bevor wir kommen (Apostelgeschichte 17), und unsere Aufgabe ist es nicht, Gott mitzubringen, sondern Gott zu bezeugen, der bereits da ist. Dialog bietet die Möglichkeit einer aufrichtigen Begegnung, bei der jede Seite in einer Atmosphäre der Offenheit, der Geduld und des Respekts alles, was sie ausmacht, offenlegt.« (Nr. 94) In Bezug auf die *Verhältnisbestimmung zwischen Mission und Dialog* hält das Dokument fest: »Evangelisation und Dialog sind verschieden, aber miteinander verbunden *(distinct but interrelated)*. Obwohl Christen und Christinnen hoffen und beten, dass alle Menschen den dreieinigen Gott in lebendiger Weise kennen lernen, besteht der Zweck des Dialogs nicht in der Evangelisation. [...] Des Weiteren findet authentische Evangelisation im Kontext eines Dialoges des Lebens und des Handelns und im ›Geist des Dialogs‹ statt: in einer ›Haltung des Respekts und der Freundschaft‹. Evangelisation geht nicht nur mit der Verkündigung unserer tiefsten Überzeugungen einher, sondern auch damit, dass wir anderen

4 Natürlich lassen sich die unterschiedlichen Akzentsetzungen in dem Dokument nicht scharf voneinander abgrenzen, weil der gesamte Text ja als Konvergenzdokument in multikonfessioneller Zusammenarbeit entstanden ist.

zuhören, von ihnen hinterfragt und durch sie bereichert werden (Apostelgeschichte 10).« (Nr. 95)

4 »Together towards Life«: Perspektiven

Es gelingt diesem ÖRK-Dokument nach meinem Dafürhalten in überzeugender Weise, ein zeitgemäßes Paradigma von Mission zu entwickeln. Dabei wird deutlich, dass Mission nicht einfach aufgegeben werden darf, um im Archiv der Theologiegeschichte zu verschwinden, sondern dass sie heute »in sich wandelnden Kontexten« neu gedacht werden muss. Mission bleibt konstitutiv für das Wesen der Kirche.

In diesem Text werden die Anliegen von Mission und Evangelisation sowie von Evangelisation und Dialog überzeugend miteinander verbunden. Aktuelle Ansätze wie Befreiungstheologie, Inklusion und *missio Dei* werden eingebracht, und für Probleme wie dasjenige des Proselytismus werden Lösungsvorschläge unterbreitet. Darüber hinaus wird ein klares Bekenntnis zur Religionsfreiheit ausgesprochen (Nr. 96). So ist dies nicht einfach nur ein »Kompromisstext« (wie so manche anderen ökumenischen Erklärungen), sondern tatsächlich ein *Konvergenz-Dokument*, in dem unterschiedliche konfessionelle Perspektiven sich gegenseitig bereichern und zu vertieften Einsichten führen. Zwar hat der Text auch Schwächen: Der Tendenz derartiger Erklärungen, im Lauf der Zeit immer länger und wortreicher zu werden, ist auch er erlegen; außerdem ist die offizielle Übersetzung ins Deutsche holprig und lässt erkennen, dass das Original auf Englisch abgefasst ist – dennoch ist diesem Dokument breite Rezeption zu wünschen.

Von der Bekehrung zur Gesellschaftstransformation*

Entwicklungen und Perspektiven des freikirchlichen Missionsverständnisses

Ralf Dziewas

1 Vorbemerkung

Im Gegensatz zu den alten orthodoxen Nationalkirchen, der katholischen Weltkirche und den deutschen evangelischen Landeskirchen haben die aus dem linken Flügel der Reformation hervorgegangenen Freikirchen in Europa nirgendwo eine Stellung erlangt, in der sie ein bestimmtes Territorium als ihren Macht- und Einflussbereich so sehr religiös dominiert hätten, dass es zu einer Verschmelzung von nationalen oder territorialen Identitäten mit einer speziellen konfessionell-freikirchlichen Prägung gekommen wäre. In den Gebieten der Welt, in denen die in Deutschland als Freikirchen bekannten Konfessionen Mehrheitskirchen geworden sind, haben diese aufgrund ihrer Betonung der Glaubens- und Gewissensfreiheit selbst dazu beigetragen, dass in diesen Ländern und Regionen sich zumeist eine große religiöse Vielfalt von

* Dieser Beitrag ist entstanden aus einem kurzen mündlichen Response zu einem Vortrag von Athanasios Vletsis, »Mission als Martyria in der orthodoxen Theologie einst und jetzt« auf der Tagung »Zwischen Mission und Proselytismus« des Interkonfessionellen Theologischen Arbeitskreises in Erfurt, am 23.01.2015. Im Gegensatz zur Tagungssituation unternimmt der hier vorgelegte Beitrag aber keine kritische Würdigung und Kontrastierung der freikirchlichen zur orthodoxen Missiologie, sondern eine grundsätzliche, sozialtheologisch orientierte Darstellung des Wandels freikirchlicher Missionsvorstellungen und -praktiken für die Freikirchen in Deutschland. Eine Betrachtung der weltweiten Aktivitäten der Kirchen, die in Deutschland zu den kleinen Minderheitskirchen gehören, weltweit aber große Denominationen sind, hätte den Rahmen dieses Artikels gesprengt. Meinem Kollegen Michael Kißkalt danke ich für einige hilfreiche Korrekturen und Anregungen vor allem zur Darstellung der aktuellen Diskussionslage in der freikirchlichen Missionswissenschaft.

Denominationen ausbreiten konnte.[1] Daher haben sich in den klassischen Freikirchen auch keine territorialen Denkweisen von Mission entwickeln können. Es gab zwar ein katholisches Spanien, Österreich oder Polen, ein lutherisches Thüringen oder Hessen, ein uniertes Preußen, reformierte Niederlande und ein England mit anglikanischer Staatskirche, aber kein baptistisches, methodistisches oder pfingstkirchliches Irgendwo, in dem diese freikirchlichen Konfessionen in Europa volkskirchlichen oder nationalkirchlichen Status erlangt hätten.

Dies lag zum einen daran, dass eine solche Verschmelzung von nationaler oder regionaler Identität mit einer vorherrschenden Konfession volkskirchlicher Ausprägung dem freikirchlichen Kirchen- und Glaubensverständnis nicht entsprochen hätte. Zum anderen aber spielte dabei natürlich die historische Erfahrung eine Rolle, dass sich die heutigen Freikirchen in Europa zumeist zwar von verfolgten Minderheiten zu etablierten Freikirchen entwickeln konnten, aber auch als akzeptierte Gesprächspartner im ökumenischen Miteinander doch überwiegend kleine Kirchen blieben, die vielfach bis heute darum ringen, in der Öffentlichkeit neben den großen Konfessionen überhaupt als eigenständige Kirchen mit ihren jeweils unterschiedlichen Prägungen wahrgenommen zu werden.[2]

Diese historische Vorgeschichte hat dazu geführt, dass das Missionsverständnis der europäischen Freikirchen in ihrer Vielfältigkeit traditionell eine eher individualistische Ausprägung besaß.[3] Freikirchliche Mission stand meist

1 Vgl. Martin Rotkegel, Reformation, Nonkonformismus, Freiheit, Freikirchliche Anmerkungen zum allzu deutschen Lutherjubiläum 2017, in: ZThG 21 (2016), 157–173, bes. 167–169.

2 So bildet die in Deutschland größte Freikirche in der Vereinigung Evangelischer Freikirchen (VEF), der Bund Evangelisch-Freikirchlicher Gemeinden in Deutschland K.d.ö.R. mit seinen 82.000 Mitgliedern baptistischer und brüdergemeindlicher Tradition nur einen Anteil von etwa 1 Promille der Gesamtbevölkerung Deutschlands. Zur prozentualen Verteilung der Freikirchen in den einzelnen Regionen Deutschlands vgl. Reinhard Henckel, Die freikirchliche Landschaft, Untersuchungen über die räumliche Verteilung der Freikirchen, in: Freikirchenforschung 9 (1999), 214–263.

3 Daher kann der baptistische Missionswissenschaftler Michael Kißkalt angesichts der Vielfalt freikirchlicher Missiologie als gemeinsame Besonderheit »die Wertschätzung des einzelnen Menschen, des einzelnen Christen, der einzelnen Gemeinde, des individuellen Glaubensweges« benennen, um zugleich aber auf die ekklesiologische Dimension zu verweisen: »Im Lichte dieses subjektiv-individuellen Missionsverständnisses wird aber das Ganze der Kirche und der Gesellschaft nicht ausgeblendet.« (Michael Kisskalt, Mission im freikirchlichen Protestantismus, in: Christoph Dahling-Sander et al (Hg.), Leitfaden Ökumenische Missions-

vor der Herausforderung, dass einzelne Christen in ihrem Lebensumfeld anderen Personen den Glauben nahebringen wollten und dass konkrete Gemeinden bestimmte Menschen für ihre örtliche Gemeindearbeit zu gewinnen suchten. Und selbst dort, wo Gemeindebünde oder Freikirchen missionarische Aktivitäten anstießen, koordinierten oder beförderten, blieb doch zumeist die Glaubensentscheidung Einzelner das eigentliche Ziel der missionarischen Bemühungen, nicht die missionarische Umprägung ganzer Bevölkerungsteile oder Territorien.

Dennoch zeichnet sich in der aktuellen missiologischen Diskussion im freikirchlichen Kontext eine Veränderung ab, die quer zu diesen traditionellen Prägungen des freikirchlichen Missionsverständnisses steht und gravierende Veränderungen der missionarischen Praxis in den Freikirchen mit sich bringt. Daher werden im Folgenden zunächst die Ursprünge der freikirchlichen Missionstheologie im 19. Jahrhundert, dann die sozialtheologischen Gründe für deren Veränderung im 20. Jahrhundert dargestellt, um schließlich die Bedeutung der im Freikirchenbereich aktuell am stärksten diskutierten missiologischen Modelle erläutern zu können.

2 Die ursprünglichen Prägungen des freikirchlichen Missionsverständnisses im 19. Jahrhundert

Da die meisten der heute in Deutschland etablierten Freikirchen aus ersten Gemeindegründungen im Deutschland des 19. Jahrhundert hervorgegangen sind,[4] haben auch ihre missiologischen Konzepte und Praktiken wesentliche Impulse aus dieser Zeit empfangen. Dabei sind vor allem vier historische Voraussetzungen für die freikirchliche Missiologie und Missionspraxis prägend geworden: Die Aufklärung mit ihrer Betonung der Glaubens- und Gewissensfreiheit, die Erweckungsbewegung mit ihrer Betonung der persönlichen Frömmigkeit und Heiligung, das Vereinswesen als Grundlage für die freikirchliche Gemeindeorganisation sowie die soziale Frage des 19. Jahrhunderts und

theologie, unter Mitarbeit von Klaus Schäfer, Gütersloh 2003, 163–177, Zitate 176)

4 Vgl. zur Entstehung und konfessionellen Prägung der deutschen Freikirchen Erich Geldbach, Freikirchen – Erbe, Gestalt und Wirkung, 2. völlig neu bearbeitete Auflage, Göttingen 2005 [Bensheimer Hefte 70], sowie für die seit dem Beginn des 20. Jahrhundert verstärkte Zusammenarbeit verschiedener Freikirchen in der Vereinigung Evangelischer Freikirchen die Selbstdarstellung: Vereinigung Evangelischer Freikirchen (Hg.), Freikirchenhandbuch, Informationen – Anschriften – Texte – Berichte, Wuppertal 2004.

die damit einhergehende Herausforderung zu diakonischem Engagement und zur inneren Mission.[5]

2.1 *Die Aufklärung und die individuelle Wahlfreiheit in Glaubensfragen*

Die Aufklärung hatte bereits im ausgehenden 18. Jahrhundert die individuelle Freiheit eröffnet, in religiösen und weltanschaulichen Fragen alle gegebenen kirchlichen Traditionen kritisch zu bedenken und mit guten Argumenten auch zentrale Glaubensüberzeugungen in Frage zu stellen.[6] Dass Kirche aber auch ganz anders denkbar sein könnte als in den geprägten römisch-katholischen, lutherischen und reformierten Formen, ist eine durch die Aufklärung für alle Bürger eröffnete historische Möglichkeit des »langen« 19. Jahrhunderts.[7] Dass man dem Menschen eine individuelle Entscheidungsfreiheit in religiösen Fragen zugestand, dass man aus jeder Kirche austreten, in eine andere eintreten oder gar eine neue gründen konnte, wenn man von den überlieferten Dogmen oder den traditionellen Frömmigkeitsformen nicht mehr überzeugt war, ist in dieser Form erst seit der Aufklärung denkbar. Und auch die Etablierung einer nichtchristlich-atheistischen Philosophie und Weltanschauung schuf neue Denkmöglichkeiten und Freiheitsräume im Kontext einer noch weithin traditionell christlich geprägten Gesellschaft.

Diese Freiräume nutzten die im 19. Jahrhundert neu entstehenden Freikirchen missionarisch, indem sie die Menschen vor eine individuelle Entscheidung in der Frage der Kirchenzugehörigkeit stellten. Neben die Kirchenzugehörigkeit, in die man hineingeboren oder durch familiäre Tradition hineinerzogen wurde, traten nun neue Alternativen. Man konnte sich auch einer der neuen Glaubensgemeinschaften anschließen. Die zuvor eigentlich eher theoretische Alternative einer freien Form von Kirche, in der die Mitglieder

5 Vgl. zu diesen Faktoren freikirchlicher Identitätsbildung Ralf Dziewas, Konfessionelle Identität in Freikirchen, Eine soziologische Analyse ihrer Entstehung und ihrer Wandlungsprozesse, in: Burkhard Neumann/Jürgen Stolze (Hg.), Christsein zwischen Identität und Wandel – Freikirchliche und römisch-katholische Perspektiven, Paderborn/Göttingen 2017, 31–66 (im Druck).

6 Vgl. Gottfried Hornig, Die Freiheit der christlichen Privatreligion, Semlers Begründung des religiösen Individualismus in der protestantischen Aufklärungstheologie, in: NZSTh 21 (1979), 198–211.

7 Mit dem sog. »langen« 19. Jahrhunderts wird in den Geschichtswissenschaften die Epoche von der Französischen Revolution 1789 bis zum Ende des ersten Weltkriegs 1918 bezeichnet. Vgl. Franz J. Bauer, Das ›lange‹ 19. Jahrhundert (1789–1917), Profil einer Epoche, Stuttgart ^{3}2010, der allerdings die Russische Revolution 1917 als Epochenende ansieht.

unabhängig von alten kirchlichen Traditionen und frei von etablierten kirchlichen Hierarchien ihr Gemeindeleben gemeinsam gestalten konnten, existierte nun real. Wenn man mit den kirchlichen Traditionen und Formen nicht mehr übereinstimmte, konnte man – neben der Freiheit, den Glauben persönlich anders zu denken und dennoch in der eigenen Kirche zu bleiben – auch die radikalere Konsequenz leben und aus der eigenen Kirche aus- und in eine der neuen Freikirchen eintreten, um dort eine neue geistliche Heimat zu finden oder zu gestalten, die den eigenen Glaubensentscheidungen mehr entsprach. Dies bedeutete damals jedoch in den meisten Fällen den Bruch mit der eigenen Familie und die Inkaufnahme gesellschaftlicher Nachteile, zumindest solange, wie die neuen Konfessionen noch nicht etablierte Kirchen waren, sondern als Sekten oder verbotene christliche Konventikel galten.[8]

Die durch die Aufklärung ermöglichte neue Freiheit des Denkens stieß jedoch dann, wenn sie wie bei der Gründung von freikirchlichen Gemeinden praktisch wurde – also Gemeinschaften damit begannen, auf neue Weise zu taufen, Abendmahl zu feiern oder Gottesdienste in ungewöhnlichen liturgischen Formen zu feiern –, auf den Widerstand der etablierten Kirchen. Diese sorgten häufig dafür, dass die Mitglieder der neuen Gemeinschaften wegen unerlaubter Religionsausübung mit Gefängnis bedroht und sozial ausgegrenzt wurden. So konnten ihre Mitglieder oft nicht getraut oder nicht auf den kirchlichen Friedhöfen bestattet werden.[9] Diese Anfangserfahrung von Repression und Benachteiligung hat die neu entstehenden Freikirchen oftmals zu engagierten Vertretern einer allgemeinen Religionsfreiheit gemacht.[10]

8 Die bei freikirchlichen Gemeindejubiläen erstellten Jubiläumsschriften sind voll mit eindrücklichen Schilderungen dieser von den ersten Gründungsgenerationen erlittenen Benachteiligungen. Sie erfüllen dabei eine ähnliche Funktion wie die frühchristlichen Märtyrererzählungen, indem sie den Erweis der Glaubwürdigkeit der frühen Glaubenszeugen in besonderer Weise herausstellen.

9 Vgl. Geldbach, Freikirchen, 150–160.

10 So konnte Julius Köbner, der zunächst zum Luthertum, dann 1836 zum Baptismus konvertierte Sohn eines jüdischen Rabbis, in seinem »Manifest des freien Urchristentums an das deutsche Volk« 1848 formulieren: »Aber wir behaupten nicht nur *unsere* religiöse Freiheit, sondern wir fordern sie für *jeden* Menschen, der den Boden des Vaterlandes bewohnt, wir fordern sie in völlig gleichem Maße für Alle, seien sie Christen, Juden, Muhammedaner oder was sonst.« (Julius Köbner, Manifest des freien Urchristentums an das deutsche Volk [1848], Neu herausgegeben, eingeleitet und kommentiert von Markus Wehrstedt und Bernd Wittchow, Berlin 2006, S.39 [Herv.i.Orig.]). Ein Erbe radikaler religiöser Toleranz, das leider in späterer Zeit angesichts wachsender Etablierung der Freikirchen durchaus nicht immer durchgehalten wurde.

Der Widerstand der etablierten Kirchen hat aber die jungen Gemeindebewegungen im 19. Jahrhundert nicht nur belastet, sondern sie auch in ihrer eigenen, noch unsicheren konfessionellen Identität gestärkt, denn konfessionelle Identität, das hat die Kirchengeschichte an vielen Stellen gezeigt, wird vor allem durch Druck von außen, durch Ausgrenzung oder Verfolgung verfestigt und gestärkt. Man wird ja gerade wegen der Elemente der eigenen Glaubenslehre und Glaubenspraxis angegriffen, in denen man sich von den Mehrheitskirchen unterscheidet.[11]

Entsprechend sahen sich die Freikirchler der Gründergeneration in einer ähnlichen Situation wie die Christengemeinden vor der Konstantinischen Wende. Mission, d.h. die Einladung zum Glauben und zur Mitgliedschaft in der eigenen Glaubensgemeinschaft, ist ein risikoreiches und daher vor allem mit dem eigenen Leben zu bezeugendes Verhalten. Mission ereignet sich in der Öffentlichkeit nicht so sehr in der Form gemeindlich-evangelistischer Veranstaltungen, sondern als privates Zeugnis, als persönliche Frömmigkeit und als entschiedenes Vertreten der eigenen Überzeugungen, um andere zum Nachdenken herauszufordern und sie vor eine Entscheidung zu stellen: entweder in der traditionellen Kirche bleiben oder einen religiösen Neuanfang in der neuen Glaubensgemeinschaft machen.

2.2. Die Erweckungsbewegung und die Konzentration auf die Bibelfrömmigkeit

Frömmigkeitsgeschichtlich ist die freikirchliche Missionspraxis und -theologie im 19. Jahrhundert stark von der Theologie der Erweckungsbewegung geprägt worden. Die Erweckungsbewegung als innerkirchliche Erneuerungsbewegung ermöglichte in der Frömmigkeit eine Verschiebung der Akzente von der Rechtgläubigkeit hin zu einer Betonung der individuellen Glaubenserfah-

11 Für die täuferischen Gemeindebewegungen waren dies natürlich die Ablehnung der Säuglingstaufe und der daraus folgende Vollzug von Taufhandlungen an als Säuglingen bereits Getauften. Die Pfingstbewegungen hingegen wurden wegen ihrer Lehre von der Geisttaufe und der Praxis des ekstatischen Sprachengebets ausgegrenzt. Diese Elemente des Gemeindelebens entwickelten sich, gerade weil die Bewegungen deswegen angegriffen und ausgegrenzt wurden, zu den entscheidenden Konfessionsmerkmalen dieser Freikirchen und damit zu den identitätsstiftenden Elementen in der Gemeindepraxis und Gemeindetheologie. Man muss über das, wofür man angegriffen wird, theologisch besonders gründlich nachdenken, zu diesen Themen verstärkt öffentlich Stellung beziehen und Material erarbeiten, mit dem man die eigenen Mitglieder zu diesen Themenfeldern für Auseinandersetzungen sprachfähig machen kann.

rung, also einer privatisierten, die eigenen religiösen Gefühle und Empfindungen in den Mittelpunkt stellenden Frömmigkeit.[12] Es war eine Zeit, in der mit dem Biedermeier ohnehin eine Privatisierung des familiären Lebens stattfand,[13] womit auch die Entwicklung einer individualisierten familialen Frömmigkeit unterstützt wurde. Gleichzeitig hatte die Romantik das emotionale Erleben vertieft und damit einen neuen Zugang zu einem individualisierten religiösen Erleben erleichtert.[14]

Das private Wohnzimmer und der bürgerliche Salon wurden in dieser Zeit nicht nur zur familiären Musizierstube und zum Diskussionsort für literarische oder künstlerische Neuheiten, sondern auch zum Versammlungsraum für an Glaubensfragen interessierte Laien. Diese trafen sich zum gemeinsamen Bibellesen, zum Gebet und zur Diskussion theologischer Fragen und stießen dabei mitunter auf biblische Texte, die überlieferte kirchliche Traditionen fragwürdig werden ließen. Die Entdeckung der Glaubenstaufe als einzige im neuen Testament beschriebene Taufform, die Glossolalie als Geistesgabe der Urchristenheit, die Ämterstruktur der frühchristlichen Gemeinden, sie alle wurden auf einmal Gegenstand privater Diskussionen religiös interessierter Laien. So konnte ohne theologische Anleitung und pastorale Aufsicht die Idee entstehen und wachsen, dass man das eigene religiöse Leben und Erleben nicht nach den tradierten kirchlichen Vorgaben, sondern auch direkt nach dem biblischen Vorbild gestalten könnte. Oftmals sind solche Bibelkreise der Erweckungsbewegung die entscheidenden Keimzellen für freikirchliche Gemeindegründungen gewesen.[15]

12 Vgl. zur Bedeutung der Erweckungsbewegung für die Entwicklung einer typisch freikirchlichen Frömmigkeit Markus Iff, Wurzeln und Wesen freikirchlicher Frömmigkeit, in: Burkhard Neumann/Jürgen Stolze (Hg.), Aus dem Glauben leben, Freikirchliche und römisch-katholische Perspektiven, Paderborn 2014, 49–82.

13 Vgl. Günther Schiwy, Art. Biedermeier, kulturgeschichtlich, in: RGG⁴ 1 (1998), 1555–1558

14 Vgl. Gerhard Lauer, Art. Romantik II. Kirchengeschichtlich, in: RGG⁴ 7 (2004) 606–609, bes. 607: »Religion wurde zu einem Wert an sich. Nicht ein Glaube, sondern zu glauben wurde zum zentralen Akt. Das wertete individuelle Glaubensakte gegenüber sozialen Glaubensformen auf und gab dem Gefühl ein stärkeres Gewicht gegenüber metaphysischen, rationalen oder konfessionellen Glaubensverständigungen, die sich als Wissen verstanden.«

15 So kann Andrea Strübind im Blick auf den aktuellen Forschungsstand formulieren: »Die untrennbare Verbindung von Erweckungsbewegung und Freikirchengründungen wird in neueren Beiträgen zur religiösen Sozialgeschichte und Kirchengeschichte im 19. Jahrhundert sowie in den wissenschaftlichen Selbstdarstellungen der verschiedenen Freikirchen durchgängig thematisiert und anhand der Quellen belegt.« (Andrea Strübind, »Mission to Germany«, Die Entstehung des

Dies hat dazu geführt, dass auch die missionarische Arbeit der Freikirchen in der Folgezeit sehr stark von einer persönlichen Bibelbezogenheit geprägt war. Bibeln und biblische Traktate zu verteilen, in der Arbeit mit Kindern und Jugendlichen vor allem mit biblischen Erzählungen, Texten und auswendig zu lernenden Bibelversen zu arbeiten, entsprach nicht nur der damaligen Religionspädagogik, sondern war aufgrund des Stellenwertes der individuellen Bibelkenntnis für alle freikirchlichen Bewegungen bedeutsam. Jedes einzelne Gemeindemitglied musste in der Lage sein, gegen Vorbehalte, Vorurteile und Missdeutungen der eigenen Glaubenstraditionen den Beweis der Richtigkeit aus den biblischen Texten darlegen zu können. Zugleich boten solche Diskussionen die Möglichkeit, aus den biblischen Texten heraus für die Glaubwürdigkeit der eigenen Gemeinschaft zu werben.

Es ging bei der missionarisch-evangelistischen Arbeit der Freikirchen traditionell daher sowohl um die Hinführung zu einem entschiedenen Christsein und einer gelebten Frömmigkeit, als auch zu einer neuen Bedeutung der Bibel im Alltag des Lebens. Die tägliche Bibellese, die »Stille Zeit« am Anfang des Tages bereitete darauf vor, so vertraut mit der Schrift zu sein, dass man mit ihr sein Leben glaubwürdig gestalten und im eigenen Lebensumfeld aus ihr heraus persönliche Überzeugungsarbeit für den Glauben leisten konnte.

2.3 Das Vereinswesen und die Neubewertung von Konversionen

Neben der weltanschaulichen Eröffnung neuer Denkfreiheiten durch die Aufklärung und die Infragestellung traditionaler Frömmigkeitsformen durch die Erweckungsbewegung bildeten auch die neuen Assoziationsformen des Vereinswesens im 19. Jahrhundert eine der historischen Voraussetzungen für die Entstehung neuer Kirchen und kirchlicher Gemeinschaften.[16] Mit dem freiwilligen Zusammenschluss von Gleichgesinnten zur Pflege bestimmter Inter-

deutschen Baptismus in seiner Verflechtung mit der internationalen Erweckungsbewegung und den Schwesterkirchen in den USA und in England, in: Andrea Strübind/Martin Rothkegel (Hg.), Baptismus, Geschichte und Gegenwart, Göttingen 2012, 164f.

16 Zur Bedeutung des Vereinswesens für die Entstehungsgeschichte der Freikirchen vgl. Geldbach,Freikirchen, 168f. Gut veranschaulichen lässt sich dies am Beispiel der Gründungsgeschichte der Münchner Baptistengemeinde. Vgl. Kim Strübind, 1895–1914: Die Gründerjahre der Münchner Gemeinde, in: Andrea Strübind/Kim Strübind (Hg.), Zwischen Himmel und Erde, Festschrift zum 100-jährigen Jubiläum der Evangelisch-Freikirchlichen Gemeinde München (Baptisten), o.O. 2002, 29–62, bes. 47–58.

essen und zur Verfolgung bestimmter sozialer oder politischer Ziele entstand gleichsam nebenbei auch die Möglichkeit, religiösem Leben außerhalb kirchlicher und monastischer Gemeinschaften eine stabile organisatorische Basis zu geben, aus der heraus sich die heute noch existierenden Freikirchen entwickeln konnten.[17] Kirchliches Leben wurde auf neue Weise organisierbar, wobei das Vereinsrecht dazu führte, dass nun in den neuen Gemeinschaften der freiwillig vollzogene Beitritt zur Gemeinde und eine von der Gemeinschaft der Gläubigen vollzogene Aufnahme in die Gemeinschaft der Gemeindemitglieder für die Freikirchen konstitutiv wurde.[18]

Etwas überspitzt kann man sagen, dass es, soziologisch betrachtet, das deutsche Vereinswesen war, das die Freikirchen zu Freiwilligkeitskirchen werden ließ. Diese Prägung zeigte sich sowohl dort, wo, wie im Methodismus, die Taufe von Kindern beibehalten wurde, die volle Mitgliedschaft in der Gemeinde aber an eine bewusste Entscheidung für den Glauben geknüpft wurde, als auch dort, wo, wie im Baptismus, die Aufnahme in die Gemeinde an die Vorbedingung einer vollzogenen Taufe auf das Bekenntnis des Glaubens gebunden wurde. Bei anderen Freikirchen konnte die erfahrene Geisttaufe, das Beten in Zungen, oder ein bestimmtes Abendmahlsverständnis oder eine besondere ethische Lebensführung zur Vorbedingungen der Aufnahme in die Gemeinschaft werden. Aber immer war – wie im Vereinswesen – eine Entscheidung für die Vollmitgliedschaft in den neuen Glaubensbewegungen notwendig. Man wurde in eine Freikirche nicht hineingeboren, sondern musste sich im Laufe seines Lebens für die Mitgliedschaft in der Glaubensgemeinschaft entscheiden, selbst wenn man in ihr aufgewachsen war.[19]

17 Noch heute sind einige der kleinen freikirchlichen Gemeindebünde in Deutschland über das Vereinsrecht organisiert. Die meisten Freikirchen aber haben seit der Weimarer Zeit die Rechtsform einer Körperschaft des öffentlichen Rechts. Vgl. Geldbach, Freikirchen, 181.

18 Dass die individuell sehr unterschiedlichen Gemeindeordnungen freikirchlicher Gemeinden aus formalen Gründen den vereinsrechtlichen Vorgaben entsprechend gestaltet wurden, hat auch zu einer Übernahme von Begrifflichkeiten und Praktiken des Vereinslebens in das freikirchliche Gemeindeleben geführt. So haben freikirchliche Gemeinden oft einen Gemeindevorstand und einen Gemeindekassierer, führen eine obligatorische Jahresgemeindeversammlung durch, um Wahlen und Beschlüsse zur Entlastung des Gemeindevorstands, zur Annahme der Haushaltsabrechnung des Vorjahres oder zur Feststellung des Gemeindehaushalts des kommenden Jahres zu treffen. Und selbst dort, wo die Begriffe andere sind und die Abläufe durch religiöse Rahmenkommunikationen umgestaltet werden, bleibt der vereinsrechtliche Ursprung dieser traditionellen freikirchlichen Organisationsabläufe doch erkennbar.

19 Vgl. dazu Geldbach, Freikirchen, 41f, der darauf verweist, dass die strukturelle

Insofern spielten auch missionarische Aktivitäten und die Evangelisation zur Gewinnung neuer Gemeindemitglieder immer eine zentrale Rolle im freikirchlichen Gemeindespektrum. Freiwilligkeitskirchen, die ihren Fortbestand nicht durch familiären Nachwuchs, sondern nur durch die Aufnahme neuer Mitglieder sichern konnten, mussten Kommunikations- und Veranstaltungsformen suchen und finden, die die Bekehrung Konfessionsloser, die Konversion Andersgläubiger oder die bewusste Glaubensentscheidung bei den eigenen Kindern wahrscheinlicher machten.[20] Insofern wurde es ein Teilaspekt freikirchlicher Identität, dass sich die im 19. Jahrhundert entstandenen Freiwilligkeitskirchen immer auch als missionarisch-evangelistische Gemeinschaften verstanden, die sich mit ihrer gesamten Mitgliederschaft aktiv der Verbreitung der biblischen Botschaft und des christlichen Glauben widmeten.[21]

Zugleich damit aber wurde das Ziel einer Konversion zur Normalform des Gemeindewachstums. Solange das gesamte Umfeld von kirchlichen Traditionen geprägt war, in denen fast alle Kinder traditionell durch die Säuglingstaufe zu Kirchenmitgliedern gemacht wurden, konnten die Freikirchen neben ihren eigenen Kindern nur weitere Mitglieder aus anderen Kirchen heraus

Nähe freikirchlicher Gemeinden zum Vereinswesen auch zur Kritik am Begriff »Freiwilligkeitskirche« geführt hat, »weil er zu sehr den Gedanken nahe legen würde, es verhielte sich mit einer Freikirche wie mit der Gründung eines Vereins oder dem Aufbau einer Firma« (41). Geldbach führt jedoch zur Verteidigung des Begriffs an, dass »nicht vergessen werden [darf], dass der Entschluss zur Gliedschaft in einer Freikirche zwar eine personale Entscheidung ist, dass sie aber nicht voraussetzungslos, sondern in einer Glaubensgemeinschaft unter dem Wirken des Heiligen Geistes getroffen wird. Sie ist, wie die Glaubensentscheidung auch, Gabe des Geistes und zugleich menschliche Antwort auf diese Gabe.« (Geldbach, Freikirchen, 42).

20 Dabei kam Evangelisationsformen, in denen zur bewussten Glaubensentscheidung aufgerufen wurde, über viele Jahrzehnte hin eine besondere Bedeutung zu. Manche Evangelisten, die bei Aufrufen zur Glaubensentscheidung besonders erfolgreich waren, konnten daher mit eigenen Teams von Gemeinde zu Gemeinde reisen (mitunter über die freikirchlichen Konfessionsgrenzen hinweg), um dort in Evangelisationswochen oder Zeltevangelisationen die besonderen Momente zu gestalten, in denen all jene, die an einer Mitgliedschaft in der Gemeinde interessiert waren, ihre bewusste Entscheidung für die Taufe oder eine erinnerbares Bekehrung oder ein besonderes Geistwirken erleben konnten. Vgl. Emilio Castro/Gerhard Linn, Art. Evangelisation, in: EKL^3 1(1986) 1194–1198, bes. 1197.

21 Vgl. Peter Strauch, Dein Glaube hat dir geholfen! Freikirchliche Akzentuierung des christlichen Missionsauftrages in einer säkularen Gesellschaft, in: Vereinigung Evangelischer Freikirchen (Hg.): Freikirchenhandbuch. Informationen – Anschriften – Texte – Berichte (Ausgabe 2004), Wuppertal 2004, 167–176.

gewinnen. Ein Umstand, der dazu führte, dass der Wechsel einer Konfession in den Freikirchen nicht grundsätzlich negativ konnotiert werden konnte.[22] Der von den etablierten Kirchen mitunter formulierte Vorwurf, die Freikirchen würden in ihren missionarischen Aktivitäten weniger auf die Gewinnung Ungläubiger als vielmehr auf die Konversion aus anderen Kirchen abzielen, wird daher, aufgrund der positiven Betonung der Wahlfreiheit bei der Konfessionszugehörigkeit auf freikirchlicher Seite oft gar nicht als Kritik verstanden, sondern eher als verständlicher Ärger von Kirchen wahrgenommen, die mit ihren gemeindlichen Aktivitäten eben weniger konkurrenzfähig auf dem Markt der religiösen Angebote zu sein scheinen als ihre freikirchlichen Mitbewerber.[23]

2.4 Die soziale Frage und die sittliche Erneuerung der Verlorenen

Eine weitere Rahmenbedingung für die Entstehung der Freikirchen war die Entkirchlichung der Arbeiterschaft im Zuge der sozialen Umbrüche des 19. Jahrhunderts. Die Verelendung der Landbevölkerung, die Stadtflucht und die Entstehung des Proletariats in den Städten wurden zur sozialen Frage für die Gesellschaft und zur sozialen Anfrage an die traditionellen Kirchen. Das massive Überangebot an Arbeitsuchenden führte zur Verelendung derer, die nicht mehr anzubieten hatten als ihre Arbeitskraft. Die unzureichende Bezahlung der Arbeit sowie lange Arbeitszeiten, die keine Zeit zur Erholung und für ein echtes Familienleben ermöglichten, führten zu sozialen Missständen, einem wachsenden Alkoholismus, katastrophalen Wohnverhältnissen, verwahrlosten Kindern sowie sexueller Ausbeutung in Prostitution und abhängigen Arbeitsverhältnissen.[24] Da aufgrund der engen Verbindung von Thron und Altar die

[22] Ein Umstand, der mit dazu beigetragen hat, dass bis in die Gegenwart hinein bei einem Umzug oder einer Veränderung der familiären Situation der Wechsel von einer Freikirche zur anderen durchaus üblich ist, wenn vor Ort eine anders konfessionell geprägte Gemeinde die größere Attraktivität hat als die der eigenen Konfession oder eine solche vor Ort gar nicht existiert. Vgl. dazu Ralf Dziewas, Aus dem Glauben leben, Gesellschaftliche Herausforderungen für Spiritualität und Leben freikirchlicher Gemeinden, in: Burkhard Neumann/Jürgen Stolze (Hg.), Aus dem Glauben leben, Freikirchliche und römisch-katholische Perspektiven, Paderborn 2014, 189–222.

[23] Vgl. dazu Jörg Stolz et al., Phänomen Freikirchen, Analysen eines wettbewerbsstarken Milieus (CULTuREL Religionswissenschaftliche Forschungen 5), Zürich 2014.

[24] Vgl. Jochen-Christoph Kaiser, Die ›soziale Frage‹ des 19. Jahrhunderts und die Antworten der Inneren Mission, in: Ralf Dziewas (Hg.), Gerechtigkeit und Gute Wer-

Landeskirchen bei den armen Schichten der Bevölkerung als Vertreter der aristokratischen oder bürgerlichen Herrschaft galten, kam es vor allem in den Städten zu einer Entkirchlichung der Arbeiterschaft, die durch die antikirchliche Positionierung der sozialistischen Gewerkschaftsbewegung und der Sozialdemokratie weiter verfestigt wurde.

Gegen diese Folgen der sozialen Verelendung engagierten sich vor allem vom Bürgertum getragene private Hilfevereine[25], die sich in der Armen- und Wohlfahrtspflege, als Abstinenzvereine gegen die Trunksucht, als Sittlichkeitsvereine für »gefallene Mädchen«[26] oder als Bildungs- oder Erziehungsvereine für das Wohl der in den Straßen herumstreunenden Kinder engagierten.[27] Auch im Kontext dieses diakonischen und sozialen Engagements entstanden freikirchliche Gemeinschaften, die (wie z.B. die Heilsarmee) explizit diakonisch ausgerichtet arbeiteten. Aber auch für viele andere Freikirchen, die sich in dieser Zeit in Deutschland herausbildeten, gehörte das diakonische Engagement vom Beginn an zu ihrer freikirchlichen Identität, da sie sich als Teil der Heiligungsbewegung verstanden.[28] Die bewusste Glaubensentscheidung sollte auch in einer sittlichen Lebensweise sichtbar werden und in einem sozialen Engagement, das zur sittlichen Erneuerung der entkirchlichten Bevölkerungsteile beitrug. Insofern verband sich in den frühen freikirchlichen Gemeinde-

ke, Die Bedeutung diakonischen Handelns für die Glaubwürdigkeit der Glaubenden, Neukirchen-Vluyn 2010, 68–82

25 Kaiser, a.a.O., 74

26 Gerade junge Frauen, die vom Land in die Stadt kamen, um dort in bürgerlichen Haushalten zu arbeiten, waren sexuellen Übergriffen des Hausherrn zumeist schutzlos ausgeliefert. Eine Schwangerschaft führte dann im Normalfall zur Kündigung der Stelle, zur sozialen Ächtung des »gefallenen Mädchens« und oftmals blieb dann nur noch der Weg in die Prostitution, um den eigenen Lebensunterhalt und den des unehelichen Kindes zu sichern. Vgl. zu den Motiven und Maßnahmen der evangelischen Sittlichkeitsbewegung Isabell Lisberg-Haag: »Die Unzucht – das Grab der Völker«, in: Ursula Röper/Carola Jüllig (Hg.), Die Macht der Nächstenliebe, Einhundertfünfzig Jahre Innere Mission und Diakonie 1848–1998, Unveränderter Nachdruck der Ausgabe zur Ausstellung 1998, Stuttgart 2007, 130–137.

27 So hat der Begründer des kontinentaleuropäischen Baptismus, Johann Gerhard Oncken, 1825, neun Jahre vor der Gründung der ersten deutschen Baptistengemeinde, im Hamburger Vorort St. Georg eine Sonntagschularbeit mitbegründet, in der Kinder aus der Arbeiterschaft kostenlos lesen und schreiben lernen konnten. Vgl. dazu Astrid Giebel, Glaube, der in der Liebe tätig ist, Diakonie im deutschen Baptismus von den Anfängen bis 1957, Kassel 2000 [Baptismus-Studien 1], 21–30.

28 Vgl. Karl-Heinz Voigt, Freikirchen in Deutschland (19. und 20. Jahrhundert), Leipzig 2004 (KGE III/6), bes. 105–109.

gründungen häufig das missionarische mit dem sozial-diakonischen Engagement zu einem volksmissionarischen Denken, wie es auch für viele der frühen diakonischen Initiativen der Inneren Mission in Deutschland charakteristisch war.[29]

Dabei aber ging es den meisten Freikirchlern eher um die individuelle Errettung des einzelnen Betroffenen aus seiner Verlorenheit, nicht um eine grundsätzliche Veränderung der gesellschaftlichen Verhältnisse. Man erwartete von der Bekehrung einzelner Personen zum Glauben auch eine sittliche Veränderung, die zur Überwindung von Trunksucht, Vergnügung und Spiel hin zu einem einfachen, an bürgerlichen Wertvorstellungen orientierten Lebensstil führen sollte. Dementsprechend war in vielen freikirchlichen Gemeinden bis in die zweite Hälfte des 20. Jahrhunderts hinein die Gemeindemitgliedschaft mit dem Besuch von Tanz- und Trinkveranstaltungen unvereinbar. Wer bei solchen oder anderen als »unsittlich« eingestuften Veranstaltungen gesehen wurde, musste sich vor der Gemeinde dafür rechtfertigen und ein solches Verhalten zukünftig unterlassen, oder er wurde aus der Gemeinde ausgeschlossen.

Da viele freikirchliche Gemeindebewegungen im 19. Jahrhundert das Ideal der heiligen, sündlosen Gemeinde aus der Heiligungsbewegung übernommen hatten,[30] hatte eine solche Sanktionspraxis und die klare Verbindung von sittlichen Anforderungen an die Gemeindemitgliedschaft auch Auswirkungen auf die missionarische Attraktivität der Gemeinden. Auf der einen Seite konnte die ethische Strenge und Konsequenz attraktiv sein für diejenigen, die angesichts des gesellschaftlichen Wandels verunsichert waren und traditionelle Werte verteidigen wollten, zum anderen aber konnte eine solch rigorose Durchsetzung ethischer Verhaltensnormen auch als lieblos empfunden werden. Dies war vor allem dann der Fall, wenn veraltete Erwartungen mitunter selbst dann noch aufrechterhalten wurden, wenn sich die gesellschaftlichen Wertvorstellungen längst verändert hatten.[31]

29 Vgl. am Beispiel Wicherns Klaus Teschner, Das Volk – Die Vereine – Die Kirche – Wicherns erste Schritte zur Volks-Mission, in: Michael Herbst/Ulrich Laepple (Hg.), Das missionarische Mandat der Diakonie, Impulse Johann Hinrich Wicherns für eine evangelisch profilierte Diakonie im 21. Jahrhundert, Neukirchen-Vluyn 2010 (BEG 7), 96–119.

30 Vgl. Ralf Dziewas, Von der ›Sünde der Welt‹ zur ›Sündhaftigkeit sozialer Systeme‹. Sünde als Kategorie der Gegenwartsanalyse aus freikirchlich-baptistischer Sicht, in: Rochus Leonhard (Hg.), Die Aktualität der Sünde, Ein umstrittenes Thema der Theologie in interkonfessioneller Perspektive, Frankfurt a. M. 2010 (Beiheft zur Ökumenischen Rundschau 86), 95–119, bes. 96f.

31 Vgl. zu diesen Prozessen und ihren Konsequenzen für den Wandel vor allem auch in ethischen Fragen Ralf Dziewas, Warum Gemeinden sich verändern,

In der Konsequenz der Verbindung von Anliegen der Erweckungs- und der Heiligungsbewegung ist die freikirchliche missionarisch-evangelistische Traktatliteratur häufig durch eine Verbindung von erwecklicher Frömmigkeit und ethischer Ermahnung geprägt. Die Verkündigung des Evangeliums und der Aufruf zur Bekehrung, zur Umkehr und zum Neuanfang wurden traditionell meist direkt mit einer Aufforderung zu einer Neuausrichtung des eigenen Lebenswandels verbunden. Nicht nur der Glauben sollte sich neu ausrichten, auch die Lebensführung sollte diesen Wechsel zeigen

3 Der Wandel der freikirchlichen Missionstheologie im 20. Jahrhundert

Sind für die Anfangszeit der Freikirchen diese vier Elemente für die Missionstheologie und -praxis konstitutiv, so bringt das neue Jahrhundert mit der Weimarer Reichsverfassung eine massive Veränderung für den rechtlichen Status der Freikirchen und damit auch für ihre missionarischen Aktivitäten.

3.1 Die Etablierung der Freikirchen und die evangelistische Bekehrungstheologie

Viele, vor allem größere Gemeinden, erhielten nun die Möglichkeit, sich als Körperschaften des öffentlichen Rechts zu konstituieren und damit den großen Landes- und Staatskirchen rechtlich gleichgestellt zu werden.[32] Dennoch blieben die meisten Freikirchen aufgrund ihrer vergleichsweise geringen Mitgliederzahlen zunächst gesellschaftlich marginalisierte Sondergemeinschaften, zumal sie auf manche ihnen zustehenden Rechte wie den Abschluss von Staatskirchenverträgen oder den Kirchensteuereinzug aus theologischen Gründen verzichteten. Die gesellschaftliche Akzeptanz der freikirchlichen Gemeinden änderte sich letztlich erst, als zunächst über die Evangelische Allianz, dann über die Ökumenische Bewegung ein stärkeres Miteinander und ein intensiverer Dialog über Glaubensfragen und Gemeindepraxis nicht nur

Theologische und soziologische Überlegungen zur Wandlungsfähigkeit von Ortsgemeinden im Kongregationalismus, in: Wilfrid Haubeck/Wolfgang Heinrichs (Hg.), Gemeinde der Zukunft, Zukunft der Gemeinde, Aktuelle Herausforderungen der Ekklesiologie, Witten 2011 (Theologische Impulse 22), 105–137, bes. 124–128.

32 Vgl. Andreas Kohrn, Die Trennung von Kirche und Staat, Unter besonderer Berücksichtigung der Körperschaftsrechte, in: ZThG 4 (1999) 289–311, bes. 291–300, der diese Entwicklung allerdings kritisch betrachtet.

den theologischen Diskurs, sondern auch breitere Bevölkerungsschichten erreichte.

Die neuen gesellschaftlichen Umstände in der Weimarer Zeit und danach im nationalsozialistischen Deutschland veränderten die Missionstheologie der Freikirchen zunächst relativ wenig, jedoch nutzte man die verbesserten Möglichkeiten, die eigenen Glaubensüberzeugungen auch in der Öffentlichkeit offensiv zu vertreten. Dabei blieb in den evangelischen Freikirchen genau wie in den evangelischen Landeskirchen weiterhin eine starke Trennung zwischen der in Vereinen und Diakonissenmutterhäusern organisierten diakonischen Arbeit und einer auf die Wortverkündigung und die Seelsorge ausgerichteten Gemeindearbeit bestehen.

Auch angesichts der weltanschaulichen Herausforderungen durch den Nationalsozialismus blieb die freikirchliche Missionstheologie auf die Errettung einzelner Seelen konzentriert; man rief weiter zur Bekehrung zu Jesus Christus auf und versammelte die, die sich entschieden, in Gemeinden, die versuchten, auch unter den gesellschaftlichen Veränderungen ein glaubwürdiges Christsein zu gestalten. Dabei arrangierten sich manche Freikirchen mit dem nationalsozialistischen Staat bis hin zur Übernahme des Führerprinzips[33], andere wurden verboten oder in ihrer Arbeit eingeschränkt, weil sie sich nicht einbinden lassen wollten. Theologisch aber wurden die Repressionen gegen die Gemeinden und die antikirchliche Ausrichtung von Partei und Staat, genau wie der Krieg und die Vernichtung des europäischen Judentums – sofern man diese überhaupt zur Kenntnis nahm und kommentierte – apokalyptisch als Zeichen der Endzeit gedeutet, [34] woraufhin man die Aktivitäten

33 Vgl. Andrea Strübind, Trennung von Kirche und Staat? Bewährung und Scheitern eines freikirchlichen Prinzips, in: ZThG 4 (1999) 261–288, die mit Blick auf den Baptismus konstatierte: »Die Trennung von Kirche und Staat wurde zu einer axiomatischen Unvereinbarkeit von Christsein und Politik modifiziert. Ständig bekannte man sich in den Gemeinden und auf der Leitungsebene vollmundig zur Neutralität der Freikirche in politischen Fragen, der man das negativ verstandene ›Politisieren‹ der sich im Kirchenkampf befindlichen Volkskirchen kontrastierend gegenüberstellte. Hierin fühlte man sich – kurioserweise! – gerade im Einklang mit der eigenen freikirchlichen Tradition. Dies zeigt, wie wenig beheimatet das theologische Erbe des angelsächsischen Freikirchentums im deutschen Baptismus war.« (276).

34 So z.B. in dem Vortrag »Der Antichrist«, den der Wiener Baptistenpastor Arnold Köster am 09. Oktober 1941 über Off 13 hielt. In diesem wird zwar der Name Hitlers nicht genannt, doch es werden so viele eindeutige Hinweise gegeben, dass jedem Zuhörer klar sein musste, dass Köster über Adolf Hitler sprach, wenn er vom Antichrist in Off 13 redete. (Arnold Köster, Lampenlicht am dunklen Ort, Predigten und Vorträge, zusammengestellt von K. Federmann, Wien 1965, 112–

zur Rettung derer verstärkte, die sich noch zum Glauben und zur Umkehr aufrufen ließen.

Dieses heilsgeschichtliche Verständnis von Mission, das nach dem Ende des zweiten Weltkrieges die evangelistisch-missionarisch Aktiven in allen Landes- und Freikirchen verband[35], prägte auch neue Formen der Mission, die in allen Freikirchen genutzt wurden. Man entwickelte regelmäßige evangelistische Veranstaltungen innerhalb der Gemeinde, zu denen die Gemeindemitglieder Personen aus ihrem persönlichen Umfeld einluden. Gemeindegruppen stellten sich mit Ständen und Aktionen in die Straßen und auf Märkte, um Bibeln oder Traktate zu verteilen und Passanten auf den Glauben anzusprechen. Gemeinsam mit anderen Kirchen wurden große Konferenzen und evangelistische Aktionen organisiert, für die Stadien und Messehallen angemietet und berühmte Evangelisten eingeladen wurden.[36] Gemeinsames Ziel all dieser Aktivitäten war es, Menschen davon zu überzeugen, eine Entscheidung für den Glauben zu treffen, und sie darüber hinaus für eine aktiv gelebte Frömmigkeit und die Mitarbeit in ihrer jeweiligen Ortsgemeinde zu gewinnen. Es galt, so viele Menschen wie möglich mit dem Evangelium zu erreichen. Und dabei konnten die evangelistisch engagierten Kreise trotz der immer noch bestehenden konfessionellen Differenzen an vielen Stellen sogar multikonfessionell zusammenarbeiten, weil die Errettung der Verlorenen mehr zählte als die Frage, wo diese sich anschließend konfessionell zuordneten.

Für die freikirchlichen Gemeinden, die in der DDR nach dem Krieg mit der antikirchlichen Ausrichtung des SED-Staates zu kämpfen hatten, lassen sich theologisch ähnliche Entwicklungen aufzeigen, jedoch waren dort die

119.) Vgl. dazu auch: Franz Graf-Stuhlmacher, Juden und Freikirchen in Österreich, Die Haltung der Freikirchen zur Zeit des Nationalsozialismus, dargestellt vor allem am Beispiel der Prediger Arnold Köster (Baptist) und Hinrich Bargmann (Methodist), in: Daniel Heinz (Hg.), Freikirchen und Juden im »Dritten Reich«, Göttingen 2011 (Kirche – Konfession – Religion) 549, 311–330

35 Vgl. für die hier verwendete Einordnung die für die jüngere Geschichte der Missionstheologie von Sundermeier entwickelte Typologie von Plantations- und Konversionsmodell (19. und erste Hälfte des 20. Jahrhunderts), heilsgeschichtlichem (seit dem II. Weltkrieg) und verheißungsgeschichtlichem Modell (ab den 60er Jahren des 20. Jahrhunderts) sowie sein eigener Vorschlag einer konvivalen Missionstheologie in Theo Sundermeier, Theologie der Mission, in: ders., Konvivenz und Differenz, Studien zu einer verstehenden Missionswissenschaft, Erlangen 1995 (MWNF 3), 15–42.

36 Für die Freikirchen waren hier vor allem auch die Auftritte des baptistischen Evangelisten Billy Graham besondere Events im Gemeindeleben, zu denen man sich gemeinsam auf den Weg machte.

Aussichten, erfolgreich zu evangelistischen Veranstaltungen einzuladen, deutlich eingeschränkter und viele freikirchliche Gemeinden verzeichneten in dieser Zeit – vor allem aber bis zum Mauerbau – einen starken Rückgang der Mitgliederzahlen.

3.2 Der Kampf der 68er gegen die patriarchalen Gemeindestrukturen

Die Kritik des etablierten heilsgeschichtlich-missiologischen Denkens in den Freikirchen begann mit der Generation der sogenannten 68er-Bewegung. Auch freikirchliche Studierende übernahmen in dieser Zeit die radikale Kritik gesellschaftlicher Machtstrukturen und protestierten in ihren Gemeinden gegen die überkommenen patriarchalen, allein mit älteren Männern besetzten Leitungsgremien, thematisierten die Versäumnisse der Vätergeneration in der NS-Zeit und forderten eine gesellschaftsverändernde, neue Ausrichtung der Gemeindearbeit.[37] Nicht mehr die Evangelisation und die Rettung von Seelen für die Ewigkeit sollte Ziel der Gemeinde sein, sondern die emanzipative und kritische Kraft des Glaubens sollte genutzt werden zur Befreiung der Welt von Strukturen menschlichen Unrechts und zur Überwindung entfremdeter Beziehungen hin zur Neugestaltung eines freien Miteinanders der Menschheit in der Welt.

Der Protest gegen die patriarchalen Leitungen griff auch in den freikirchlichen Gemeinden an den Studienorten mitunter auf alle neu entdeckten Formen des Protests zurück, die sich aus den Hörsälen in freikirchliche Gemeinden übertragen ließen. Es gab Sit-Ins und Störungen von Gemeindeversammlungen, aber auch die Veröffentlichung kritischer Erklärungen zur Theologie und zur Geschichte der eigenen Gemeinden.[38] Die politisch ohnehin konser-

37 Vgl. beispielhaft für den Bund Evangelisch-Freikirchlicher Gemeinden, Marc Schneider, Die Diskussion im deutschen Baptismus um die 68er Bewegung, Elstal 2012 (Baptismus-Dokumentation 2), Voraussetzung für diese Erfahrung war allerdings, dass sich die betreffenden freikirchlichen Gemeindebünde bereits für die Akzeptanz einer höheren Bildung geöffnet hatten, was nicht in allen Freikirchen bis dahin schon erfolgt war.

38 Missiologisch besonders deutlich sind diesbezüglich die Formulierungen in der bei Schneider, a.a.O., 67–70 abgedruckten Münsteraner Resolution, hinter deren Thesen 2 bis 4 ein klar verheißungsgeschichtliches Missionsverständnis dem traditionell heilsgeschichtlichen entgegengestellt wird: »2. Gottes Heil gipfelt nicht in einer auf Innerlichkeit gerichteten Bekehrung. Gott will den ganzen Menschen hineinnehmen in die Bewegung der Heilung einer sich wandelnden Welt. Der Christ, der nicht an dieser Bewegung teilhat, ist heillos. Ein traditionelles Heilsverständnis, das nicht auf Öffentlichkeit ausgerichtet ist, kultiviert nur religiöse

vativen und den Zielen der Studentenbewegung ablehnend gegenüberstehenden Gemeindeleitungen reagierten auf diese Proteste und Herausforderungen zumeist mit Härte und Abwehr. Nur wenigen freikirchlichen Gemeinden gelang es, diese kritische Generation sehr gut ausgebildeter junger Leute auf Dauer im Gemeindeleben zu halten.[39]

Eine Konsequenz dieser Erfahrung war, dass der in den nächsten Jahren in der evangelischen Missionstheologie erfolgende Wandel vom heilsgeschichtlichen zum verheißungsgeschichtlichen Begründungs-Modell der Mission in den Freikirchen kaum nachvollzogen wurde. Man blieb zunächst weiter bei evangelistischen Aktivitäten und konnte dem Versuch, das Wirken Gottes auch in den Befreiungsbewegungen der sogenannten Dritten Welt zu erkennen und sich an dieser Mission Gottes mit Entwicklungshilfe und dem Einsatz für gerechtere Wirtschaftsstrukturen zu beteiligen, wenig abgewinnen.[40] Dem für diese Sichtweise der Mission zugrunde liegenden Missionsver-

Gefühle. Der bekehrte Mensch ist und bleibt ein ›Weltmensch‹. Die gängige Einteilung in gläubige und ungläubige Menschen ist hochmütig. 3. Verkündigung, die nur der Selbstbestätigung und der inneren Erbauung dient, ist unchristlich und überflüssig. Predigt des Evangeliums soll ausrichten auf ein gesellschaftsbezogenes Handeln. Fürbitte, die das Handeln vergißt, ist Sünde und nicht Gebet, weil wir uns dadurch der Verantwortung zu entziehen versuchen. 4. Christen stellen sich gegen den Willen Gottes, wenn sie ihre öffentliche Verantwortung verleugnen. Um ihre Aufgabe wahrzunehmen, müssen unsere Gemeinden jeder Erscheinungsform von Unversöhnlichkeit, überflüssiger Herrschaft, Ungerechtigkeit entgegentreten. Information ist dazu notwendige Vorbedingung. Wo Christen und ihre Gemeinden sich unpolitisch verhalten, sind sie dennoch politisch wirksam, zementieren sie bestehende Verhältnisse.« (a.a.O., 67) Von den Unterzeichnern sind allerdings die Wenigsten in den folgenden Jahrzehnten im BEFG geblieben.

39 So löste der BEFG im Jahr 1971 seine gesamte Studierendenarbeit auf und stellte damit zugleich auch die Studierendenzeitschrift sz ein, die bereits seit 1970 nicht mehr im Namen des BEFG erscheinen durfte, um den kritischen Studierenden keinen Raum mehr für ihre als untragbar empfundenen Positionen und Publikationen zu bieten. Vgl. Schneider, a.a.O., 57f.

40 Dies gilt in dieser Form nicht für die Evangelisch-methodistische Kirche, die durch ihren Konnexionalismus von Anfang an viel stärker als die anderen deutschen Freikirchen in den internationalen missionstheologischen Diskurs eingebunden war und durch ihr soziales Glaubensbekenntnis eine deutlich größere Nähe zu einem politisch-diakonischen Verständnis der Mission besaß. Vgl. Kisskalt, Mission, 166: »Evangelisation als Ruf in die Glaubensentscheidung *und* als Proklamation der Gottesherrschaft in der Gesellschaft wird immer der ‚primäre Auftrag' der Evangelisch-methodistischen Kirche bleiben.« [Herv.i.Orig.]

ständnis fehlte in den meisten Freikirchen der positive Resonanzraum eines akademisch geprägten, engagiert-politischen innerfreikirchlichen Diskurses.

Doch die Frage, inwiefern sich die Arbeit einer Gemeinde auf Evangelisation und innergemeindliche Aktivitäten beschränken darf, blieb trotzdem virulent und wurde gut zehn Jahre später von denjenigen jungen Erwachsenen wieder aufgegriffen, die in ihrer Schulzeit vor allem von jungen Lehrern aus der 68er-Bewegung geprägt wurden und nun nach Antworten auf die ökologischen und friedenspolitischen Fragen der 80er Jahre suchten. Offenbar hatten die Vorbilder dieser neuen Jugendgeneration ihr kritisches Bewusstsein und ihr politisches Engagement für eine sozial gerechtere und offenere Gesellschaft erfolgreich an die nächste Generation weitergegeben.

3.3 Der Streit der 80er Jahre um Frieden, Gerechtigkeit und Bewahrung der Schöpfung

In den 80er Jahren des 20. Jahrhunderts eskalierte mit der Nachrüstungsdebatte um die Stationierung atomarer Kurzstreckenraketen der Ost-West-Konflikt auf eine Weise, die deutlich werden ließ, dass die atomare Katastrophe nicht mehr nur im Bereich des Möglichen, sondern langsam in den Bereich des Wahrscheinlichen rückte. Gleichzeitig brachte der Streit um die Nutzung der Kernenergie eine neue ökologische Bewegung hervor, aus der die neue Partei »Die Grünen« entstand. An den Friedensdemonstrationen und Anti-Atomkraft-Protesten beteiligten sich nun auch vermehrt Freikirchler, und in allen Freikirchen nahm die Zahl der Kriegsdienstverweigerer zu.[41] Es entstanden in vielen Gemeinden Dritte-Welt-Stände und Friedensgebete, und man diskutierte in Jugendstunden und Gemeindeabenden auch die aktuellen politischen Fragen. Gleichzeitig erwiesen sich die alten evangelistischen Formate als kaum noch zeitgemäß, denn es gelang zunehmend weniger, durch sie Personen aus dem Umfeld der Gemeinde zu erreichen und für Glaubensfragen zu interessieren.

[41] Eine Rückschau auf diese Phase der Auseinandersetzungen um das Friedenszeugnis bieten für verschiedene Freikirchen in Ost und West die Beiträge von Johannes Scholz, Lothar Wilhelm, Karl-Heinz Voigt, Johannes Schmidt, Christian Theile, Reinhard Assmann, Achim Hoffmann, Manfred Leucke und Hartmut Weyel im Jahresband 2003 der Zeitschrift Freikirchenforschung. Vgl. Geschichte der Freikirchen in Deutschland nach dem Zweiten Weltkrieg – Wehrdienst und Kriegsdienstverweigerung (Ergebnisse der Arbeitsgruppe), in: Freikirchenforschung 13 (2003) 130–241.

Die fehlende Attraktivität der alten evangelistischen Formate galt vor allem für die jüngere Generation in den Freikirchen. Diese engagierte sich nun entweder politisch oder entwickelte mit dem charismatischen Aufbruch neue Gottesdienstformen mit eigenem Lobpreisliedgut und speziellen Gebetsformen.[42] Dass sich im Bereich der Jugendlichen und jungen Erwachsenen eine Aufspaltung der Frömmigkeitsformen zwischen einem ökumenisch- politisch aktiven Engagement auf der einen Seite und einer charismatisch-spirituellen Konzentration auf Anbetung und Lobpreis auf der anderen Seite ergab, führte in den 80er Jahren in vielen freikirchlichen Gemeinden zu harten Auseinandersetzungen um den zukünftigen Weg der Gemeinde, der an manchen Orten zu Gemeindespaltungen oder zur parallelen Neugründung von Gemeinden führte, die sich – ohne Rücksicht auf alte Gemeindetraditionen nehmen zu müssen – ungehindert einer modernen Gestaltung der Gottesdienste und einer charismatisch geprägten Frömmigkeit widmeten.

Da diese neuen Gemeinden ihre Mitglieder aus unterschiedlichen Kirchen und Freikirchen gewannen, konnte in den folgenden Jahrzehnten in den traditionellen Freikirchen auch der Teil der jüngeren Generation in Leitungspositionen vorrücken, der die missionarische Glaubwürdigkeit der Gemeinden eher an einem überzeugenden politisch-diakonischen Auftreten und gesellschaftsgestaltendem Engagement maß, nicht nur der Flügel, der auf eine charismatische Erneuerung der Frömmigkeit hinarbeitete. Daher wurden in allen Freikirchen nun beide missiologischen Positionen weiter vertreten, und so bestimmte der Kampf um die Prioritäten der Gemeindearbeit, ob also mehr moderner Lobpreis und charismatische Frömmigkeit oder mehr Gesellschaftsengagement im Kern des Gemeindelebens stehen sollte, die weitere Diskussion am Ende des 20. und zu Beginn des 21. Jahrhunderts.

4 Konvivenz, Gesellschaftstransformation und missionaler Gemeindebau als freikirchliche Missionskonzepte der Gegenwart

Einen wesentlichen Beitrag zur Überwindung der für das ausgehende 20. Jahrhundert konstitutiven Gegensätze in der Missiologie der Freikirchen kam vor allem aus der akademischen Missionstheologie. Seit den 1990er Jahren hatten die freikirchlichen Ausbildungsinstitute, die sich auf den Weg zur Akkreditierung als Hochschulen begaben, nach und nach missiologische, diakoniewissenschaftliche oder sozialtheologische Dozenturen und später Professu-

[42] Zur konfessionsübergreifenden Bewegung der charismatischen Gemeindeerneuerung vgl. Peter Zimmerling, Die charismatische Bewegung, Theologie, Spiritualität, Anstöße zum Gespräch, Göttingen 2001 (Kirche – Konfession – Religion 42).

ren eingerichtet.[43] Mit dieser Erweiterung des klassischen Fächerkanons der Theologie reagierten die Freikirchen nicht nur auf die Anforderungen des Wissenschaftsrates für kirchliche Hochschulen in freikirchlicher Trägerschaft, sondern auch auf einen Ausbildungsbedarf ihrer Gemeinden, in denen entsprechende Kompetenzen von den Hauptamtlichen zunehmend eingefordert wurden. Die im Zuge der Erweiterung des Lehrangebots in diesen Fächern vermittelten Konzepte einer auf die gesellschaftlichen Herausforderungen ausgerichteten Missiologie und Diakoniewissenschaft begannen in der Folge, das Missionsverständnis und die Missionspraxis der nächsten Generation freikirchlicher Pastorinnen und Pastoren zu verändern.

[43] An der Theologischen Hochschule Reutlingen der Evangelisch-methodistischen Kirche, damals noch Theologisches Seminar Reutlingen, wurde1992 eine Stiftungsdozentur für Evangelistik eingerichtet, die seit 1993 Achim Härtner inne hat, der im Rahmen der Theologie der Evangelisation neben missiologischen auch gesellschaftswissenschaftliche und diakoniewissenschaftliche Themen an die zukünftigen Hauptamtlichen der methodistischen Kirche vermittelt. Aus dieser Dozentur wurde mit der Akkreditierung als Hochschule 2005 eine Professur für Praktische Theologie mit gleichem Schwerpunkt, nachdem Theologie der Evangelisation im Jahr 2000 weltweit zum Pflichtfach in der methodistischen Ausbildung für pastorale Hauptamtliche wurde. Die Theologische Hochschule Elstal des Bundes Evangelisch-Freikirchlicher Gemeinden (BEFG), damals noch Theologisches Seminar Elstal, berief im Jahr 1998 zunächst Astrid Giebel auf eine Teilzeitdozentur für Diakonik, die seit 2007 vom Verfasser dieses Artikels ausgefüllt und 2013 auf eine Vollzeitprofessur für Diakoniewissenschaft und Sozialtheologie erweitert wurde. Seit dem Jahr 2000 hatte an der Elstaler Hochschule zudem Michael Kißkalt zunächst eine Teilzeitberufung als Dozent für Missiologie inne, die 2014 zu einer vollen Professur für Missionswissenschaft und Interkulturelle Theologie ausgebaut wurde. Die Theologische Hochschule Ewersbach des Bundes Freier evangelischer Gemeinden (BFeG), damals noch Theologisches Seminar Ewersbach, berief 2009 Johannes Reimer, der bereits zuvor als Professor für Missionswissenschaft an Universitäten in Russland, Kanada und Südafrika lehrte, auf eine missiologische Teilzeitdozentur, aus der mit der Akkreditierung der Hochschule eine Professur für Missionswissenschaft wurde. Damit ist in allen drei freikirchlichen Hochschulen die professorale Forschung und Lehre im Themenfeld Mission und Diakonie stärker als an den meisten Fakultäten ausgestattet und in der Lehre verankert. Zudem sind an allen drei Hochschulen die Professuren seit vielen Jahren mit Personen besetzt, die in einem gesellschaftsrelevanten Engagement einen wesentlichen Aspekt des gemeindlichen Dienstes und der Bezeugung des Evangeliums sehen, wodurch ein verheißungsgeschichtlich oder konvival geprägtes Missionsverständnis an die kommende Generation der pastoralen Hauptamtlichen in diesen drei größten deutschen Freikirchen und darüber hinaus vermittelt wurde.

Mit der Etablierung einer wissenschaftlich-akademisch geschulten Missionstheologie an den Freikirchlichen Hochschulen wuchs zum einen die Anschlussfähigkeit des freikirchlichen missiologischen Diskurses an die ökumenische Missionstheologie und zum anderen die wissenschaftliche Reflektion des eigenen historisch gewachsenen Missionsverständnisses. Dies ermöglichte zum einen, die eigene Bekehrungstheologie als historisch bedingte, damit verständliche, aber doch einseitige Akzentsetzung zu erkennen und missionstheologisch dem heilsgeschichtlichen Modell von Mission zuzuordnen. Damit verlor dieses zuvor dominante Verständnis einer individualistischen Bekehrungstheologie in den Freikirchen den Status der Alternativlosigkeit. Was historisch gewachsen und theologiegeschichtlich einordbar war, konnte auch in neuen gesellschaftlichen Verhältnissen verändert, angepasst oder durch neue theologische Konzepte ersetzt werden. Diese neuen Konzepte aber brachte die akademisch geschulte Missions- und Sozialtheologie auf verschiedenen Wegen in die freikirchlichen Diskurse hinein.

Durch die Aufnahme des Missio-Dei-Konzeptes, nach dem alle kirchliche Mission nur ein Mitwirken an der elementaren Mission Gottes in der Welt sein kann, ergab sich die Chance, die bisher kaum missionstheologisch rezipierten Aspekte eines verheißungsgeschichtlichen Modells der Mission in das freikirchliche Verständnis von Mission und Evangelisation zu integrieren.[44] Die These, dass Gottes Mission sich in der Befreiung von Unterdrückung auch in politisch-revolutionären Prozessen ereignen könne, war bei Freikirchlern bis zum Ende der 80er Jahre nur in wenigen Kreisen rezipiert worden.[45] Dies änderte sich allerdings nach der Erfahrung der Wiedervereinigung, die in freikirchlichen Gemeinden häufig als befreiendes Wirken Gottes erlebt und gedeutet wurde.[46] Diese Erfahrung ließ in der Folgezeit das zuvor überwiegend abgelehnte Konzept der Missio Dei auch für die eher konservative freikirchliche Gemeindetheologie anschlussfähig erscheinen. Sich politisch und diakonisch zu engagieren, konnte nun leichter als Mitarbeit an Gottes Heils-

44 Vgl. Michael Kisskalt, Evangelisation im Kontext von Armut, in: ThGespr 35 (2011), 3–18.

45 Vgl. oben die Münsteraner Erklärung in Fn.39.

46 Vgl. z.B. das Jubiläumsheft der Zeitschrift EiNS der Evangelischen Allianz zum 25. Jahrestag der Wiedervereinigung unter dem Titel: 1989 – Das Wunder der Freiheit und Einheit, 3/2014, Witten 2014, in dem an vielen Stellen der Prozess der friedlichen Revolution und der Wiedervereinigung als Gottes Wirken beschrieben wird. Darin aus freikirchlicher Perspektive Jörg Swoboda, »Nun danket alle Gott«? Gottes Wirken und Wunder im politischen Geschehen von 1989, a.a.O., 8f.

wirken in der Welt gedeutet werden und bekam dadurch auch einen neuen Stellenwert in der Gemeindearbeit vor Ort.[47]

Entscheidender aber für die Akzeptanz der politischen Dimension des Missio-Dei-Ansatzes dürften aber die internationalen Konferenzen im evangelikalen und ökumenischen Bereich gewesen sein. Die dabei intensivierte Vernetzung zwischen den Evangelikalen aus der südlichen Welt und denen aus dem Norden führte zu einer stärkeren Rezeption missionstheologischer Vorstellungen und Konzepte der südlichen Hemisphäre.[48] Es waren letztlich also vor allem Theologen aus der südlichen Welt, unter ihnen auch viele Theologinnen und Theologen, die konfessionell zu den in Deutschland als Freikirchen vertretenen Konfessionen gehörten, die die freikirchliche Missionstheologie für eine stärkere Berücksichtigung struktureller Ungerechtigkeiten und eine Integration politischer Anliegen in die missionarische Arbeit inspirierten.[49] So wurde in den ersten Jahren des 21. Jahrhunderts, nachdem die An-

47 Vgl. ACHIM HÄRTNER, Missionarisch Gemeinde sein, An Gottes Mission teilhaben mit unterschiedlichen Gemeindeformen, in: WILFRID HAUBECK/WOLFGANG HEINRICHS (Hg.), Gemeinde der Zukunft, Zukunft der Gemeinde, Aktuelle Herausforderungen der Ekklesiologie, Witten 2011 (Theologische Impulse 22), 81–104, bes. 95–98.

48 Hierbei wurde vor allem auch die Rezeption der Missionstheologie der sog. radikalen Evangelikalen durch Roland Hardmeier für den freikirchlichen Kontext relevant. Die Ergebnisse seiner von Johannes Reimer betreuten Dissertation (ROLAND HARDMEIER, Das ganze Evangelium für eine heilsbedürftige Welt, Zur Missionstheologie der radikalen Evangelikalen, University of South Africa, Diss. 2008) flossen in seine im Zusammenhang der Bildungsarbeit des Instituts für Gemeindebau und Weltmission publizierten und verwendeten Bücher ein und erreichten so auch eine freikirchliche Leserschaft. Vgl. ROLAND HARDMEIER, Kirche ist Mission, Auf dem Weg zu einem ganzheitlichen Missionsverständnis, Schwarzenfeld 2009 und DERS., Geliebte Welt, Auf dem Weg zu einem neuen missionarischen Paradigma, Schwarzenfeld 2012.

49 So kann Reimer mit Blick auf die Geschichte der evangelikalen Bewegung seit der Lausanner Erklärung von 1974 »Gerechtigkeit als Ziel der Mission« definieren. Vgl. JOHANNES REIMER, Einsatz für Gerechtigkeit als missionarische Pflicht, in: MICHAEL BIEHL/KLAUS VELLGUTH (Hg.), Christliches Zeugnis in ökumenischer Weite, Konvergenzen und Divergenzen als Bereicherung des Missionsverständnisses, Aachen o.J. (2016), 130–143, Zitat 139. Sein Fazit: »Der biblische Befund zur Gerechtigkeit und Mission macht deutlich, dass Gottes Mission auch auf gerechtes Handeln zielt und Gerechtigkeit als Qualitätsmerkmal der Königsherrschaft Gottes sucht. Die Entscheidung des Lausanner Kongresses in der Erklärung (LV), Gerechtigkeit als kein legitimes Ziel der Mission zu benennen ist falsch und sollte nicht nur halbherzig korrigiert werden, wie das die Kapstadter Verpflichtung (KV) tut. Der Einsatz für die Gerechtigkeit in der Welt ist nicht nur eine mo-

liegen von Gerechtigkeit, Frieden und Bewahrung der Schöpfung auch in den freikirchlichen Gemeinden inhaltlich konsensfähig geworden waren, ein aktives gesellschaftspolitisch-diakonisches Engagement für eine gute Zukunft auch missionstheologisch als wesentliches Element einer glaubwürdigen Gemeindepraxis gesehen und daraus Konsequenzen für die freikirchliche Gemeindepraxis gezogen.[50]

In der aktuellen freikirchlichen Diskussion um die politisch-diakonische Seite des missionarischen Auftrags freikirchlicher Gemeinden stehen vor allem drei theologische Konzepte im Vordergrund, die sich gegenseitig ergänzen können: Das Konzept der Konvivenz von Theo Sundermeier, das Modell der Gesellschaftstransformation von Johannes Reimer und Tobias Faix und das Konzept der missionalen Gemeindeentwicklung von Alan Roxburgh.

Das von Theo Sundermeier in die Missionstheologie eingebrachte Modell der Konvivenz, einem Zusammenleben unterschiedlich geprägter Glaubender, zu dem neben dem miteinander Feiern, dem einander Helfen auch ein voneinander Lernen gehört, war für viele freikirchliche Gemeinden anschlussfähig, weil es ihrer Gemeindestruktur entgegenkam.[51] Es war schon immer eine Stärke der freikirchlichen Gemeindeform, dass sie sehr stark den Gemeinschaftscharakter betonte und vielfältige Formen des miteinander Feierns nutzte. Gemeindefeste, Straßencafés, Teestuben und Hauskreise, in denen man gemeinsam aß, feierte und das Leben teilte, gehörten schon immer zum missionarischen Repertoire freikirchlicher Bewegungen. Gerade zu solchen Events und Gemeinschaftsformen konnte man gut auch Nichtgemeindemitglieder einladen, um mit ihnen ins Gespräch über Glaubensfragen zu kommen. Eher schwer taten sich viele freikirchliche Gemeinden hingegen mit den zum Konvivenzmodell gehörenden wechselseitigen Lernprozessen, in denen man

ralische und ethische, sondern vor allem eine missionarische Pflicht der Kirche.« (A.a.O., 142f).

50 Vgl. Ralf Dziewas, Der Pastor als Diakon – zur theologischen Begründung des diakonischen Auftrags im pastoralen Dienst, in: Michael Rohde (Hg.), Pastor und Gemeinde, Freikirchliche Perspektiven auf dem Weg zu einem Leitbild, Kassel 2009 (Beiheft zum Theologischen Gespräch 11), 75–98. In diesem Beitrag werden diakonische Taten der Barmherzigkeit und politisch-zeichenhaftes Handeln für das Reich Gottes als gleichberechtigte Dimensionen des pastoralen Dienstes neben der Wortverkündigung herausstellt.

51 Vgl. Michael Kisskalt, Evangelium für alle: Die Übersetzung des Evangeliums in die Lebenswelt der Menschen, in: Edwin Brandt (Hg.), Missionarisch leben, Ermutigungen zu einem Lebensstil für andere, Kassel 2004, 71–79 sowie ders., Mission as Convivence. Life Sharing and Mutual Lerning in Mission, Inspirations from German Missiology, Journal of European Baptist Studies 11/2, Prag 2011, 5–14.

nicht nur Zeugnis vom eigenen Glauben geben sollte, sondern auch bereit sein musste, die Glaubensüberzeugungen und die Weltanschauung des Anderen zu hören, zu würdigen, um so wechselseitig voneinander zu lernen.[52]

Je mehr Gemeinden sich allerdings in ihrem Ort an kommunalen Runden Tischen oder Stadtteilkonferenzen beteiligten und je häufiger sie vor allem dort, wo in ihrem Umfeld viele Migranten lebten, sich bei gemeinsamen Stadtteilfesten auch auf offene Begegnungen mit anderen Glaubensgemeinschaften einließen, desto mehr Gemeinden entdeckten die Plausibilität eines am Konvivenzgedanken ausgerichteten Miteinanders, in dem man sich auf Augenhöhe begegnen kann, ohne sich gegenseitig die eigene Glaubensbasis vorenthalten zu müssen.[53] Man lernte sich kennen, knüpfte Kontakte, entdeckte viele Gemeinsamkeiten und entwickelte Formen, sich gegenseitig Wertschätzung auszudrücken und die Vielfalt der jeweils anderen Seite zu entdecken.[54] Es sind vermutlich diese Erfahrungen gewesen, die in der aktuellen Situation verstärkter Fluchtbewegungen nach Deutschland viele freikirchliche Gemeinden dazu bewegt haben, sich schnell und mit großem Engagement für die Versorgung und Integration der Geflüchteten einzusetzen, Gottesdienste mehrsprachig zu gestalten oder ihre Gemeindehäuser auch für sich neu gründende oder schnell wachsende Migrantengemeinden zur Verfügung zu stellen.[55]

52 Vgl. Michael Kisskalt, Zwischen Offenheit und Misstrauen, Zur Integration von Migrationskirchen in den deutschen Freikirchen, in: Mutombo Mukendi Felix (Hg.): Exégèse, Théologie & Mission. Dix ans au service du Seigneur en Europe, Bochum 2012, 481–487.

53 Vgl. zur Praxis dieser Begegnungen Sandra Lenke, Interreligiöse Beziehungen gestalten, in: Oliver Pilnei/Friedrich Schneider (Hg.), Mission mit Respekt und Toleranz, Baptistische Perspektiven zu dem Verhaltenskodex »Das christliche Zeugnis in einer multireligiösen Welt«, Kassel 2015 (Edition BEFG 1), 60–72.

54 Vgl. Michael Kisskalt, Mission und Respekt – selbstverständlich!, In: Oliver Pilnei/Friedrich Schneider (Hg.), Mission mit Respekt und Toleranz, Baptistische Perspektiven zu dem Verhaltenskodex „Das christliche Zeugnis in einer multireligiösen Welt“, Kassel 2015 (Edition BEFG 1), 33–41, bes. 39.

55 Es ist zum Beispiel auffällig, dass gegenwärtig die Zahl der Kirchenasyle in baptistischen Gemeinden in Deutschland überproportional groß ist, obwohl diese Form politisch-diakonischer Widerständigkeit in Deutschland im freikirchlichen Bereich noch keine lange theologische Tradition hat. Zur Unterstützung von Gemeinden, die Kirchenasyl anbieten oder darüber nachdenken, haben die in der VEF zusammengeschlossenen Freikirchen einen Leitfaden zur Entscheidungsfindung erarbeitet. Vgl. »Kirchenasyl«, Ein Wegweiser für die Evangelischen Freikirchen, zusammengeschlossen in der Vereinigung Evangelischer Freikirchen (Autor: Menno ter Haseborg), Juli 2015. [https://www.baptisten.de/fileadmin/befg/media/dokumente/Kirchenasyl_Wegweiser_Fassung_VI.pdf abgerufen am 23.01.2017].

Allerdings blieb für diese Veränderungsprozesse in der Missionstheologie und Gemeindepraxis der Widerspruch nicht aus. Nach wie vor gibt es im freikirchlichen Spektrum starke Kräfte, vor allem aus konservativ-evangelikalen Kreisen, die in der neuen Ausrichtung der Missionstheologie auf ein wechselseitiges Kennenlernen, offene Zusammenarbeit im diakonischen Engagement und vor allem im Voneinander-Lernen einen Verrat am Absolutheitsanspruch des christlichen Glaubens sehen.[56] Dies kann durchaus auch einhergehen mit einer populistisch vorgetragenen politischen Fokussierung auf den Erhalt einer ausschließlich christlich ausgerichteten Leitkultur für die deutsche Gesellschaft. Mehrheitsfähig aber sind solche politisch rechts zu verortenden Positionen in freikirchlichen Gemeinden meistens nicht, denn in der Regel wird vor Ort offen und kontrovers aber konstruktiv die Frage diskutiert, in welcher Form sich die Gemeinde in ihrer Stadt für das Wohl aller Menschen am besten engagieren kann, um in einer bunter gewordenen Gesellschaft ein glaubwürdiges Zeugnis für die Botschaft von der Liebe Gottes leben zu können.

Noch über das Konzept der Konvivenz hinaus geht das in Deutschland vor allem von Johannes Reimer und Tobias Faix populär gemachte Konzept der Gesellschaftstransformation, deren Bücher gerade auch in freikirchlichen Gemeinden viele Leser zu einer Neuausrichtung ihrer Gemeindearbeit inspiriert haben.[57] Reimer und Faix haben mit dem Begriff der »Transformation« einen Kernbegriff der Missionserklärungen des Ökumenischen Rates der Kirchen aufgegriffen und für den evangelikalen Bereich anschlussfähig

56 Vgl. z.B. den Tübinger Pfingst-Aufruf, Weltevangelisation oder Weltveränderung?, in: Diakrisis 3 (August 2013), Sonderbeilage, sowie Harald Seubert, Transformation durch Mission?, Neue Perspektiven der Missionswissenschaft, in: Ders., (Hg.), Mission und Transformation, Beiträge zu neueren Debatten in der Missionswissenschaft, Münster 2015, 9–25, bes. 21f

57 Vgl. Johannes Reimer, Die Welt umarmen, Theologische Grundlagen gesellschaftsrelevanten Gemeindebaus, 2.Auflage Marburg 2013 (Transformationsstudien 1]); Tobias Faix/Johannes Reimer, Die Welt verändern, Grundfragen einer Theologie der Transformation, Marburg 2015 (Transformationsstudien 2); Tobias Faix/Johannes Reimer (Hg.), Die Welt verstehen, Kontextanalyse als Sehhilfe für die Gemeinde, Marburg 2015 (Transformationsstudien 3) sowie die weiteren Bände dieser Reihe. Während Reimer als Freikirchler sowohl in mennonitischen, baptistischen und freien evangelischen Gemeinden im pastoralen Dienst war, hat Tobias Faix als Landeskirchler zunächst am Marburger Bildungs- und Studienzentrum gelehrt und ist seit 2015 Professor für Praktische Theologie mit den Schwerpunkten Gemeindepädagogik, interkulturelle und empirische Theologie an der CVJM-Hochschule in Kassel, beides Bildungseinrichtungen, an denen auch viele freikirchliche Mitarbeitende sich für die Kinder- und Jugendarbeit ausbilden lassen.

gemacht.[58] Sie gehen davon aus, dass christliche Gemeinden den Auftrag haben, sich aktiv vor Ort für die Veränderung der Gesellschaft zu engagieren, damit das Gemeinwesen in einer Weise transformiert wird, die dem heilvollen Wirken Gottes in der Welt entspricht. Dabei liegt ein wesentliches Element dieser Transformationsarbeit gerade darin, nicht nur mit Worten die Gesellschaftsgestaltung nach dem Willen Gottes voranzutreiben, sondern sich auf die gegebene kulturelle Vielfalt einer multireligiösen und pluralistischen Gesellschaft vor Ort einzulassen und der Botschaft des Evangeliums durch glaubwürdiges diakonisches und politisches Handeln zum Wohle aller in dieser Gesellschaft neue Relevanz zu verleihen.[59] Es geht darum, ein Kraftfeld der Liebe und Vergebung, der Annahme und der Zukunftsorientierung zu schaffen, das dann auch zu einer positiven Entwicklung des Miteinanders in der Gesellschaft beiträgt und am Ende Menschen in ihrem Handeln, Denken und Glauben verändert, weil sie die Chance haben, sich an den von den christlichen Gemeinden ausgehenden gesellschaftsverändernden Prozessen aktiv zu beteiligen.[60] Neu dabei ist vor allem, dass sich der Auftrag der Gemeinden damit nicht nur darauf erweitert, den Notleidenden zu helfen, sondern auch sich dafür zu engagieren, dass es weniger Not gibt, also das

58 Dieser Ursprung in einer des Synkretismus verdächtigen, das heilgeschichtliche Denken verlassenden Theologie des Ökumenischen Rates wird der gesamten Transformationstheologie daher auch von konservativ-evangelikaler Seite zum Vorwurf gemacht. Vgl. Rolf Hille, Kontroverse um die Transformationstheologie – im Horizont der missionstheologischen Diskussion zwischen der evangelikalen und der ökumenischen Bewegung, in: Harald Seubert (Hg.), Mission und Transformation. Beiträge zu neueren Debatten in der Missionswissenschaft, Münster 2015, 27–46, bes. 41–45.

59 Vgl. Reimer, Die Welt umarmen, 220: »Es ist eine Sache, Gemeinde als Stätte der geistlichen Kontemplation zu bauen, wo Menschen Frieden, Vergebung, Rechtfertigung und Ermutigung für sein Leben im Glauben an Gott erfahren. Es ist aber eine ganz andere, wenn die Gemeinde sich auch für die Umsetzung des Friedens, der Vergebung und der Gerechtigkeit in der Lebenswelt der Menschen einsetzt. Im ersten Fall genügt es, eine Kapelle aufzubauen, die immer und für jeden offen steht. Im zweiten ist es mit einer Kapelle nicht getan. Da bestimmt die Tagesordnung der Welt mit all ihren Problemen, all ihrer Friedlosigkeit und Ungerechtigkeit die Agenda. Im ersten Fall sind richtige Worte gefragt. Im zweiten erwartet man, dass den Worten Taten folgen. Im ersten Fall ist die Gemeinde Kirche am Sonntag. Im zweiten feiert sie ihren Gottesdienst im Alltag des Menschen.«

60 Vgl. Tobias Künkler, Wen oder was soll Gesellschaftstransformation eigentlich transformieren? Der Beitrag der Soziologie zur Gesellschaftstransformation, in: Tobias Faix/Johannes Reimer (Hg.), Die Welt verändern. Grundfragen einer Theologie der Transformation, Marburg 2015 (Transformationsstudien 2), 111–117.

politische Engagement und die gesellschaftlichen Konsequenzen einer am Evangelium orientierten Lebens- und Wirkweise der Gemeinden aktiv zu gestalten.

Parallel zum Einfluss des Konzeptes der Gesellschaftstransformation verstärkte sich unter den Freikirchen die Idee der »missionalen Gemeinde«, ein Begriff, der Ende des 20. Jahrhunderts in Nordamerika aufkam,[61] und durch die Bücher von Michael Frost und Alan Hirsch sowie den kanadischen Theologen und Gemeindeberater Alan Roxburgh, der vermehrt in Deutschland als Redner auf Kongressen und Tagungen lokal politisch engagierter Gemeinden und ihrer Netzwerke eingeladen wurde, auch in den deutschen Freikirchen rezipiert wurde.[62] Wie im Transformationskonzept ist auch für die missionale Gemeindeentwicklung entscheidend, dass die christliche Gemeinde einen gesellschaftlichen Auftrag hat, der das Gemeindeleben bestimmen sollte. Dabei setzt das Konzept der missionalen Gemeindeentwicklung weniger auf bestimmte Tätigkeiten und konkrete Aufgaben für die Gemeindearbeit als vielmehr darauf, das Wozu der gesamten Gemeindearbeit davon bestimmen zu lassen, dass eine Gemeinde nicht für sich selbst da ist, sondern Anteil an Gottes Sendung in die Welt hat. Es geht dabei vor allem um eine veränderte Grundhaltung und Ausrichtung, die nicht missionarisch ist, im Sinne von verkündigenden, diakonischen oder politischen Aktivitäten, die sich an Außenstehende richten und von bestimmten Fachleuten durchgeführt werden können, sondern um eine missionale Einstellung des offenen Bei-den-Menschen-Seins, die alle Gemeindeaktivitäten prägen soll.[63] Missionale Gemeinden wollen keine Mission machen, sondern Teil der Mission Gottes in der Welt sein.

61 Grundlegend ist hier der Band von Darrell L. Guder (Hg.), Missional Church. A Vision for the Sending of the Church in North America, Michigan/Cambridge 1998 gewesen, mit dem der Begriff »missional« seinen Durchbruch schaffte. Vgl. Roland Hardmeier, Missionale Theologie, Evangelikale auf dem Weg zur Weltverantwortung, Schwarzenfeld 2015, 189.

62 Vgl. zur »missionalen« Gemeindearbeit die ins Deutsche übersetzten Arbeiten von Michael Frost/Alan Hirsch, Die Zukunft gestalten, Innovation und Evangelisation in der Kirche des 21. Jahrhunderts, Glashütten/Asslar 2008; Alan Roxburgh/Fred Romanuk, Missionale Leiterschaft, Gemeinde bauen in einer sich verändernden Welt, Marburg 2011 und Alan Roxburgh, Missional. Mit Gott in der Nachbarschaft leben, Marburg 2012.

63 Vgl. Roxburgh, a.a.O., 179: »Die Nachbarschaft ist der Brennpunkt des christlichen Lebens und der heilsamen Herrschaft Gottes. Statt das lokale kirchliche Leben um kirchliche Programme herum zu gestalten (zu denen wir Menschen einladen sollten), sollten wir die Nachbarschaft und das Gemeinwesen zu Brennpunkten machen und die Kirche in ein Zentrum verwandeln, das für die Ausrüstung, Aussendung und Unterstützung der Menschen vor Ort sorgt.«

Die hier vorgestellten, für die aktuelle freikirchliche Missionstheologie besonders relevanten Konzepte haben in verschiedenen Freikirchen zu Arbeitskreisen und Gruppen geführt, die sich für eine »missionale« Arbeitsweise der Gemeinden stark machen und diejenigen Gemeinden miteinander vernetzen, die nach gangbaren Wegen einer diakonisch-missionarischen Wirksamkeit vor Ort suchen. Es gibt gemeinsame Tagungen und Konferenzen, auf denen diese Konzepte einer gesellschaftsrelevanten Gemeindearbeit einer breiteren Gemeindeöffentlichkeit nahegebracht werden. Dabei werden oft auch Vorstellungen aus dem Konvivenzkonzept und der Transformationstheologie aufgenommen und unter dem Oberbegriff »missional« subsummiert, zumal auch einige Transformationstheologen den Begriff »missional« zur Beschreibung ihrer Arbeitsweise verwenden.[64] Damit steht dieser Begriff mittlerweile geradezu paradigmatisch für das neue Verständnis von Mission, das die Gesellschaftsrelevanz gemeindlicher Arbeit betont.

4 Fazit

Gemeinsam haben die im 20. und beginnenden 21. Jahrhundert beobachtbaren Veränderungsprozesse in der Missionstheologie und der Missionspraxis der Freikirchen die innerkonfessionelle Vielfalt dieser ohnehin bunten freikirchlichen Landschaft weiter bereichert. War früher der Bereich der Freikirchen missionstheologisch fast durchweg an einer heilsgeschichtlich ausgerichteten Bekehrungstheologie orientiert, stehen heute zunehmend Konzepte im Fokus der Gemeindediskussion und -praxis, die von der missionstheologischen Konvivenzvorstellung bzw. dem Konzept einer Gesellschaftstransformation oder einer missionalen Gemeindeentwicklung ausgehen. Damit aber hat sich die alte Konfrontation von eher diakonisch und politisch aktiven Landeskirchen und eher evangelistisch ausgerichteten Freikirchen überholt. Es gibt mittlerweile in beiden Kirchenformen einen innerkonfessionellen Streit darum, welche Vorstellung von Verkündigung und gesellschaftlichem Engagement die Gemeindepraxis prägen soll. Diese Auseinandersetzung wird hier wie dort in aller Schärfe ausgetragen, denn es geht ja um nicht weniger als den Kern der Frage, wie die christliche Gemeinde in der modernen Welt ihren Glauben auf eine überzeugende Weise leben und weitergeben soll.[65]

64 So z.B. Reimer, Die Welt umarmen, 221–227 u.ö.

65 Vgl. dazu die Beiträge in Ralf Dziewas (Hg.), Gerechtigkeit und Gute Werke – Die Bedeutung diakonischen Handelns für die Glaubwürdigkeit der Glaubenden, Neukirchen-Vluyn 2010.

Angesichts dieser Frage wird der Stellenwert überzeugenden diakonisch-politischen Engagements für eine glaubwürdige Verkündigung des Evangeliums mittlerweile auch in den Freikirchen deutlich stärker betont als früher. Und da die gesellschaftlichen Herausforderungen im diakonischen Bereich in der Zukunft kaum abnehmen werden, wird diese Neuausrichtung der freikirchlichen Missionstheologie unter Beteiligung diakoniewissenschaftlicher und sozialtheologischer Forschungsarbeiten auch zukünftig weitergehen. Allerdings werden die Freikirchen dabei – trotz der wachsenden Betonung der diakonischen und gesellschaftspolitischen Dimension der Mission – auch weiterhin die evangelistische Seite des missionarischen Auftrags im Blick behalten,[66] denn dieser Aspekt der Mission bleibt aufgrund ihrer Geschichte, Theologie und Sozialform für die Freikirchen als Freiwilligkeitskirchen unaufgebbar: Freikirchen, die ihre Zeitgenossen nicht mehr zu einer bewussten Entscheidung für den Glauben und zu einer aktiven Mitarbeit in einer Gemeinde einladen, bedrohen ihre eigene Zukunft, denn sie ergänzen sich nicht durch eigenen Nachwuchs. Aber eines ist dabei auch in den Freikirchen Teil ihres missionarischen Selbstverständnisses geworden: Freikirchen, die sich nicht um die sozialen Probleme der Gesellschaft kümmern, verspielen die Glaubwürdigkeit ihrer evangelistischen Verkündigung und ihres Gemeindelebens. Letztlich wird es immer wieder darum gehen, neue und für die Gemeindepraxis anschlussfähige Konzepte für ein überzeugendes Zeugnis von der Liebe Gottes in einer sich schnell verändernden pluralistischen Gesellschaft zu entwickeln. Und diese Konzepte müssen die Verkündigung der Liebe Gottes in Worten, in Taten der Barmherzigkeit und in einem daraus erwachsenden politischen Engagement umfassen. Diese Herausforderung verbindet alle Kirchen miteinander, seien sie freikirchlich, volkskirchlich oder anders organisiert.

[66] So enthält der fünfte Band der Reihe Transformationsstudien Überlegungen zu einer diesem Konzept entsprechenden evangelistischen Praxis. Vgl. Johannes Reimer, Leben, Rufen, Verändern, Chancen und Herausforderungen gesellschaftstransformativer Evangelisation heute, Marburg 2013 (Transformationsstudien 5)

IV.

MISSION, POSTKOLONIALITÄT, INTERKULTURALITÄT

Wagnis an der Grenze*

Reflexionen zur Mission im postkolonialen Kontext

Michael Nausner

1 Vorbemerkung

Christliche Mission im 21. Jahrhundert geschieht in einem komplexen kulturellen Kontext. Alte koloniale Spuren sind zwar noch spürbar, aber die Eindeutigkeit einer *christlichen, europäisch-nordamerikanischen* Mission, die einem *nicht-christlichen globalen Süden* gilt, gehört einer fernen Vergangenheit an. Allerdings kann man den Eindruck gewinnen, dass diese neue Wirklichkeit in der westlichen Christenheit immer noch nicht ausreichend zur Kenntnis genommen worden ist. Wie unter veränderten globalen Bedingungen verantwortliche christliche Mission verstanden und praktiziert werden kann, will immer wieder neu reflektiert werden. Einen kleinen Beitrag zu diesem Reflexionsprozess will ich mit diesem Artikel leisten.

Der erste Schritt besteht aus einer konfessionellen Selbstreflexion bezüglich des Verhältnisses methodistischer Mission zum Projekt des Kolonialismus (1). Es folgt ein Kommentar aus meiner konfessionellen Perspektive zu dem neuesten Missionsdokument des Ökumenischen Rates der Kirchen mit dem Titel *Gemeinsam für das Leben*, und zwar mit der konkreten Frage im Hinterkopf, wie aufmerksam dieses Dokument die neue globale Wirklichkeit und die immer noch bestehenden (post)kolonialen Verhältnisse in den Blick genommen hat (2). In einem dritten Schritt präsentiere ich holzschnittartig einige Grundzüge postkolonialer Theorie und deren mögliche Bedeutung für die Mission, vor allem was das Verständnis kultureller Grenzen betrifft (3). Viertens will ich auf zwei hoffnungsvolle Beispiele dafür hinweisen, dass postkoloniale Analyse mittlerweile nicht nur in der Missionswissenschaft, sondern auch in der Systematischen Theologie angekommen ist, und zwar sowohl

* Leicht bearbeitete Version des gleichnamigen Artikels, der erschienen ist in: Theologisches Gespräch 39 (2015), Heft 3, 107–125.

fundamentaltheologisch (Beispiel: Judith Gruber), als auch bezüglich der zentralen Topoi der Systematischen Theologie (Beispiel: Martin Wendte) (4). Der Aufsatz schließt mit einer sehr knappen Skizze eines postkolonial sensibilisierten Missionsverständnisses unter dem Titel *Gottes vielfältige Mission von den Rändern her* (5).

2 Die bleibenden Ambivalenzen methodistischer Missionsgeschichte

Wenn ich mich nun dem komplexen Thema christlicher Mission annähere, dann tue ich es als Methodist und damit als Erbe einer weltweiten Missionsbewegung, die im England des frühen 18. Jahrhunderts entstand und 1784, also etwa ein halbes Jahrhundert später, sich als selbständige Kirche etablierte. In Bezug auf das Verhältnis zum Kolonialismus lassen sich einige Ambivalenzen feststellen, die die methodistische Bewegung von Anfang an prägten, und die bis heute zu ihrem Erbe gehören. Mit Paul Tillich glaube ich, dass eine Auseinandersetzung mit geschichtlichen, sozialen und natürlich nicht zuletzt existentiellen Ambivalenzen zu einem verantwortungsvollen Umgang mit der eigenen Identität gehört.[1] Zunächst ist da die ekklesiologische Ambivalenz, die darin besteht, dass der frühe Methodismus zwischen einer Identität als Erneuerungsbewegung innerhalb der Kirche von England und derjenigen einer selbständigen Kirche oszillierte.[2] Bis heute sind die Spuren dieser ekklesiologischen Ambivalenz zwischen Bewegung und kirchlicher Institution spürbar. Zweifellos war der Methodismus zunächst ein Teil jener staatstragenden Kirche von England, die auch den britischen Kolonialismus förderte, spätestens seit 1784 jedoch auch eine neu konstituierte Kirche, die das Leben der jungen amerikanischen Demokratie maßgeblich mitgestaltete. Aber auch als junge Kirche in den selbständigen Vereinigten Staaten wurde sie bald hineingezogen in die Ambivalenz zwischen dem Dienst an europäischen Migrantinnen und Migranten einerseits und der Ausbeutung der indigenen Bevölkerung andererseits. Der irische Kirchenhistoriker David Hempton hat die bleibenden Ambivalenzen methodistischer Ekklesiologie in seinem Buch *Methodism. Empire of the Spirit* umsichtig dokumentiert und analysiert. Dort beschreibt er den frühen Methodismus einerseits als eine Bewegung von Migranten für Migranten, die eingefahrene ethnische und soziale Grenzen oft neu definierte, andererseits aber auch von der gewaltsamen Erweiterung kon-

[1] Vgl. v.a. Paul Tillich, Systematische Theologie Band III, Stuttgart 1966.

[2] Vgl. Michael Nausner (Hg.), Kirchliches Leben in methodistischer Tradition. Perspektiven aus drei Kontinenten, Reutlinger Theologische Studien Bd. 6, Göttingen 2010.

tinentaler, ja imperialer Grenzen profitierte.[3] Der Methodismus war mit anderen Worten einerseits maßgeblich beteiligt an der Bildung egalitärer Gemeinschaften, ließ sich andererseits aber auch für die Expansion anglo-amerikanischer Zivilisation instrumentalisieren. Die Methodisten »folgten grundsätzlich [...] Migrationsbewegungen«,[4] schreibt Hempton, aber sie »sonnten sich in der Mitte des 19. Jahrhunderts auch in der vermeintlichen Überlegenheit und göttlichen Billigung anglo-amerikanischer Zivilisation in der Weltordnung.«[5] Das Resultat war eine schwer zu lösende Ambivalenz zwischen kultureller und religiöser Mission, die sich unter anderem darin zeigte, dass die Methodistinnen bisweilen in die Falle zahlreicher missionarischer Initiativen dieser Zeit gerieten, nämlich sich selbst als eine »zivilisierende Mission« zu verstehen, die mit der Zeit die Missionierten zu ordentlichen sesshaften Christen westlichen Stils machen würde.

Das meist implizite Verständnis der Kultur der Missionierenden als Norm scheint mir eine der Hauptambivalenzen christlicher Mission zu sein, vor allem der Mission westlicher Provenienz. Ein immer noch aktuelles Beispiel für diese problematische Definition des westlichen Kulturkreises als »christlich« ist die Kontroverse um die Bürgerbewegung »Patriotische Europäer gegen die Islamisierung des Abendlandes« (PEGIDA).[6] Die mehr oder weniger subtile und gerade deshalb gefährliche Normierung des Christentums als »westliche« Religion lässt sich anhand postkolonialer Theorie gut dekonstruieren. Und diese Dekonstruktion geschieht analog zu der Prämisse, die Karlheinz Ruhstorfer bei einem Vortrag während der Dresdner Vorlesungsreihe »PEGIDA ausbuchstabieren« im Januar 2015 folgendermaßen formuliert hat: Selbst wenn das Abendland als christlich bezeichnet wird, so gilt für das Abendland und damit gerade auch für das Christentum, dass das »Andere, der Orient, ... dem Abendland von seinem Ursprung her eingestiftet«[7] ist. Ebenso dürfen spätere Konflikte, die als Konflikte zwischen Orient und Okzident bzw. Christentum und Islam hochstilisiert werden, nicht isoliert gesehen werden. Vielmehr lassen sich radikale Formen des Islamismus im Westen nicht verstehen, »wenn wir nicht an die europäische – und auch amerikanische – Aggression

3 Vgl. David Hempton, Methodism. Empire of the Spirit, Yale 2005, 31.

4 A.a.O., 153 (Hier und im Folgenden meine Übersetzung).

5 A.a.O., 163.

6 Vgl. Webpage der PEGIDA Bewegung: https://pegidaoffiziell.wordpress.com (Stand 29.09.2016).

7 Karlheinz Ruhstorfer, Ist das Abendland noch zu retten?, Manuskript eines Vortrags im Rahmen der Vorlesungsreihe »*PEGIDA* ausbuchstabieren«, Dresden am 15.01.2015, 1.

erinnern, unter der der Nahe Osten gelitten hat und immer noch leidet.«[8] Damit ist die Grenze zwischen *Okzident* und *Orient*, *uns* und *ihnen* bleibend destabilisiert, und kulturelle Identitäten erweisen sich bei genauerem Hinsehen als komplexe Mischungen, vielschichtige Palimpseste. Auf solchermaßen konstruierte Grenzen komme ich weiter unten noch zu sprechen.

Aber zunächst will ich meine Reflektionen zu den Ambivalenzen der Entstehungsphase der methodistischen Bewegung abschließen. Sie sind immer noch spürbar, auch wenn sie sich heute ein wenig anders gestalten. Da die Evangelisch-methodistische Kirche (*The United Methodist Church*) eine globale Kirche ist, spiegeln sich viele der globalen Konflikte sozialer, ökonomischer, ökologischer und allgemein kultureller Art auch innerkirchlich. Das ganze 20. Jahrhundert war innerkirchlich von sehr ähnlichen Dynamiken gekennzeichnet, wie diejenigen, die auch die säkulare Kolonialgeschichte prägten: In Lateinamerika, Afrika und Asien erklärten sich viele der kirchlichen Zweige für selbstständig und bildeten national verfasste Methodistenkirchen. Eine diesbezüglich prominente Ausnahme sind die Philippinen, wo bis heute die Methodisten Teil der weltweiten EmK sind. Aber die Diskussion über eine mögliche »Unabhängigkeit« kommt nicht zur Ruhe. Trotz der vielen Regionen, die sich unabhängig erklärt haben, steht die weltweite EmK heute vor der Herausforderung, sich strukturell an den Umstand anzupassen, dass ein immer größer werdender Anteil von Methodistinnen im globalen Süden lebt. Dieser Prozess entspricht der vor geraumer Zeit von Philip Jenkins diagnostizierten Verschiebung des Christentums vom Norden in den globalen Süden. Eine brennende Frage, die sich mir in diesem Zusammenhang stellt, ist, wie der weltweite Methodismus (als Teil des weltweiten Christentums) Strukturen und Methoden entwickeln kann, die eine weltweite Mission auf Augenhöhe ermöglichen.

Ich halte die postkoloniale Theorie für eine konstruktive und kreative Denktradition, die dabei behilflich sein kann, in diesen sich vollziehenden kulturellen, sozialen und strukturellen Verschiebungen der Weltchristenheit ein neues Selbstverständnis globaler christlicher Identität zu entwickeln. Postkoloniale Theorie analysiert Sprache und Kultur, also zwei zentrale Medien zur Verbreitung der christlichen Botschaft, der Mission. Dabei gilt ein besonderes Augenmerk dem konstruierenden und nicht bloß beschreibenden Wesen der Sprache einerseits und der unhintergehbaren Hybridität aller Kultur andererseits. Postkoloniale Theorie weist hin auf die letztlich unmöglichen Versuche, in Sprache und Kultur Reinheit und damit auch Hegemonie aufrecht zu erhalten.

8 A.a.O., 3.

Bevor ich aber zu einer kurzen Skizze postkolonialer Theorie in deren Bedeutung für die Theologie komme, will ich einige Aussagen im Missionsdokument des Ökumenischen Rates der Kirchen identifizieren, das bei der Vollversammlung in Busan in Südkorea im Herbst 2013 verabschiedet worden ist. Es trägt den Titel *Gemeinsam für das Leben. Mission und Evangelisation in sich wandelnden Kontexten.* (GL)[9] Ich kommentiere dabei nicht das Dokument als Ganzes, sondern konzentriere mich auf ausgewählte Passagen, die explizit die globalen und kolonialen Aspekte weltweiter Mission in den Blick nehmen. Das Dokument identifiziert in der Einleitung Mission als eine globale Angelegenheit, insofern das Evangelium »gute Nachricht für jeden Teil der Schöpfung« beinhaltet und deshalb »die ganze *oikoumene*, in Gottes Netzwerk des Lebens miteinander verbunden« ist. (§4) GL nimmt Abstand von einer Vorstellung von Mission als geographischer Expansion und nimmt die Verlagerung des Zentrums des Christentums zur Kenntnis. (§5) Einhergehend mit dieser Verlagerung des Zentrums fragt GL, ob Mission anstatt *»hin zu den Rändern ... von den Rändern her«* geschehen soll. (§6) Dieser Perspektivenwechsel, weg von den Diskursen und Aktionen der scheinbar Privilegierten, hin zu den Diskursen und Aktionen der scheinbar Marginalisierten, spiegelt ein postkoloniales Anliegen, nämlich bisher verdrängte Stimmen und kulturelle Perspektiven zu Gehör zu bringen. Dabei geht es um mehr als um Sprache. Denn bei der Kommunikation politischer und religiöser Inhalte im interkulturellen Raum geht es nie nur um etwas eindeutig *Gesagtes*, sondern immer auch um die überwältigende Komplexität von Begegnungen zwischen kulturellen Identitäten. Deshalb ist in der Tat ein »ernsthaftes Bekenntnis zu ... interkultureller Kommunikation« für die Mission unerlässlich, wie GL betont. (§9) In den vier Hauptkapiteln des Dokuments finden sich einige Passagen, die von der Verwobenheit christlicher Mission mit kolonialer Ausbeutung zeugen (§27, §98), wobei aus kulturtheoretischer Perspektive vor allem der Hinweis darauf von Bedeutung ist, dass durch diese Verwobenheit dem verhängnisvollen Eindruck Vorschub geleistet wurde, »dass das Christentum mit der westlichen Kultur gleichsetzt wurde« (§41) und dass »westliche Formen des Christentums ... die Norm (seien), anhand derer die Glaubenstreue anderer Christen und Christinnen beurteilt werden müsste«. (§98) Demgegenüber betont das Dokument, dass die Schrift *monokulturell* gar nicht ange-

9 Gemeinsam für das Leben, Mission und Evangelisation in sich wandelnden Kontexten (5.9.2012) – http://www.oikoumene.org/de/resources/documents/commissions/mission-and-evangelism/together-towards-life-mission-and-evangelism-in-changing-landscapes?set_language=de (Stand 29.9.2016).

messen erfasst werden kann und macht somit Interkulturalität zu einer fundamentaltheologischen Voraussetzung für eine verantwortungsvolle Schrifthermeneutik: »Wir können die Schrift in all ihrer Komplexität nicht erfassen«, so das Dokument, »indem wir uns auf die Erklärungsmuster *einer* dominanten Kultur beschränken. Eine Pluralität von Kulturen ist eine Gabe des Geistes zur Vertiefung unseres Glaubens- und gegenseitigen Verständnisses«. (§100) Dieser Hinweis auf die notwendige Pluralität kultureller Perspektiven für ein angemessenes Verständnis der christlichen Botschaft findet seine fundamentaltheologische Vertiefung im Ansatz Judith Grubers (siehe unten), in dem sie von der Interkulturalität als eine notwendige Ressource für die Theologie spricht.[10]

Schließlich will ich noch eine Verbindung hervorheben, die das Dokument herstellt, und die ich für unsere heutige postkoloniale Situation für entscheidend halte. Mission ist nach diesem Dokument schon lange nicht mehr eine Angelegenheit, die von innen nach außen geht bzw. in eine Richtung, sondern sie geschieht im Kontext der Migration (§70f), »die zu einem weltweiten, multidirektionalen Phänomen geworden (ist), das die Landkarte des Christentums neu gestaltet«. (§5) Der Migration wird dementsprechend in der Mitte des Dokuments ein kurzer, aber nach meiner Meinung wesentlicher Paragraph gewidmet, in dem darauf aufmerksam gemacht wird, dass die kulturelle Durchmischung durch Migration herkömmliche Vorstellungen von Gastfreundschaft auf den Kopf stellt: »Gottes Gastfreundschaft stellt einen Appell an uns dar, über polarisierte Rollenfestschreibungen – kulturell dominierende Gruppen als Gastgeber, Migranten und Minderheiten als Gäste – hinauszugehen«. (§71) Was sich hinter einem solchen Appell verbirgt, ist eigentlich eine Problematisierung kultureller Grenzziehungen.[11] Die Kontingenz und Komplexität kultureller Grenzen ist ein Dauerthema postkolonialer Theorie, und gerade ein Bewusstsein dieser Komplexität fehlt in dem Dokument des Weltkirchenrates. Wenn davon die Rede ist, dass es um ein Dienen »über ethnische und kulturelle Grenzen *hinweg«* (§70 – meine Hervorhebung) geht, und dass solche »Grenzen zu *überschreiten«* sind (§74 – meine Hervorhebung), dann fehlt mir hier ein Bewusstsein für die Ambivalenz von Grenzen und deren »Flüssigkeit«. Grenzen gehören zu jeder Form von Identität. Identität aber ist veränderlich. Deshalb ist es weder mit dem einfachen *Setzen* von Grenzen noch mit deren einfacher *Überwindung* getan. Vielmehr

10 Vgl. Judith Gruber, Theologie nach dem Cultural Turn. Interkulturalität als theologische Ressource, Stuttgart 2013.

11 Vgl. Michael Nausner, Reimagining Boundaries in Europe. Migrant Utopias and Theological Eschatology, in: Elaine Padilla/Peter C. Phan (Hg.): Christianities in Migration. The Global Perspective, London/New York 2016, 153–171.

sind ein genaues Hinsehen auf und eine achtsame Analyse von Grenzdynamiken verschiedener Art von Nöten. Und damit bin ich bei dem Thema angelangt, das ich als eines der zentralen Themen postkolonialer Theorie erachte.

4 Postkoloniale Theorie

Bevor ich mich der Frage der Grenzen etwas genauer widme, will ich kurz die Herkunft postkolonialer Theorie(n) skizzieren. Postkoloniale Theorie blickt nun schon seit fast vierzig Jahren mit kritischen Augen auf interkulturelle Verhältnisse und ist hilfreich, um der Komplexität unserer globalen Verwobenheit auf die Spur zu kommen. Ganz allgemein ausgedrückt hilft sie uns, von einem kulturellen Schwarz-weiß-Denken wegzukommen. Sie begann mit dem Werk des 2003 verstorbenen palästinensischen Literaturwissenschaftlers Edward W. Said, der in seinem 1978 publizierten Buch *Orientalismus* darauf hinwies, wie der westliche Blick die kulturell *Anderen* – in seinem Fall die Menschen im Orient – zu einem Fantasiegebilde konstruiert, das als Wirklichkeit missverstanden wird. Auch hier geht es um eine Grenzziehung, nämlich eine fiktive Festschreibung einer Differenz, die angesichts der PEGIDA Diskussionen von neuer Aktualität ist. Said beschreibt, wie letztlich die *Vorstellung* vom Orient im Westen *produziert* und als Wirklichkeit verkauft wurde; und das war (und ist bis heute) eine Vorstellung vom rückständigen Orient, der sich markant und grundsätzlich vom fortschrittlichen Westen unterscheidet.[12] Wenn man sich diesem polarisierenden Verständnis hingibt, fallen die vielfältigen Beziehungen und die verschiedenen Mischformen, die sich in jeder kulturellen Begegnung bilden, unter den Tisch. Said hat mit seinem Buch eine Unzahl von Denkprozessen ausgelöst, die unter der Überschrift *postkoloniale Theorie* das Verhältnis zwischen verschiedenen Kulturen analysieren. Während Said noch über die Produktion eines Wissens über den Orient im britischen Imperium schrieb, entstanden bald danach Texte, die sich mit den Folgen westlicher Dominanz über ehemalige Kolonien in Asien, Lateinamerika und nicht zuletzt auch Afrika auseinandersetzten. Auf unterschiedliche Weise wird in postkolonialen Texten aufgedeckt, dass westliches Denken aufgrund Jahrhunderte alter kolonialer Praxis dazu tendiert, von vornherein von der Überlegenheit westlicher Zivilisation auszugehen und so für die Komplexitäten kulturellen Austauschs kaum empfänglich ist.

12 Vgl. Edward W. Said, Orientalism, New York 1978, 7.

Postkoloniale Theoretikerinnen wie María do Mar Castro Varela und Nikita Dhawan widersprechen entschieden der verbreiteten Ansicht, dass der über Jahrhunderte währende Kolonialismus in seinen verschiedenen Schattierungen eine Angelegenheit der Vergangenheit sei bzw. nur auf gewisse Regionen beschränkt gewesen sei. Sie erinnern daran, »dass keine Region dieser Erde den Wirkungen kolonialer Herrschaft entkommen konnte«. So zeigt der französische Ökonom Arthur Girault, dass noch unmittelbar *nach* dem Ersten Weltkrieg etwa die Hälfte des gesamten Festlandes der Erde von Kolonien bedeckt war.[13] Die vielen Jahrhunderte davor, die Perioden der aufbrechenden Neuzeit, der Moderne, ja der Aufklärung, hatten sich vor dem Hintergrund kolonisatorischer Praktiken abgespielt. Der argentinische Philosoph und Theologe Enrique Dussel hat in seinem Werk unermüdlich auf die Bedeutung dieser *Simultanität von Aufklärung und Kolonisierung* aufmerksam gemacht. Insofern ist es nicht überraschend, dass nicht nur die Wirkungsgeschichte der Aufklärung, sondern damit intim zusammenhängend auch diejenige des Kolonialismus uns bis zum heutigen Tag stark beeinflusst. Nur konzentrieren wir Europäer uns lieber auf die hellere Seite derjenigen Münze, deren zusammengehörige Seiten Aufklärung *und* Kolonisierung ausmachen.

Ein anderer Argentinier, Walter Mignolo, hat es deshalb zu seiner Gewohnheit gemacht, konsequent bei der Nennung des Begriffs *Moderne* den Begriff *Kolonialität* hinzuzufügen. Er ist Mitglied des *Moderne/Kolonialität Projektes*, dem es darum geht, »Kolonialität als konstitutives Moment der Moderne zu verstehen und dafür zu sorgen, dass dieser Umstand in deren Selbstbeschreibungen nicht weiterhin verschwiegen wird.«[14] Es geht Mignolo darum, »die eurozentrische Epistemologie der Moderne zu durchbrechen.«[15] Die Errungenschaften der Aufklärung, meinen postkoloniale Theoretikerinnen und Theoretiker, sind kulturell nicht trennbar von physischer, militärischer, epistemologischer und ideologischer Gewalt, die wiederum über »›Rasse‹- und ›Kultur‹-Diskurse legitimiert wurden«.[16] Die Kolonisatoren legitimierten ihre Vorgangsweise als *zivilisatorische Mission*. Dahinter aber versteckt sich eine »komplizenhafte Beziehung zwischen den Diskursen der Moderne sowie der Aufklärung und der kolonialistischen Vereinnahmung«.[17] Das Resultat ist eine eindeutige, wenn auch bisweilen subtile Überzeugung von der Überlegenheit des europäischen Selbst, zu der auch die Kirchen beigetra-

13 Nikita Dhawan/María Castro Varela do Mar, Postkoloniale Theorie. Eine kritische Einführung, Bielefeld 2005, 11.

14 Pia Kerner, Postkoloniale Theorien zur Einführung, Hamburg 2012, 91.

15 Zitiert in: Castro Varela/Dhawan, Postkoloniale Theorie, 26.

16 A.a.O., 13.

17 A.a.O., 15f

gen haben. Das spiegelt sich zum Beispiel in den meist unausgesprochenen Implikationen der Rede vom »christlichen Abendland« oder vom »christlichen Europa«. Dabei geht es letztlich um eine problematische, weil wertende Fixierung des nicht-europäischen und nicht-christlichen Anderen. (s.o.)

Der Begriff »postkolonial« hat allerdings seit seinem Aufkommen eine Entwicklung durchgemacht. Beschrieb er in den 1970er Jahren noch die Lage ehemaliger Kolonien, wurde er in den 1980er Jahren auf alle kolonisierten Kulturen ausgeweitet und entwickelte sich in den 1990er Jahren hin zu einer noch viel komplexeren Bedeutung. Postkolonialität bezeichnete nun »ein Set diskursiver Praxen (...), die Widerstand leisten gegen Kolonialismus, kolonialistische Ideologien und ihre Hinterlassenschaften.« Damit wird deutlich, dass das »post« in postkolonialer Theorie vielschichtiger gedacht werden muss als eine rein historische Spezifizierung im Sinne eines »nach«.[18] Diese neue Definition ist eine Folge der Einsicht, dass sich die Geschichten von Nord und Süd einfach nicht unabhängig voneinander schreiben lassen, sondern auf vielfältige Weise miteinander verwoben sind.

4.1 Postkoloniale Theologie und Befreiungstheologie

Als diskursiver Widerstand gegen Hegemonie bleibt nach meiner Lesart postkoloniale Theorie dem lateinamerikanischen Befreiungsdiskurs und der Dependenztheorie verpflichtet. Es geht um Fragen von Macht und Ungerechtigkeit und um die Aufdeckung der dahinter liegenden Mechanismen. Dabei hat die postkoloniale *Theologie* mit ähnlichen Vorwürfen zu ringen wie die Befreiungs*theologie*, dass nämlich die Subjekte, in deren Namen diese Entwürfe entwickelt wurden, zu wenig zu Wort kommen. So kritisiert Joseph F. Duggan in der Zeitschrift *concilium* den Überbietungseifer im Formulieren von »Theorien des Anderen«, die den »Ausschluss der Subalternen« perpetuieren und den verengten Blick, dass postkoloniale Theologien notwendigerweise »liberale Theologien« sind.[19]»Wenn sie glaubwürdig sein wollen,« so Duggan, »müssen die postkolonialen Theologinnen mit den Armen, den Ausgegrenzten und Subalternen zusammenarbeiten, um [...] die [...] allzu engen begrifflichen Umrisse postkolonialer Theologien zu entkolonialisieren.«[20] Das ist eine

18 A.a.O., 25.

19 Joseph Duggan, Erkenntnistheoretische Diskrepanz. Zur Entkolonialisierung des postkolonialen theologischen »Kanons«. In: concilium 140 (2013) Heft 2, 135–142.

20 A.a.O., 141.

wichtige Warnung, um den postkolonialen Diskurs nicht zu einem isolierten Sprachspiel innerhalb der akademischen Welt verkommen zu lassen.

Der Blick postkolonialer Theorie ist allerdings ein weiterer als der des Befreiungsparadigmas. Er geht über eine vor allem ökonomische Sichtweise hinaus hin zu einer Sichtweise, die verschiedene Formen der *Hegemonie* in den Blick nimmt. Gayatri Chakravorty Spivak bezieht sich in ihrem berühmten Aufsatz »Can the Subaltern Speak?«[21] unter anderem auf Antonio Gramsci und seine Verwendung der Begriffe *Hegemonie* und *subaltern.* Mein Versuch, die These Spivaks zusammenzufassen, ist folgender: Subalterne – also Marginalisierte des globalen Südens – unterliegen der Definitionsmacht der Kolonialmächte und können zwar sprechen; sie können jedoch von den Machthabenden nicht verstanden werden. Warum können sie nicht verstanden werden? Es ist ein Problem der Repräsentation. Bis heute scheint laut Spivak das Marxsche Diktum, dass das Proletariat sich nicht selbst repräsentieren kann, wirksam zu sein und auch auf die Subalternen der heutigen Welt zuzutreffen. Die autonome Selbstrepräsentation der Subalternen hat es schwer in unserer globalisierten Welt. Das wiederum liegt unter anderem daran, dass laut Spivak der westliche Blick die beiden Aspekte von Repräsentation verschwimmen lässt. Marx hat zwischen Repräsentation als *Vertretung* und Repräsentation als *Darstellung* unterschieden.[22] Die Vertretung verstehe ich als lebendige Präsenz und die Darstellung als eine fiktive. Postkoloniale Theorie legt ein besonderes Augenmerk auf die Darstellung der Anderen, und wie diese Darstellung in unserem Selbst- und Fremdbild, in Machtbeziehungen, politischen Strukturen und wirtschaftlicher Dominanz zum Ausdruck kommt.[23] In westlichen Diskursen, nicht zuletzt auch in den westlichen Medien, werden Identitäten konstruiert, die suggerieren, dass unsere *Darstellung* der Subalternen gleichzeitig ihre *Vertretung* ist und dass wir damit schon »wissen«, wer die Subalternen sind. Damit wird Gewalt ausgeübt, insofern hier auf subtile Weise Definitionsmacht beansprucht wird.[24] Können unter solchen Bedingungen die Subalternen sprechen und gehört werden? Diese komplexe Frage ist nicht ohne Weiteres mit einem klaren Ja oder Nein zu be-

21 Gayatry Chakravorty Spivak, Can the Subaltern speak? Postkolonialität und subalterne Artikulation, Wien 2008.

22 Vgl. Vítor Westhelle, Offene Ränder. Repräsentation, Hybridität und Transfiguration, in: Andreas Nehring/Simon Tielesch (Hg.), Postkoloniale Theologien. Bibelhermeneutische und kulturwissenschaftliche Beiträge, Stuttgart 2013, 165–186 (Zitat 168).

23 Andreas Nehring/Simon Tielesch (Hg.): Postkoloniale Theologien. Bibelhermeneutische und kulturwissenschaftliche Beiträge, Stuttgart 2013, 13.

24 Vgl. Castro Varela/Dhawan, Postkoloniale Theorie, 8.

antworten. Dass die Frage wohl nicht eindeutig, bzw. ein für alle Mal beantwortet werden kann, hat sicherlich mit der Komplexität kultureller und sozialer Grenzen zu tun.

4.2 Grenzhermeneutik in der postkolonialen Theorie

Eine besonders subtile und komplexe Analyse kultureller Grenzen nimmt der indisch-amerikanische Literaturwissenschaftlicher Homi K. Bhabha vor. Bhabha gilt als eine der Schlüsselfiguren postkolonialer Theoriebildung. In seiner Essay-Sammlung *Die Verortung der Kultur* nimmt er interessanterweise Martin Heidegger als Gewährsmann für seine Privilegierung der kulturellen Grenze. Die Essay-Sammlung beginnt mit einem Zitat des späten Heidegger, wo es heißt: »Die Grenze ist nicht das, wobei etwas aufhört, sondern, wie die Griechen es erkannten, die Grenze ist jenes, von woher etwas *sein Wesen beginnt.*«[25] Bhabha münzt dieses sehr abstrakte Heidegger Zitat auf konfliktreiche kulturelle Grenzdynamiken, in denen deutlich wird, dass eine einfache Konstruktion von klaren Subjekten diesseits und jenseits der Grenze nicht mehr funktioniert. Denkt Bhabha unter anderem an koloniale Konflikte, so trifft seine Analyse auch auf unsere heutige Situation im Mittelmeer zu. Hier geht es um viel komplexere Geschehnisse als die gewaltsame Polarität zwischen schwarzen Afrikanern und weißen Europäern. Hier werden neue, miteinander verbundene Identitäten ausgehandelt. Bhabha spricht von der Notwendigkeit, »sich auf jene Momente oder Prozesse zu konzentrieren, die bei der Artikulation von kulturellen Differenzen produziert werden. Diese ›Zwischen‹-Räume stecken das Terrain ab, von dem aus Strategien – individueller oder gemeinschaftlicher – Selbstheit ausgearbeitet werden können.«[26] Diese Konzentration auf Prozesse der Artikulation kultureller Differenz benennt in akademischer Sprache die lebendige und konfliktreiche Dynamik, die an Grenzen vor sich geht. Sie sind immer wieder neu zu verhandelnde Konstruktionen und haben nichts »Natürliches« an sich. Hier geht ein komplexer Prozess gegenseitiger Identitätsbildung vor sich und nicht eine krude Konfrontation zweier fixierter Kulturräume. Nicht vorgegebene ethnische oder kulturelle Identitäten stehen hier gegeneinander, sondern es geht hier – gerade von der afrikanischen Minderheitenperspektive aus gesehen – um »ein komplexes, fortlaufendes Verhandeln, welches versucht, kulturelle Hybriditäten zu autorisieren, die in Augenblicken historischen Wandels aufkommen.«[27]

25 Zitiert in: Homi K. Bhabha, Die Verortung der Kultur, Tübingen 2000, 1.

26 A.a.O., 2.

27 A.a.O., 3

Der Kampf der Flüchtlingsboote im Mittelmeer, aber auch der Kampf der vielen Flüchtlinge, die über die sogenannte »Balkan Route« nach Europa gekommen sind, symbolisieren solche Augenblicke historischen Wandels. Dieser Kampf erinnert uns an unsere schon lange, ja Jahrhunderte lang bestehende kulturelle Hybridität, die auch mit noch so gewaltsamer Abschottung nicht ungeschehen gemacht werden kann. Afrika ist in Europa und Europa in Afrika, vielfältig und unumgänglich miteinander vermischt.[28]

4.3 Pluritopische Hermeneutik

Allerdings braucht es für ein wirkliches Verstehen spezifischer kultureller Grenzräume wie denjenigen im Mittelmeer unterschiedliche Perspektiven, vor allem auch die Perspektive derjenigen, die unser westlicher Diskurs *nolens volens* ausblendet. In diesem Zusammenhang will ich noch einmal auf Walter Mignolo zurückkommen, der von der Notwendigkeit eines Grenzdenkens spricht. Um beim Beispiel des Mittelmeers zu bleiben: Die europäische Gemeinschaft kann sich die Komplexität dessen, was an der Grenze zwischen Afrika und Europa vor sich geht, nicht alleine klar machen. Für ein Verstehen jenes kolonialen Unterschieds, der immer noch an dieser Grenze deutlich wird, braucht es die subalterne Perspektive. Ein solches gemeinsames Erkennen nennt Mignolo Grenzdenken. Dabei geht es um ein Ernstnehmen unterschiedlicher kultureller Perspektiven und unterschiedlicher Machtverhältnisse für eine nachhaltige Wissensproduktion. Und dazu braucht es, wie Mignolo es nennt, eine *pluritopische Hermeneutik*. Kolonialität kann nicht von einer Perspektive her verstanden werden. Vielmehr braucht eine »koloniale Semiotik eine pluritopische Hermeneutik, da im Konflikt, in den Brüchen und Rissen, wo der Konflikt entsteht, eine Beschreibung nur von der einen Seite der epistemologischen Kluft aus nicht ausreicht.«[29] In der mehr oder weniger gewaltsamen Begegnung mit Menschen aus anderen Kulturen entsteht also eine epistemologische Kluft. Verschiedene Arten des Erkennens und Wissens kollidieren. Da brauchen wir in Deutschland nicht in die Kolonialzeit zurückzugehen, um eine solche Kluft festzustellen.[30] Sehen wir Möglichkeiten auch

[28] Vgl. Ranjit Hoskorté/Ilija Trojanow, Kampfabsage. Kulturen bekämpfen sich nicht, sondern fließen ineinander, Hamburg 2007.

[29] Walter D. Mignolo, Coloniality, Subaltern Knowledges, and Border Thinking. Local Histories/Global Designs, Princeton 2000, 17.

[30] Allerdings ist eine Erinnerung an das koloniale Erbe Deutschlands wohl für ein konstruktives Verhältnis zu der heutigen Interkulturalität in Deutschland auch unumgänglich: Siehe Michael Nausner, Koloniales Erbe und Theologie. Postkolo-

hier in Deutschland, gerade auch im Kontext der Mission, immer wieder neue Versionen eines Grenzdenkens zu entwickeln, das eine mehrperspektivische Hermeneutik kultiviert, oder um mit Walter Mignolo zu sprechen: Eine pluritopische Hermeneutik?

4.4 Theologische Grenzhermeneutik

Ich habe versucht, entlang des Fadens postkolonialer Theorie die durchaus riskante Notwendigkeit zu betonen, kulturelle Grenzen nicht einfach als gegeben zu betrachten, sondern sie geduldig und eingedenk des kolonialen Erbes des Westens immer wieder neu zu verhandeln. Nun will ich einen analogen Faden aus theologischer Perspektive spinnen.

Paul Tillich ist sicherlich ein entscheidender Vorläufer für kultursensible theologische Ansätze seit der Mitte des vergangenen Jahrhunderts. Er hat Religion und Kultur konsequent aufeinander bezogen gedacht und sich mit seiner Methode der *Korrelation* sozusagen in den schwer fassbaren Zwischenraum zwischen Religion und Kultur gestellt. Schon in der Zwischenkriegszeit hat er in einem Aufsatz auf die Bedeutung eines solchen Standpunktes »dazwischen« hingewiesen. Für ihn ist die Grenze »der für die Erkenntnis fruchtbare Ort«.[31] In den 1950er Jahren arbeitete er dann an einem Entwurf einer *Theologie der Kultur*, in der er Religion als so verwoben mit menschlicher Kultur verstand, dass er sie als »Tiefendimension des menschlichen Geistes« und damit der Kultur bezeichnete.[32] Auch auf existentieller Ebene war für ihn der Glaube eine Grenzangelegenheit. In seinem berühmten Text *Der Mut zum Sein* bezeichnet er den Glauben als eine »Situation auf der Grenze menschlicher Möglichkeiten – er *ist* die Grenze«.[33] Die Bedeutung existentieller und kultureller Grenzen für den christlichen Glauben kommt nicht zuletzt auch in Tillichs autobiographischer Skizze aus den 1960er Jahren zum Ausdruck, die den programmatischen Titel *Auf der Grenze* trägt.[34] Hier be-

niale Theorie als Ressource für deutschsprachige Theologie, in: Judith Gruber (Hg.), Theologie im Cultural Turn. Erkenntnistheologische Erkundungen in einem veränderten Paradigma. Salzburger interdisziplinäre Diskurse, Band 4. Frankfurt a. M. 2013, 130–149.

31 Paul Tillich, Religiöse Verwirklichung, Berlin 1930, 11.

32 Ders., Theology of Culture, London/Oxford/New York 1951, 7.

33 Ders., Der Mut zum Sein, in: Wilfried Härle (Hrsg.), Grundtexte der neueren evangelischen Theologie, Leipzig 2007, 209.

34 Vgl. ders., Auf der Grenze. Aus dem Lebenswerk Paul Tillichs, Stuttgart 1962.

schreibt er rückblickend sein ganzes Leben als gekennzeichnet von einer Verortung an Grenzen verschiedener Art.

Nun hat Tillich zwar auf die erkenntnistheoretische Bedeutung von Grenzen hingewiesen. Aber seine von der ersten Hälfte des 20. Jahrhunderts geprägte Vorstellung von Kultur als einer relativ homogenen und klar abgrenzbaren Sphäre hat die Komplexitäten heutiger Globalisierung und Migration noch nicht im Blick. Dennoch ist er ein wichtiger Vorläufer für die Entwicklung einer zeitgemäßen Grenzhermeneutik. Dreißig Jahre nach seinem Tod hat eine andere Theologin in Chicago das Grenzverständnis neuerer Kulturtheorien mit der Theologie ins Gespräch gebracht. In ihrem bahnbrechenden Buch *Theories of Culture. A New Agenda for Theology* betont Kathryn Tanner die Bedeutung kulturanthropologischer Einsichten für die Theologie.[35] Dort weist sie darauf hin, dass heute allgemein anerkannt wird, dass Kulturen schon lange nicht mehr homogene Gemeinschaften sind und die Grenzen zwischen ihnen zunehmend als fließend bezeichnet werden müssen. Das wiederum muss nach ihrer Ansicht entscheidende Konsequenzen für das Selbstverständnis christlicher Gemeinschaften haben. Das Entscheidende geschieht nämlich dann nicht mehr in einem als homogen vorgestellten Zentrum, sondern an den Grenzen, in den Räumen der Begegnung mit anderen Religionen und Kulturen. Inspiriert von einer kulturanthropologischen Grenzanalyse sagt sie über den christlichen Lebensvollzug folgendes: »Das Spezifische an einem christlichen Lebensvollzug wird nicht so sehr *von* der Grenze geformt, sondern eher *an* der Grenze; christliche Eigenart ist etwas, das aus den kulturellen Prozessen erwächst, die sich an der Grenze ereignen«.[36] Ich denke, es ist nicht nur die europäische Politik, die Schwierigkeiten hat, damit umzugehen, dass in den Ereignissen an den europäischen Außengrenzen Entscheidendes über europäische Identität ausgedrückt wird. Auch das theologische Establishment – vielleicht mit der gewichtigen Ausnahme der Missionswissenschaft/Interkulturellen Theologie – scheint von der Bedeutung der neuen demographischen Verschiebungen, die unter anderem in der Form von »Grenzzwischenfällen« ausgehandelt werden, noch wenig Notiz zu nehmen.

Mit anderen Worten: In der Theologie scheint die Einsicht in die unumkehrbare kulturelle Vermischung zwischen Afrika und Europa nur sehr zögerlich beherzigt zu werden. Dabei spricht, wie gesagt, die Demographie eine deutliche Sprache. Heute ist die afrikanische Christenheit, die ihre Wurzeln

[35] Vgl. Kathryn Tanner, Theories of Culture. A New Agenda for Theology, Minneapolis 1997.

[36] A.a.O., 115.

in westlicher Mission hat, größer und dynamischer als die westliche. Zunehmend sind afrikanische Christinnen und Christen in all ihrer kulturellen und theologischen Vielfalt auch in Europa präsent. Und das nicht nur als Gäste, sondern als Teil Europas. Damit klingt die zwanzig Jahre alte Mahnung Homi K. Bhabhas aus europäischer Perspektive wie eine Prophezeiung: »Die westliche Metropole muss ihrer postkolonialen Geschichte, die von den in sie hineinströmenden Nachkriegsmigranten und Flüchtlingen erzählt wird, als einer einheimischen Narrative begegnen, die *ihrer nationalen Identität inhärent* ist.«[37] Gerade aus der Perspektive christlicher Theologie – insofern sie ihrem universalen Anspruch gerecht werden will – dürfen die Stimmen der Migrantinnen und Migranten nicht als Stimmen *von außen* verstanden werden, sondern als ein notwendiger Teil einer pluritopischen Hermeneutik einer an nationalen Grenzen nicht halt machenden christlichen Identität.[38]

5 Systematisch-theologische Anwendungen des postkolonialen Paradigmas

5.1 Postkoloniale Fundamentaltheologie (Judith Gruber)

Eine Studie der Salzburger systematischen Theologin Judith Gruber deutet ein Umdenken innerhalb der Systematischen Theologie an. In der Einleitung zu ihrem Buch *Theologie nach dem Cultural Turn. Interkulturalität als theologische Ressource* wird man an Kathryn Tanners Diktum erinnert, dass christliche Identität sich *an* der Grenze ereignet. Denn Gruber gibt zu verstehen, dass der postkoloniale Blick die Kontingenz des christlichen Zeugnisses freilegt und dass »christliche Identität [...] je neu diskursiv verhandelt werden« muss.[39] Das Christentum hat offene Ränder oder, wie es Gregor Maria Hoff ausdrückt: Es ist ein »offenes System mit z.T. fließenden Übergängen.«[40] Die unabdingbare Kontextualität jedes Ausdrucks christlichen Glaubens und christlicher Gemeinschaft bringt es mit sich, dass sich Grenzen nicht ein für alle Mal ziehen lassen, so sehr das immer wieder auch seitens ekklesialer Systeme versucht worden ist. Christliche Identität muss in unterschiedlichen

37 Bhabha, Kultur, 9.

38 Vgl. auch: Michael Nausner, Imagining Participation from a Boundary Perspective. Postcolonial Theology as Migratory Theology. in: Julia Dahlvik/Christoph Reinprecht/Wiebke Sievers (Hg.), Migration und Integration – wissenschaftliche Perspektiven aus Österreich, Jahrbuch 2/2013, Göttingen 2013, 183–193.

39 Gruber, Theologie, 11.

40 Zitiert in: ebd.

Kontexten immer wieder neu verhandelt werden. Dabei müssen sich notgedrungen Grenzen als immer wieder neu zu gestaltende Kontaktzonen erweisen. »In ihrer Ambivalenz«, schreibt Gruber, »widersetzen sich (die Grenzen christlicher Identität) einer Logik der Absolutheit, der Losgelöstheit; vielmehr verweisen sie immer wieder auf andere, fremde Identitäten, die dem Christentum gerade in seinen Abgrenzungsprozessen unwiderruflich eingeschrieben bleiben.«[41] Gerade hierin erweist sich wieder das Herausfordernde, ja Gefährliche am postkolonialen Diskurs für eine Theologie bzw. eine kirchliche Praxis, die in Polaritäten denkt. Wer postkoloniale Theorie auf die Entstehungsprozesse christlicher Gemeinschaft anwendet, muss dem Umstand Rechnung tragen, dass christliche Identität plural, fragmentiert und von Fremdem durchzogen ist.[42] Hier liegt ihr Potential für die Sensibilisierung der Theologie für unsere heutige gesellschaftliche Situation. Diese Situation ist geprägt von globaler Migration, von der die christliche Gemeinschaft in zunehmendem Maße beeinflusst ist und die als neuer Kontext der Mission ernst genommen werden will (vgl. GL §70). Gruber trägt in ihrem Buch der neuen »Pluralität christlicher Identitätsformulierungen« Rechnung,[43] die nicht zuletzt auch in der »Vielfalt von inhomogenen Migrationskirchen«[44] zum Ausdruck kommt. Deshalb, so Gruber, müsse sich gerade auch die Systematische Theologie ihrer immer schon gegebenen Interkulturalität neu bewusst werden.[45] Laut ihrem Salzburger Kollegen Ulrich Winkler führt uns die neue Situation theologischer Vernetzung vor Augen, »dass die nichteuropäischen Theologien in das Innerste unserer europäischen Theologien hineinreichen, dass das Entfernteste in den Bereich unserer Theologiediskurse hinein verwoben ist.«[46] Wenn diese Verwobenheit eine Tatsache ist, dann müsste das allmählich recht einschneidende Konsequenzen für das Selbstverständnis von Kirche und Theologie im deutschsprachigen Raum haben.

Judith Grubers Buch kann als eine fundamentaltheologische Studie über das Potential postkolonialer Theorie für die Systematische Theologie gesehen werden. Exemplarisch führt sie aus, welche Konsequenzen eine postkoloniale Analyse für ein Verständnis des christlichen Kanons (und dessen Grenzen!)

41 A.a.O., 12.

42 Vgl. a.a.O., 13.

43 A.a.O., 60.

44 A.a.O., 61.

45 Vgl. auch Marion Grau, die schreibt: »I propose that theological work always already is intercultural, given the diverse history of the Christian tradition.« – Marion Grau, Rethinking Mission in the Postcolony. Salvation, Society, and Subversion, London/New York 2011, 8, Fn. 24.

46 Zitiert in: Gruber, Theologie, 62.

haben könnte.[47] Dabei versteht sie den christlichen Kanon als »performative Praxis interkultureller Theologie«[48] und plädiert dafür, Differenzen und Brüche im Kanon nicht als Mangel, sondern als notwendige »Kondition christlicher Gottesrede« zu verstehen,[49] die sie letztlich auch anschlussfähig macht an andere Diskurse.

So weit ich sehen kann, ist Grubers Buch die erste deutschsprachige theologische Monographie , die postkoloniale Theorie auf theologische Fragestellungen anwendet. Im englischsprachigen Raum gibt es, abgesehen von den zahlreichen bibelhermeneutischen Büchern, mittlerweile auch eine Reihe von Monographien, die postkoloniale Hermeneutik auf systematisch-theologische Fragestellungen wie die Gottesfrage, die Christologie und auf die Religionstheologie anwenden.[50]

5.2 Postkoloniale Christologie (Martin Wendte)

Für den deutschsprachigen Raum ist der Vorstoß des Tübinger Privatdozenten Martin Wendte beachtenswert. In seiner Habilitationsvorlesung im Juli 2014 widmete er sich dem Herzstück der Systematischen Theologie, der Christologie, und machte darauf aufmerksam, dass bei aller neuen Konzentration auf die Christologie innerhalb der Systematischen Theologie im deutschsprachigen Raum dem Tatbestand der globalen Buntheit christologischer Ansätze so gut wie keine Aufmerksamkeit geschenkt wird. Er stellt die aus postkolonialer Perspektive drängenden Frage: »Wie normativ sind westliche Christologien im globalen Kontext?«[51] Wendte geht von der Prämisse aus, dass die religionssoziologisch beschreibbare und von Philip Jenkins ausführlich kommentierte Verschiebung des Schwerpunkts des weltweiten Christentums in den globa-

[47] A.a.O., 209–226.
[48] A.a.O., 209.
[49] A.a.O., 221.
[50] Vgl. Michael Nausner, Postkoloniale Theologien. in: Verkündigung und Forschung, 57 (2012) Heft 2, 117–131.
[51] Martin Wendte, Viele Kulturen – Ein Christus. Wie normativ sind westliche Christologien im globalen Kontext? in: Neue Zeitschrift für Systematische Theologie und Religionsphilosophie (NZSTh) 57 (2015), Heft 2, 155–178. – Vgl. hierzu auch: Bernhard Dinkelakers Projekt, die Relevanz theologischer Stimmen aus dem globalen Süden für ein angemessenes Verständnis der weltweiten Christenheit zu würdigen: Bernhard Dinkelaker, Kontextuelle Theologien im Globalen Süden – Interkontextuelle Anfragen an Europa. in: Jürgen Schuster/Volker Gäckle (Hg.), Der Paradigmenwechsel in der Weltmission. Chancen und Herausforderungen nicht-westlicher Missionsbewegungen, 61–81: 72.

len Süden »von eminentem *systematisch-theologischem* Gewicht ist«.[52] Jenkins jedoch polarisiert, wenn er das Christentum im globalen Süden mit demjenigen des Mittelalters gleichsetzt und damit den großen Unterschied zum Christentum des Nordens hervorhebt.[53] Die Kritik an dieser pauschalisierenden These ist gerade auch aus der Perspektive postkolonialer Theorie interessant. Kulturen sind immer hybrid, und gerade in Zeiten der Globalisierung ist eine so essentialistisch anmutende Einteilung in mittelalterlichen Süden und säkular aufgeklärten Norden unhaltbar. Einem solch essentialistischen und damit auch hierarchisierenden Kulturverständnis stellt Wendte ein Kulturverständnis gegenüber, das Anleihen macht bei postkolonialen Theoretikern wie Homi K. Bhabha, Dipesh Chakrabarty und Stuart Hall und die unhintergehbare Kontingenz und Hybridität kultureller Identität hervorhebt. Wenn Kulturen miteinander verflochten sind und so immer wieder auch das Fremde als Moment des Eigenen zum Ausdruck kommt, müssen kulturell unterschiedliche Konzeptionen der Christologie auf ähnliche Weise aufeinander wirken. Dennoch sind die Pluralität der Christologien und ihre gegenseitige Durchdringung in der Systematischen Theologie noch nicht angekommen.

Wendte stellt nun die systematisch-theologisch entscheidende These auf, dass die Pluralität der Christologien nicht der Missionswissenschaft bzw. der Interkulturellen Theologie überlassen werden dürfe, sondern »in die Mitte systematisch-theologischer Bemühungen um die Christologie hinein zu holen ist«.[54] Das erinnert wieder ein wenig an Mignolos pluritopische Hermeneutik: Christologie muss schon allein deswegen plural gefasst werden, weil sie »primär aus der Begegnung von Menschen in ihren Gemeinschaften und Kulturen mit dem gegenwärtigen Jesus Christus« entsteht.[55] Wendte verwendet nun den Begriff der *Überfülle*, um den Brückenschlag zwischen der notwendigen kulturellen Vielfalt und der ebenso notwendigen philosophischen Komplexität zu gewährleisten. Mit anderen Worten: Christologische *Überfülle* kommt ebenso in der kulturellen Vielfalt der Interpretationen des Christusereignisses zum Ausdruck wie in der phänomenologischen Saturiertheit (vgl. Jean-Luc Marion) des Christusereignisses. Das saturierte Phänomen Jean-Luc Marions konkretisiert sich sozusagen im interkulturellen Kontext: »Verschiedene Kulturen [...] ermöglichen es in ausgezeichneter Weise, verschiedene Dimensionen Christi zum Ausdruck zu bringen.«[56] Aus systematisch-theologi-

52 Wendte, Kulturen, 157 (meine Hervorhebung).
53 Vgl. a.a.O., 160.
54 A.a.O., 162.
55 A.a.O., 163.
56 A.a.O., 166.

scher Perspektive sind so die verschiedenen kulturellen Perspektiven auf das Christusereignis von gleichrangiger epistemologischer Bedeutung wie der phänomenologische Überschuss desselben. Dabei ist es von entscheidender Bedeutung, dass keiner Kultur der Vorrang eingeräumt wird. Christus kommt immer und notwendigerweise kulturell vermittelt zum Ausdruck, wobei »kulturelle Vermittlung und Prägung [...] Moment dessen (ist), wie er selbst *ist.*«[57] Die kulturelle Gestalt ist nicht bloß eine Umhüllung des eigentlichen *Kerns*, sondern im Prozess der Inkarnation Teil der Sache selbst.

Das gilt nach Wendte gerade auch für die *Himmelfahrt* Christi. Der theologische Himmel sei kein »extraterrestialer Ort im Raum, sondern derjenige Ort, von dem aus Gott am Menschen handelt.«[58] Und dieser Ort ist nicht nur in Wort und Sakrament, sondern auch im Übrigen kulturell bestimmt. Kulturell verschieden gefärbte Christologien brauchen einander. Denn sie durchdringen und korrigieren einander »*innerhalb* einer jeweiligen, material bestimmten Christologie.«[59] Wendte richtet schließlich seine Frage nach der Normativität westlicher Christologie konkret an den japanischen Theologen Katsumi Takizawa, der entgegen westlicher Christologie, die die Geschichtlichkeit der Christologie betont, die kontinuierliche Gegenwart *Immanuels*[60] hervorhebt: »Gott ist immer schon präsent und handelt nicht wesentlich in der Geschichte.«[61] Wendte hält aus westlich christologischer Perspektive dagegen, dass für Gott »seine kontingenten Geschichtstaten« ihm nicht äußerlich sind, sondern »gerade gewollt und ihm wesentlich.«[62] Und dann folgt die aus postkolonialer Perspektive entscheidende (Macht)frage bezüglich der Normativität westlicher und auf geschichtliche Konkretisierung abzielende Christologie: »Welche Kriterien sind nicht einfach selbstreferentiell und damit im letzten Ausdruck von Machstreben, nicht von Wahrheitsliebe?«[63]

Wendtes bedenkenswertes Fazit ist, dass Gott »immer wieder Kontingentes schafft« und dass das Christentum »nicht die Gestalt des Westens (hätte) gewinnen müssen.«[64] Westliche Christologie müsse deshalb offen bleiben und sich in gewisser Hinsicht selbst relativieren in der Hoffnung, »dass der leben-

57 A.a.O., 168. (Meine Hervorhebung)

58 A.a.O., 169.

59 A.a.O., 170.

60 Takizawa unterscheidet zwischen *Immanuel I* (Gott in der Schöpfung) und *Immanuel II* (Gott in der Inkarnation).

61 Wendte, Kulturen 172f.

62 A.a.O., 175.

63 A.a.O., 175f.

64 A.a.O., 177.

dige, sich selbst treue Christus sich *uns* je neu und anders zeigt.«[65] Mir scheint hier ein richtungweisender Impuls vorzuliegen, deutschsprachige Theologie gezielt in eine interkulturelle Hermeneutik einzubinden und sie so auch zu einer sensibleren Gesprächpartnerin missionarischer Bemühungen in einem zunehmend interkulturellen Kontext werden zu lassen.

6 Gottes vielfältige Mission von den Rändern her

Nach diesen Reflexionen über die unhintergehbare Interkulturalität missionarischen Lebens, über koloniale Hierarchisierungen und postkoloniale Komplexitäten in der von Migration geprägten Gegenwart will ich mit ein paar kurzen Affirmationen schließen, wie ein im postkolonialen Sinne sensibles Missionsverständnis aussehen könnte. Ich tue es, indem ich drei Aspekte des Dokuments *Gemeinsam für das Leben* hervorhebe und kurz kommentiere:

6.1 Subjekt der Mission

Erstens will ich die Betonung hervorheben, dass alle Mission *Gottes Mission* ist und damit den christozentrischen Blick weiten. (§8) Die Mission Gottes, des Schöpfers des Kosmos, begann nicht erst mit dem geschichtlichen Auftreten Jesu Christi, sondern mit dem Wehen des Gotteswindes über der *Tehom* (Gen 1,2). Damit ist die Definition der Universalität des christlichen Glaubens partikularen kulturellen Perspektiven aus der Hand genommen. Es gehört deshalb zur Verantwortung theologischen Arbeitens, monokulturelle Verengungen bestimmter Missionsverständnisse zu identifizieren und zu kritisieren. Wird die Verwurzelung christlicher Mission in der Aktivität Gottes ernst genommen, dann liegt schon allein darin die notwendige Interkulturalität missionarischen Lebens verborgen. Einer monokulturellen Sicht fehlt der Weitblick einer notwendigerweise pluritopischen Missionshermeneutik. Das »gemeinsam« im Titel des Dokuments darf deshalb nicht als eine quantitative Qualifizierung missverstanden werden. Vielmehr zeugt es von der notwendigen kulturellen Differenziertheit der von Gottes Mission erfassten Gemeinschaft.

[65] A.a.O., 177 (meine Hervorhebung).

6.2 Ausgangspunkt der Mission

Aber auch die soziale Differenziertheit ist zentral. Deshalb würde ich *zweitens* die Betonung des Dokuments der *Mission von den Rändern* hervorheben (§36–45), da sie einerseits biblisch gut verbürgt ist und andererseits ein heilendes Potential für viele kirchliche und gesellschaftliche Kontexte hat, die von einem oft subtilen und damit umso destruktiveren Machtgefälle geprägt sind. In der Tat: Von den Rändern her will die Mission Gottes oft beginnen, und sie ist davon abhängig, dass Gottes Geschöpfe dafür eine Aufmerksamkeit entwickeln. Postkoloniales Grenzdenken kann ein Beitrag zu jener Sensibilität sein, die es braucht, um Gottes missionarischem Wirken in sozialen und kulturellen Grenzräumen nachzuspüren. Vielleicht ist es gerade heute die doppelte Perspektive – the double vision – der Migrantinnen und Migranten (nach Salman Rushdie haben sie den »klarsten« Blick[66]), die uns mit neuer Klarheit die von den Rändern beginnende Mission vor Augen führen kann. Denn in Migrationsgemeinschaften überlappen sich oft soziale und kulturelle Marginalisierung.

6.3 Umfang der Mission

Ich würde *drittens* und letztens die Mission Gottes als in einem umfassenden Sinne verwandelnd hervorheben. Von Seiten der Menschen geht es letztlich um Teilhabe an einem göttlichen Wirken, das nicht bei der wie auch immer gestalteten Verwandlung einzelner Seelen aufhört, sondern ganz im Sinne der östlichen Kirchenväter der Erneuerung der ganzen Schöpfung dient.[67] »Es ist [...] entscheidend«, betont das Dokument, »Gottes Mission in einem kosmischen Sinne zu verstehen und zu bekräftigen, dass alles Leben, die ganze *oikoumene*, in Gottes Netzwerk des Lebens miteinander verbunden ist.« (§4) Damit wird klar, dass die sprachliche Verkündigung des Evangeliums als ein Ausdruck der Mission eingebettet ist in ein universales, heilendes Wirken, das alle Aspekte geschöpflichen Zusammenlebens einschließt, spirituelle und soziale Aspekte ebenso, wie kulturelle und ökologische. Ich habe hier über die (inter)kulturellen Aspekte reflektiert, aber

66 Vgl. Homi K. Bhabha, The Location of Culture, London/New York 1994, 5.

67 Aus methodistischer Perspektive, die in ihrer soteriologischen Ausrichtung von östlicher Theologie beeinflusst ist, wurzelt menschliche Mission immer und unumgänglich im erneuernden Wirken Gottes in der Schöpfung. – Vgl. Theodor Runyon, Die neue Schöpfung. John Wesleys Theologie heute, Göttingen: 2005.

die ökologischen sind im selben, wenn nicht in dringlicherem Maße in einem für heute relevanten Missionsverständnis mit zu bedenken.

Mission im katholischen Verständnis

Ralf Miggelbrink

1 *Mission im Paradigma der Kirche als Heilsanstalt*

Das Unionskonzil von Florenz hatte gegen Ende seiner »Bulle über die Union mit den Kopten und Äthiopiern«, dem sogenannten »Jakobitendekret«, 1432 als festen Glauben bekannt und verkündet, dass alle Menschen, die »sich außerhalb der katholischen Kirche befinden, nicht nur Heiden, sondern auch Juden oder Häretiker und Schismatiker, des ewigen Lebens nicht teilhaft werden können, sondern dass sie in das ewige Feuer wandern werden, das dem Teufel und seinen Engeln bereitet ist, wenn sie sich nicht vor ihrem Lebensende ihr angeschlossen haben, und dass die Einheit mit dem Leib der Kirche eine solch große Bedeutung hat, dass nur denen, die in ihr verharren *[in ea manentibus]*, die Sakramente der Kirche zum Heil gereichen und Fasten, Almosen und die übrigen Werke der Frömmigkeit und Übungen des christlichen Kriegsdienstes ewige Belohnung zeitigen.«[1] Im Kontext des Dekretes wird diese Zugehörigkeit zur Kirche als durch die Taufe begründetes, rechtlich und hierarchisch geregeltes sakramentales Geschehen begriffen.

1453 fällt Konstantinopel unter die Herrschaft des Islam, 1492 entdeckt Kolumbus Amerika, 1498 landet Vasco da Gama auf dem Seeweg in Indien. Innerhalb eines halben Jahrhunderts nach der so überaus selbstbewussten, ja vermessenen Verkündigung der heilsnotwendigen Eingliederung in die katholische Kirche weitet sich der Horizont der Welt um ein Vielfaches. Erschien Mitte des 15. Jahrhunderts die institutionell-hierarchische Einigung der orientalischen Kirchen mit der Kirche Roms so greifbar wie die Abwendung der muslimischen Bedrohung des Abendlandes, so zerfällt am Beginn des 16. Jahrhunderts der Traum einer katholischen Weltherrschaft. Zwar eilt in der ersten Hälfte des 17. Jahrhunderts der unermüdlichste aller Jesuitenmissiona-

1 DS1351.

re, Franziskus Xaverius (1506-1552), durch Indien und Indonesien bis Japan und entfachte mit seinen Briefen[2] in Europa eine neue Missionsbegeisterung, die Vision aber der institutionellen Integration der Menschheit in die katholische Kirche erwies sich mehr und mehr als irreal.

Bis in das 20. Jahrhundert folgt die katholische Kirche einem Missionskonzept, dessen Hauptziel das durch die sakramentale Eingliederung in die katholische Kirche zu erreichende Seelenheil jedes einzelnen Menschen ist. Ganz in der Linie des Jakobitendekrets kommt dabei die Schlüsselbedeutung der Taufe und der sakramentalen und hierarchischen Eingliederung der Menschen in die als Heilsanstalt verstandene Kirche zu. Die sakramentale Eingliederung in die Kirche in ihrer sichtbaren hierarchischen Gestalt ist verbunden mit der Unterwerfung des Gläubigen unter die hierarchische Herrschaft dieser Kirche. Diese verwaltet das göttliche Heil analog zur staatlichen Administration von Herrschaft. Die Analogie wird praktisch als Kooperation mit den Kolonialmächten, wo es darum geht, dem hierarchisch-sakramentalen Wirken der Kirche rechtlich-institutionelle Rahmenbedingungen in den Kolonien zu schaffen. Zu diesem Zweck bestätigt der Papst die Ansprüche der Kolonialmächte und weist ihren Territorien Orden als Träger der jeweiligen Missionen zu. Mission und Kolonisierung gehen Hand in Hand.

Daraus ergibt sich eine gewisse Beschränkung des kolonialen Ausbeutungsinteresses: Dem dominikanischen Missionsbischof Bartholomé de Las Casas (1485-1566) gelingt es in einem langen Disputationsprozess, die theologische Anerkennung der Indianer als menschliche Geschöpfe Gottes durchzusetzen. Hieraus ergab sich die Verpflichtung, die versklavten Indios zu taufen und in die kirchliche Struktur zu integrieren. Wer als getaufter Christ Mitbruder in Christo ist, kann aber als Glied der sozialen Gemeinschaft nicht vollkommen rechtlos sein. So zieht die geistliche Emanzipation eine gewisse rechtliche und ökonomische nach sich. Las Casas macht die Erfahrung, dass Mission den respektvollen Umgang mit den zu Missionierenden und deren wirtschaftliche Emanzipation voraussetzt.[3]

Es ist die Beauftragung der Orden mit der Mission, die ein gewisses Maß an missionarischer Autonomie gegenüber den Kolonialmächten stärkt. Die Orden hängen nicht unmittelbar von der Kolonialmacht ab und verfügen als große, weltweit agierende kirchliche Institutionen über eigene innerkirchliche Kommunikationskanäle, die sie insbesondere mit der römischen Zentrale verbinden. Am eindrucksvollsten wird diese Autonomie von den Jesuiten ge-

2 Franz Xaver, Briefe und Dokumente 1535-1552, hg. v. Michael Sievernich, Regensburg 2006.

3 Bartolomé de Las Casas, Kurzgefaßter Bericht von der Verwüstung der Westindischen Länder, hg. v. M. Sievernicht, Frankfurt a. M. 2006.

nutzt, die in der ersten Hälfte des 17. Jahrhunderts im spanisch kolonisierten Teil Südamerikas, vor allem im Gebiet der heutigen Staaten Argentinien, Paraguay und Uruguay, Schutzzonen für Indigene errichteten, die den Indios zu einer gewissen ökonomischen Sicherheit, politischen Selbstbestimmung und zu kulturellem Schutz verhalfen. Die von Aufklärern in Europa als vorbildlich gefeierten Indio-Staaten fallen schließlich dem Ausbeutungsinteresse der Kolonialherren zum Opfer.[4]

Die lateinamerikanische Befreiungstheologie hat die unvermeidliche und unselige Allianz von Ausbeutung und Mission reflektiert, wie sie von dem uruguayischen Autor Eduardo Galeano 1971 mit breiter Rezeptionswirkung dependenztheoretisch dargestellt wurde.[5]

2 *Mission als Inkulturation*

In der Binnenperspektive der Missionsorden standen die Orden immer in dem Spagat zwischen den Erfordernissen der staatlichen und ökonomischen Rahmenbedingungen einerseits und ihren oft eindrucksvollen Bemühungen um einen fördernden, respektvollen und verstehenden Umgang mit fremden Völkern und ihrer Kultur, die aus heutiger Perspektive wichtige Beiträge dazu lieferten, dass die kolonisierten Kulturen nicht vollkommen verschwanden.

Die immense, mehr als achtzigtausend Bände umfassende sinologische Bibliothek der Missionsgesellschaft des Göttlichen Wortes (Societas Verbi Divini – SVD, umgangssprachlich Steyler Missionare) in St. Augustin bei Bonn bewahrt bis heute zahlreiche Werke der chinesischen Literatur, die in China selbst durch die Kulturrevolution zwischen 1966 und 1976 der Vernichtung anheimgegeben wurden.[6] Der aus der Rhön stammende Jesuiten-Missionar Eugene Buechel (1874-1954) erforschte ab Anfang des 20. Jahrhunderts Grammatik und Sprachschatz der Lakota-Indianer. Seine Grammatik und sein Lexikon dieser Sprache bildet heute ein wichtiges Hilfsmittel zur Wiederbelebung dieser bedrohten Kultur.[7]

4 Philip Caraman, Ein verlorenes Paradies. Der Jesuitenstaat in Paraguay, München 1979;

5 Eduardo Galeano, Die offenen Adern Lateinamerika. Die Geschichte eines Kontinents von der Entdeckung bis zur Gegenwart, Wuppertal [16]2002.

6 Monumenta Serica. http://www.monumenta-serica.de/monumenta-serica/ (Stand: 27.3.2017)

7 Gottfried Buechel, A Grammar of Lakota. The Language of the Teton Sioux Indians, St. Louis in Missouri 1939; ders., Lakota-English Dictionary. ed. by Paul Manhart, Pine Ridge 1970. Die Neuauflage dieses Werkes wird von der »Univer-

In der sammelnden, erforschenden und pflegenden Haltung der Missionare gegenüber den fremden Kulturen kommen theologische Überzeugungen zum Ausdruck. Insbesondere der Jesuitenorden mit seiner Rezeption der scholastischen Schöpfungs- und Naturrechtslehre reflektiert den achtungsvollen Umgang mit fremden Kulturen auch theologisch: Die Völker und ihre Kulturen sind in ihrer Besonderheit göttliche Schöpfung. Verbunden sind sie durch das alle Menschen kraft ihrer geschöpflichen Natur verbindende Band der Vernunft. Keine natürliche Äußerung menschlichen Lebens ist deshalb prinzipiell vernunftlos. Sie basiert vielleicht auf falschen Annahmen und Beobachtungen, die diskutiert und revidiert werden können. Grundsätzlich aber ist jeder kulturellen Objektivation mit der prinzipiellen Haltung zu begegnen, dass sich in ihnen vernünftige Deutungen der Welt vollziehen.

Diese Wertschätzung des Pluralismus der Kulturen als eines Schöpfungsgutes begründet eine neugierige Gesprächsoffenheit auf der Basis einer prinzipiell angenommenen Gleichheit der Kulturen. Die Annahme der theologischen Gleichwertigkeit der Kulturen basiert auf der seit der Barockscholastik vorherrschenden extrinsezistischen Konzeption des Verhältnisses von Natur und Gnade: Für das alltägliche Leben, für Rechte, Pflichten und Vernunfterkenntnis ist weder Gottes Gnade noch seine Offenbarung in der Heiligen Schrift die entscheidende Instanz, sondern die mittels der Vernunft an der Natur ablesbare Schöpfungsordnung der Dinge, die ein natürliches, von Gott gestiftetes Recht jedes einzelnen Menschen ebenso begründet wie Pflichten des Geschöpfes. In unterschiedlichen Gestalten erkennen die christlichen Missionare die Achtung vor dem Naturrecht in den Sitten und Praktiken der zu missionierenden Völker, denen deshalb auch nichts Böses und Ablehnungswürdiges anhaftet. In der Frage, ob nicht die Christianisierung die Europäisierung voraussetzt, positioniert sich der Jesuitenorden im Sinne seines in der China-Mission so überaus erfolgreich angewandten Prinzips der Akkommodation: das Christentum lässt sich in unterschiedlichen kulturellen, sprachlichen und künstlerischen Traditionen artikulieren.[8] Es muss nicht zunächst europäisiert werden, vielmehr ist das Christentum in unterschiedliche kulturelle Traditionen hinein inkulturierbar.

sity of Nebraska Press« als Verleger beworben wird als »The most complete and up-to-date dictionary of Lakota available« und dem als solchem eine Schlüsselrolle zukommt bei den derzeitigen Versuchen, die Lacota-Sprache wiederzubeleben: http://lakhota.org/ (Stand: 27.3.2017).

8 Johannes Bettray, Die Akkommodationsmethode des P. Matteo Ricci SJ. in China, Rom 1955.

Der offene und respektvolle Umgang mit den zu missionierenden Völkern fördert in den Missionsorden eine neue Sicht auf die Heilsnotwendigkeit der Kirche. Die Völker sind nicht einfach Heiden. Sie besitzen eine hochstehende Kultur, die insbesondere eine jesuitisch geprägte Wertschätzung des menschlichen Geistes nicht einfach als heidnisch, dämonisch oder auch nur minderwertig abtun kann. In den Missionsorden entwickelt sich eine neue und andere Bewertung des Paganen. Mit verschiedenen Konzepten wird über ein »*salus extra ecclesiam*« nachgedacht.

In jesuitischer Tradition wird der Gedanke der guten Schöpfungsordnung verfolgt, die jedem Menschen unabhängig von seiner kulturellen und religiösen Sozialisation als denkendem und handelndem Wesen ein alle Menschen verbindendes religiöses Grundwissen ermöglicht, mit dem eine heilshinlängliche Gotteserkenntnis erreichbar ist.

Der herausragende Ethnologe und Missionar Wilhelm Schmidt von der Missionsgesellschaft des Göttlichen Wortes (SVD) begründet durch seine überaus umfangreichen und Maßstäbe setzenden religionsethnologischen Vergleiche aposteriorisch ein Modell vom »Ursprung der Gottesidee« als eines alle Völker und Kulturen verbindenden Urmonotheismus, den er zurückführt auf eine an alle Völker gerichtete göttliche Uroffenbarung.[9]

Die *Nouvelle Theologie* schließlich lieferte mit ihrem Theorem eines natürlichen Begehrens *(desiderium naturale visionis beatificae)* nach der übernatürlichen Gottesschau der eschatologischen Vollendung im Anschluss an die Gnadenlehre des Thomas von Aquin so etwas wie den *missing link* zwischen der Wertschätzung für die natürlichen geistigen Kräfte des Menschen als Schöpfungsgut und der dieser geistigen Ausstattung beigemessenen Tendenz hin zum christlichen Glauben.

Damit sind die Fundamente gelegt zu der veränderten Sicht, wie sie in den Texten des Zweiten Vatikanums zum Ausdruck kommt[10]: Gott spricht

[9] Wilhelm Schmidt, Der Ursprung der Gottesidee. Eine historisch-kritische und positive Studie, 12 Bde., Münster 1926-1955. Eine Kurzfassung der systematischen Kernthese dieses Monumentalwerkes findet sich in: Ders., Ursprung und Werden der Religion. Theorien und Tatsachen, Münster 1930. Dazu: Gabriele Weiss, Elementarreligionen. Eine Einführung in die Religionsethnologie, Wien 1987.

[10] Lumen gentium 16: »Diejenigen, die das Evangelium noch nicht empfangen haben, sind auf das Gottesvolk auf verschiedene Weise hin geordnet.[…] Die nämlich das Evangelium Christi und seine Kirche ohne Schuld nicht kennen, Gott jedoch mit aufrichtigen Herzen suchen und seinen durch den Spruch des Gewissens erkannten Willen unter dem Einfluss der Gnade in ihren Werken zu

schon vor dem Ereignis der Wortverkündigung zu allen Völkern. Seine Offenbarung muss ihnen nicht vollkommen *ex extra* ausgerichtet werden. Sie kann an die wertschätzende Aufnahme auch des religiösen und kulturellen Wissens der Völker anschließen. Daraus resultiert die wertschätzende Haltung des Zweiten Vatikanums gegenüber den verschiedenen Religionen. Auch für die Mission wird mit dem Zweiten Vatikanum der Dialogbegriff zum Schlüsselbegriff. Auch den Zwang zur kirchlichen Integration um des Heils der Seelen willen verneint jetzt das Zweite Vatikanum: Gott verweigert denen das zum ewigen Heil Notwendige nicht, die ihn ohne Schuld nicht kennen.[11]

Auch politisch muss nun das heilsexklusivistische Theorem der Glaubenspflicht aller Menschen überwunden werden. So nachdrücklich, wie die Kirche sich vor dem Zweiten Weltkrieg als Künderin der Offenbarung sah, der alle Menschen Glaubensgehorsam schulden, weshalb die bürgerlichen Freiheitsrechte als Gefährdung des wichtigeren kirchlichen Missions- und Heiligungsauftrages gedacht wurden, so setzt sich nun auch in der vatikanischen Linie mit den Rundfunkansprachen Pius XII. ein neues Paradigma durch: Die katholische Kirche wird zur Anwältin einer demokratischen Gesellschaftsordnung und ihrer bürgerlichen Freiheiten, insbesondere der positiven Religionsfreiheit.[12]

4 Mission als Einsatz für eine Zivilisation des Lebens

Unter den Bedingungen von theologischem Heilsinklusivismus und politischer Religionsfreiheit wird Mission dialogischer, langsamer, theologischer und schwerer evaluierbar. *Faktisch* knüpft die Mission jetzt an einem

erfüllen versuchen, können das ewige Heil erlangen. Die göttliche Vorsehung verweigert auch denen die zum heilen notwendigen Hilfen nicht, die ohne Schuld noch nicht zur ausdrücklichen Anerkennung Gottes gelangt sind und nicht ohne göttliche Gnade ein rechtes Leben zu führen sich bemühen.«; Ad gentes 9: »Alles, was sich an gutem im Herzen und im Geist der Menschen oder in den je eigenen Riten und Kulturen der Völker eingesetzt findet, geht deshalb [durch die Mission] nicht nur nicht zu Grunde, sondern wird geteilt erhöht und vervollkommnet zur Herrlichkeit Gottes, zur Beschämung des Dämons und zur Seligkeit der Menschen.« Gaudium et spes 92, 1: »Die Kirche wird kraft ihrer Sendung, den gesamten Erdkreis mit der evangelischen Botschaft zu erhellen und alle Menschen jedweder Nation, Rasse oder Kultur zu einem Geist zu einen, zum Zeichen jener Brüderlichkeit, die einen aufrichtigen Dialog erlaubt und stärkt.«

11 Ad gentes, 7.

12 Rundfunkansprache Pius XII. Weihnachten 1944, AAS 37 (1945), S. 10–23.

weit verstandenen Konzept von Dialog in wechselseitiger Wertschätzung an. Sie fordert geistlich mitteilungsfähige, reflektierte Christen, die in enger Verbindung mit ihrer nichtchristlichen Nachbarschaft leben.

Faktisch steht Mission immer noch im Kontext des globalen Siegeszuges der westlichen Zivilisation, der bereits den Kolonialismus kennzeichnete. Das Ende des Konzepts der Heilsanstalt liegt nicht zufällig zeitlich parallel zur Krise des Kolonialismus und macht dessen ideologische Begründung über den Sendungsauftrag brüchig. Das Ziel von Mission ist allerdings nicht mehr einfach die Europäisierung der Welt, sondern die christliche Durchdringung einer europäischen Weltzivilisation, deren wirtschaftliche Dynamik ökonomisch und ökologisch katastrophale Auswirkungen hat. Die Frontstellung der Mission wurde von Johannes Paul II. neu definiert als Einsatz für eine Zivilisation des Lebens gegen eine Zivilisation des Todes. In der Kapitalismuskritik von Papst Franziskus lebt dieses Motiv wieder auf.

Die Päpste liegen mit dieser Sinnorientierung von Mission auf der Linie des Zweiten Vatikanischen Konzils und befreien sich endgültig von einem regionalen Konzept von Mission. Mission ist nicht die Europäisierung der Welt, sondern der Einsatz für die in Gott gegründete Personwürde jedes Menschen als des Prinzips von Politik und Ökonomie. Dass Entwicklung, Bildung und Frieden in der Tätigkeit der Missionswerke gegenüber der sakramentalen Integration einen immer größeren Raum einnehmen, liegt in dieser Orientierung begründet. Unter den neuen Bedingungen ist nicht mehr ausgemacht, dass es immer Nordamerika und Europa sein müssen, die missionieren. Vielmehr zeichnet sich vielerorts gerade unter der Regie der alten Missionswerke eine Umkehrung der Missionsrichtung ab.

5 Missionarische Kirche

Kirchenpolitisch ist die katholische Kirche insbesondere in Deutschland immer noch zu sehr am Konzept der Heilsanstalt orientiert, als dass sie Mission als Aufgabe ihres theologischen Wesens konsequent begreifen könnte. Die Wehklage über zerfallende Gemeinden erledigt sich allerdings vielerorts mit deren endgültiger Abwicklung.

Missionarische Kirche in Deutschland braucht eine kulturelle und kommunikative Offenheit für ihre Mitmenschen, die oft noch milieubedingt schwer fällt. Mission setzt menschliche Annahme und interessierte Begegnung voraus. Orte solcher Mission, die das Anliegen der Zivilisation der Liebe zur Erscheinung bringen, sind immer mehr eher christliche Schulen, Hochschulen, Krankenhäuser, Kindertagesstätten und verschiedenste Formen der

Caritas. Die Subjekte der Mission sind nicht primär die zur sakramentalen Integration gesandten Amtsträger, sondern alle, die in der Gemeinschaft der Gläubigen einen mitteilungsfähigen Begriff der Liebe Gottes zu den Menschen ausbilden und in Wort und Tat dessen soziale und politische Bedeutung zur Erscheinung bringen.

Die Gestalten so verstandener Mission werden pluraler, ihre hierarchische Steuerung wird schwieriger, ihre Eingebundenheit in Große und Kleine Ökumene größer. Mission wird mehr und mehr zur Evangelisation, zu der Aufgabe der Aneignung und Umsetzung des Evangeliums in der Vielfalt der Lebenswelten. War für die traditionelle Mission das Ziel erreicht, wo Einzelne, Familien, Gruppen oder Bevölkerungen hierarchisch in die Kirche eingegliedert waren, so wird Mission im Umfeld des gesellschaftlichen und religiösen Pluralismus zu einer fortdauernden Aufgabe.

Der traditionelle Begriff der Mission als Sendung impliziert den Gedanken einer eindeutigen Trennbarkeit von Sendern und Empfängern. Diese Rollenverteilung wird unter den zeitgenössischen Bedingungen fragwürdig. So wie Christen insgesamt zu Boten des Evangeliums in ihren Lebenswelten werden können, so können sie auch intensiver evangelisiert werden durch die Begegnung mit anderen religiös suchenden und fragenden Menschen. Ein klassischer Text, der diese evangelisierende Wechselwirkung beschreibt, findet sich bei Justin dem Märtyrer. Der aus Palästina stammende junge Römer Justinus schildert in seiner Schrift »Dialog mit dem Juden Tryphon« seine eigene Bekehrung zum Christentum. Zunächst sucht Justinus nach eigenem Bekunden in den Philosophenschulen seiner Zeit nach Antworten auf die Fragen nach Sinn und Erträglichkeit des Lebens. Möglicherweise in Ephesus, also gut eintausend Kilometer von seiner Heimatstadt Machusa (bei Sichem) entfernt, begegnet Justinus erstmalig einem Christen, an dem er dessen »angenehmes Äußeres« hervorhebt. Sicherlich in idealisierter Form berichtet Justin in seinem Dialog von der mit dieser Begegnung eingeleiteten eigenen Bekehrung zum Christentum[13]. Im Stil eines platonischen Dialoges findet eine intellektuelle Suche nach richtigen Urteilen und guten Gründen statt. Das Gespräch habe ihn nicht allein intellektuell gefordert. Justin wird emotional zum Christentum hingezogen und sucht praktisch die Gemeinschaft mit den Christen: »In meiner Seele fing es sofort an zu brennen, und es erfasste mich die Liebe zu den Propheten und jenen Männern, welche die Freunde Christi sind. Ich dachte bei mir über die Lehren des Mannes nach und fand darin die alleine verlässliche und nutzbringende Philosophie.«[14]

13 Justin Martyr, Dialog mit Tryphon, VII–VIII.Übersetzung von Philipp Haeuser, München 1917, BKV 33.

14 Ebd.

Das Gespräch des Justinus mit dem Juden Tryphon ähnelt nun seinem eigenen Bekehrungsgespräch: Mehrere Tage nimmt dieses Gespräch in Anspruch. Die Schüler des Juden Tryphon nehmen daran teil und schaffen eine gewisse Öffentlichkeit. Zunächst muss sich Justin im Dialog gegen die Neigung der Anhängerschaft des Tryphon, bei jeder Gelegenheit spöttisch zu lachen, behaupten. Am Ende des mehrtägigen Gesprächs greift die bereits zu Beginn seitens des jüdischen Lehrers Tryphon von Hochachtung geprägte Atmosphäre auf seine Schüler über: »Tagtäglich«, so schreibt Justin am Ende des Dialoges, wünschte er sich die gleiche Unterhaltung wieder.[15] Es kommt nicht zu einer Bekehrung, sondern zur Erfahrung wechselseitiger Wertschätzung in der Erkenntnis des ethischen, ästhetischen und intellektuellen Rangs des jeweils anderen. Freudige Wertschätzung ist keine apriorische Wertzuschreibung zum schieren Anderssein des anderen, sondern verstehende Wertschätzung auf der Grundlage intellektueller Wahrnehmung im ernsthaften Austausch.

Das Philosoph-Sein und das Christ-Sein verhalten sich bei Justin komplementär. Christentum ist radikale Philosophie. Zu der Frage nach der Schlüssigkeit des Gedankens, der Tugendhaftigkeit der Haltung und der Schönheit der Anschauung tritt mit dem Christsein die Ermutigung, dem Gedanken mit der ganzen eigenen Existenz zu entsprechen. Philosophen können denken, was logisch ist, was gut und was schön. Sie können sich aber auch achselzuckend abwenden und erklären, die Welt sei leider kein Ort der Wahrheit, des Guten und Schönen. Wer aber die Menschwerdung des göttlichen Ursprunges alles Wahren, Guten und Schönen bezeugt, für den ist die Trennung zwischen der Welt der Ideen und der erlebten und realen Welt des Alltags nicht mehr akzeptabel. Das Zeugnis, das Gute sei nicht nur denk-, sondern auch leb-bar, berührt den Wahrheitssuchenden im Herzen und führt im Falle des Justinus zu dessen Bekehrung. Justin der Märtyrer begreift das Christsein nicht als Frage einer Vereinsmitgliedschaft, auch nicht als Teilnahme an einem geheimen Sonderwissen, sondern vor allem als radikale Philosophie, die allerdings durch die Botschaft von der Inkarnation möglich wird. Eine erste Auskunft auf die Frage nach dem, was alle Menschen verbindet, gibt der frühchristliche Apologet mit seinem Hinweis auf die Vernunft. Vernunft, so kann man bei Justinus weiter erfahren, realisiert sich im Gespräch. Das Gespräch setzt Achtung voraus und erweckt unter den Teilnehmern Achtung voreinander.

Der missionarische Weg des Dialogs führt in die individuelle Begegnung mit suchenden Menschen, in der sich Christen und suchende Nichtchristen

15 A.a.O., CXLII, 2.

verbunden erleben. Im gesellschaftlich-politischen Prozess bezeugen Christen die Gültigkeit bestimmter (sozial-)ethisch und politisch relevanter Gehalte. Ihre Geltendmachung im gesellschaftlichen Kontext ist Thema der Öffentlichen Theologie.

6 Öffentliche Theologie

Öffentliche Theologie richtet sich nicht an die innerkirchliche Öffentlichkeit, sondern an die gesellschaftliche Öffentlichkeit, in der Christen sich für die Geltung der Überzeugungen einsetzen, die in ihrem religiösen Traditionszusammenhang bekannt werden. Fraglich allerdings ist die von Davide Tracy vorgeschlagene Zuordnung von unterschiedlichen Öffentlichkeiten zu den theologischen Disziplinen.[16] Zu sehr ist mit ihr insinuiert, der dogmatische Kernbestand kirchlicher Überzeugungen verwandle sich durch die öffentliche Auseinandersetzung nicht, sondern könne unwandelbar in der Dogmatik bewahrt bleiben. In Wirklichkeit betrifft die Grundidee der Öffentlichen Theologie die Grundkonzeption von Theologie überhaupt. Wenn Theologie als Geltendmachung christlicher Überzeugung argumentativ die Kirche umfassende Öffentlichkeit adressiert, dann bleibt das darin beschlossene Bemühen um eine Auslegung der Tradition für die Gegenwart nicht ohne Rückwirkung auf das innere Selbstverständnis der Kirche. Dies gilt *a forteriori,* insofern die Kirchenglieder nicht mehr in der Separatöffentlichkeit des Kirchenraums abgegrenzt sind von der gesellschaftlichen Öffentlichkeit, sondern als Staatsbürger, Medienkonsumenten, ökonomisch Tätige, im öffentlichen Bildungswesen Erzogene und Eingebundene selbst nicht abgrenzbar sind von der nichtkirchlichen Öffentlichkeit. Öffentliche Theologie als die Erforschung christlicher Überzeugungen im Hinblick auf ihre Bedeutung für eine plurale gesellschaftliche Öffentlichkeit ist längst zu einem Moment der dogmatischen Selbstvergewisserung der christlichen Glaubensgemeinschaft geworden, die nicht anders als verwoben mit anderen Öffentlichkeiten existiert. Die Vorstellung, diese Verwobenheit ließe sich institutionell irgendwie aufheben, indem man die wirklichen Christen sauber trennen könne von denen, denen ein minderer

[16] David Tracy unterscheidet drei Öffentlichkeiten der Theologie und ordnet ihr grob unterschiedliche theologische Disziplinen zu: (1) Hochschulöffentlichkeit: Fundamentaltheologie, (2) Kirchliche Öffentlichkeit: Systematische Theologie (im Sinne von Dogmatik), (3) Gesellschaftliche Öffentlichkeit: Praktische Theologie. Vgl. David Tracy, The Analogical Imagination. Christian Theology and the Culture of Pluralism, New York 1981.

Grad an Christlichkeit zugesprochen werden müsse, bewegt die katholische Kirche seit der Spätantike.

Gelungen aber ist eine solche innerkirchliche Separierung immer nur, wo innerkirchliche Eliten sich als asketische Leistungseliten profilierten, die als solche gesteigerte Geltungsansprüche durchsetzen konnten. So verdankt sich der Dominikanerorden der Einsicht des spanischen Regularkanonikers Dominikus, dass Gewalt und anmaßend autoritärer Klerikalismus wenig zielführende Antworten auf die südfranzösische Katharer-Bewegung darstellen. Dominikus forderte von seinen Ordensbrüdern den Verzicht auf bewaffnete Begleiter. Erfolgreiche Predigt setzt voraus, dass der Prediger das Risiko der leibhaftigen Begegnung mit den Adressaten nicht scheut. In dieser leibhaftigen Begegnung ist eine Grundsolidarität aller Menschen in ihrer Sterblichkeit, Ausgeliefertheit und existentiellen Unsicherheit beschlossen, die mitzutragen unerlässlich ist, wo Geltung für christliche Überzeugungen in der Öffentlichkeit beansprucht wird. Nur wo diese Grundsolidarität mit allen Menschen in ihrer Sorge um das eigene Leben bejaht wird, klingt das rechtfertigende Heilswort von der allen Menschen angebotenen Rechtfertigung durch Gottes Gnade verheißungsvoll und erlösend. Paradoxerweise kann eine innerkirchliche Elite, die sich als solche elitär abhebt, die christliche Legitimität ihrer Sonderstellung nur dadurch erweisen, dass sie die radikale Solidarisierung mit allen Menschen in ihrer Leidbedrohtheit und Todverfallenheit bejaht.

Öffentliche Theologie, wo sie nicht klerikale Besserwisserei oder elitäre Beanspruchung von Geltung und Akzeptanz für Traditionsbestände sein soll, muss die gelebte Relevanz dieser Traditionsbestände in einer Grundsolidarität mit allen Menschen auch praktisch erweisen. Religiöse Strahlkraft im christlichen Sinne setzt die existentielle Bereitschaft zur Gemeinschaft mit allen Menschen und zur Solidarität mit ihnen voraus. Öffentliche Theologie ist deshalb nicht Praktische Theologie im Sinne einer universitären Disziplin, wohl aber im Sinne einer existentiellen praktischen und religiösen Grundhaltung, ohne die sie nicht gelingen kann. In ihr suchen Christen nicht nur »Freude und Hoffnung, Trauer und Angst der Menschen von heute«[17], sondern sie verbinden sich mit den Menschen ihrer Gegenwart und begreifen in ihrer Verbundenheit mit den Menschen diese Gefühle als ihre eigenen, zu deren Artikulation und Gestaltung sie aus den Quellen ihrer religiösen Tradition schöpfen, um auch anderen davon anbieten zu können.

[17] Gaudium et spes, Nr. 1.

Die Katholizität der Kirchen, Imperium und Migration*

Franz Segbers

1 Migration und Flucht als Rückseite der Globalisierung

Die Probleme, die sich aus der Migration in einer globalisierten Welt ergeben, verlangen nach einer ethischen und theologischen Antwort. Für diese Herausforderung stellt die Lehre von der Katholizität der Kirche einen angemessenen Zugang dar. Im folgenden Beitrag soll aufgezeigt werden, dass hierdurch ein ekklesiologisch bedeutsamer Universalismus begründet wird, der einen Beitrag zur Bewältigung der Migration leisten kann. Damit greife ich einen Ansatz von Robert Schreiter auf. Er spricht sich für ein »erneuertes und ausgedehntes Katholizitätskonzept« aus, das in der Lage ist, eine »angemessene theologische Antwort auf die Herausforderung der Globalisierung« [1] zu formulieren. Katholizität ist ein Begriff, der in der Lage ist, die Beziehung zwischen dem Globalen und dem Lokalen zu klären.

Als vor zwanzig Jahren die Berliner Mauer fiel, gab es Grund zur Hoffnung, das sich Artikel 13 der Allgemeinen Erklärung der Menschenrechte durchsetzen könne: »Jeder hat das Recht, jedes Land, einschließlich seines eigenen, zu verlassen und in sein Land zurückzukehren.« Doch nur wenige Jahre später zeigte sich, dass die Grenzen des Eisernen Vorgangs, die vormals Ost und West getrennt hatten, sich nur verschoben hatten. In Europa konnte sich ein Regime etablieren, das zwar Reisefreiheit innerhalb der Grenzen der Europäischen Union sicherstellt, doch die Außengrenzen schärfer denn je

* Stark überarbeitete Fassung eines Vortrags auf der Konferenz »The Pilgrimage of Justice and Peace. An Ongoing Conversation on Catholicity and Globalization« vom 4. bis 7. Oktober 2016, Manila, Philippinen.

1 Robert J. Schreiter, Die neue Katholizität. Globalisierung und die neue Theologie, Frankfurt a. M. 1997, 218 und ders., Katholizität als Rahmen für das Nachdenken über Migration, in: Concilium 44 (2008), 537–550.

sichert. Europa wurde zu einer Festung, die seine Grenzen zu Wasser und zu Luft abschottet – effektiver und tödlicher denn je. Über 23.000 Tote gab es seit dem Jahr 2000 an dieser Grenze. Das Mittelmeer ist zu einem großen Friedhof geworden.

Papst Franziskus besuchte auf seiner ersten Reise im Jahr 2013 die kleine Insel Lampedusa, die mitten zwischen Italien und Afrika gelegen zu einem Zufluchtsort tausender Flüchtlinge geworden ist. Hier fragte der Papst die Menschen in Europa: »Wo ist dein Bruder?« Und dann klagte er an: »Die Wohlstandskultur, die uns dazu bringt, an uns selbst zu denken, macht uns unempfindlich gegen die Schreie der anderen; sie lässt uns in Seifenblasen leben, die schön, aber nichts sind, die eine Illusion des Nichtigen, des Flüchtigen sind, die zur Gleichgültigkeit gegenüber den anderen führen, ja zur Globalisierung der Gleichgültigkeit. In dieser Welt der Globalisierung sind wir in die Globalisierung der Gleichgültigkeit geraten.«[2]

Was die europäische Flüchtlingskrise genannt wird, ist die Konfrontation Europas mit einer weltweiten Normalität von Krieg, Hunger und Not, die jetzt in Europa selber sichtbar wird. Lange hatte sich Europa vor dieser Normalität abschirmen können. Doch mit den Flüchtlingen kommen die Schrecken von Kriegen, welche die USA und die NATO *out of Area* geführt oder ermöglicht haben, nach Europa. Die Regierungen hatten die Asylgesetze verschärft und Europas Grenzen abgesichert. So konnte das Elend der Millionen, die vor Hunger, Krieg, Armut oder klimatischen Verwüstungen geflohen waren, abgewehrt werden. Der Jahresbericht der Weltflüchtlingsorganisation der UNO (UNHCR) konstatierte für das Jahr 2015 eine Rekordhöhe von 65,3 Millionen Flüchtlingen.[3] Doch darin sind nur auf die Menschen erfasst, die vom Flüchtlingshilfswerk der Vereinten Nationen registriert sind, also Menschen, die vor kriegerischer Gewalt fliehen. Hinzukommen weitere Millionen, die Klimaflüchtlinge oder Binnenflüchtlinge sind oder sich als Arbeitsmigranten weltweit auf der Suche nach Beschäftigung befinden. Nach Schätzungen der Internationalen Arbeitsorganisation (ILO) gibt es derzeit weltweit ca. 150 Millionen. Arbeitsmigranten.[4] Migration ist ein Oberbegriff und Flucht ist eine besondere Form von Migration. Deshalb ist jeder Flüchtling ein Migrant, aber nicht jeder Migrant ein Flüchtling. Das Problem besteht darin, dass die

2 Franziskus I., Predigt in Lampedusa am 8.7.2013, in: http://w2.vatican.va/content/francesco/de/homilies/2013/documents/papa-francesco_20130708_omelia-lampedusa.html (Stand 29.8.2016).

3 UNHCR, Global trends 2016, in: http://www.unhcr.de/service/zahlen-und-statistiken.html (Stand 29.8.2016).

4 ILO (International Labour Office), Global estimates of migrant workers and migrant domestic workers. Results and methodology, Genf 2015.

Genfer Flüchtlingskonvention aus dem Jahr 1951 nur Krieg als Fluchtgrund anerkennt, nicht aber andere Fluchtgründe. Man kann davon ausgehen, dass insgesamt 200 bis 300 Millionen Menschen unterwegs sind. Es gibt zahlreiche Fluchtgründe. Die Menschen flüchten vor Verhältnissen nach Europa, die teils noch dem Kolonialismus entstammen, die durch ungerechte Weltwirtschaftsstrukturen oder durch die Folgen der europäischen Exportpolitik immer wieder neu produziert werden. Wieder andere fliehen vor den Folgen der Klimakatastrophe. Was auch immer Menschen zur Migration zwingt, gemeinsam ist den Migranten: Sie fliehen vor Gewalt, Krieg, Not, Hunger, Arbeitslosigkeit, Umweltkatastrophen. Sie fliehen, weil sie zu Hause nicht mehr leben können und alle haben nur ein gemeinsames Ziel: Einen Platz zu finden, wo sie leben können.

Globalisierung hat fraglos dazu geführt, dass die Welt zusammengerückt ist; sie ist aber auch gespaltener denn je. Der reiche globale Norden übt mit seinen wirtschaftlichen, politischen und kulturellen Möglichkeiten eine globale Vorherrschaft aus, während große Teile des globalen Südens zu einer Zonen des Elends, der Chancenlosigkeit und Ausgrenzung geworden sind. Die globale Welt ist keineswegs zu einem globalen Dorf geworden. Die neoliberale Globalisierung ist ein politisches Projekt und eine ökonomische Strategie, deren Ziel nie die Schaffung von weltbürgerlichen Verhältnissen war, sondern die weltweite Ausdehnung des Marktes und der Finanzinvestitionen. Investiert wird dort, wo die Hürden durch Arbeits- und Umweltschutz gering sind und damit größere Profite erwartet werden können. Nicht die Freizügigkeit der Menschen ist Programm, sondern die Freiheit von Waren- und Geldströmen. Das neoliberale Versprechen, dass dabei auch etwas für die Armen abfallen würde, hat sich jedoch als Trugschluss erwiesen. Statt zu einem Trickle-down-Effekt kam es zu dessen Gegenteil, zur Umverteilung von unten nach oben. Der Oxfam-Bericht 2016 illustriert die von der Globalisierung geschaffenen Verhältnisse, wenn er davon spricht, dass 62 Menschen inzwischen genauso viel besitzen wie die gesamte ärmere Hälfte der Weltbevölkerung. Das reichste Prozent der Weltbevölkerung besitzt mehr besitzen als die restlichen 99 Prozent zusammen.[5] Die Globalisierung hat die Welt in ein internationales ökonomisches System integriert, zugleich aber immer größere Teile der Weltbevölkerung sozial ausgegrenzt.

Die EU spricht davon, die Fluchtursachen bekämpfen und die Lebensbedingungen in den Heimatländern der Flüchtlinge verbessern zu wollen. Diese

5 Oxfam, An economy for the 1%. How privilege and power in the economy drive extreme inequality and how this can be stopped, in: https://www.oxfam.de/system/files/bp201-economy-one-persent-tax-havens-180116-en.pdf (Stand 29.8.2016).

politische Strategie klingt einleuchtend. Doch die EU schickt nicht nur Hilfe nach Afrika; sie will auch Handel mit Afrika treiben. Dieser Handel aber verschlechtert die Chancen der Bauern in Afrika. Das lässt sich am Weg der Tomaten aufzeigen.[6] Auf den Märkten von den Straßenhändlern in Ghana werden keine heimischen Tomaten mehr verkauft, sondern Tomaten aus dem Ausland, die von den riesigen Agrarkonzernen in Europa produziert und exportiert werden. Angebaut und gepflückt wurden diesen Tomaten von afrikanischen Flüchtlingen, die Tausende Kilometer weit gereist sind, die Wüste durchquert und das Meer bezwungen haben, um in Europa genau dasselbe zu tun wie zuvor zu Hause: Tomaten zu pflücken.

Diese irrsinnige globale Ökonomie ist imperial. Sie wird wenn nötig auch militärisch abgesichert. Das einflussreiche European Union Institute for Security hat im Jahr 2009 eine Studie unter dem Titel »What demands for 2020?« herausgegeben. Darin wird mit unmissverständlicher Deutlichkeit gesagt, dass angesichts der Tatsache, dass bis 2020 die Ursachen der Spaltung zwischen Arm und Reich nicht behoben seien, die weltweite Abschirmung der Reichen vom Ansturm der Armen unumgänglich sei. Auch wenn dies moralisch verwerflich sei, so sei es doch unvermeidbar.[7]

Europa ist zu einer Region geworden, die Migranten anzieht, so wie früher Kanada, Lateinamerika, die USA oder Australien Zielländer für die europäische Auswanderung im 19. und 20. Jahrhundert waren. Nun zieht Europa Migranten an. Neu ist, dass diese Migration im Kontext einer Globalisierung stattfindet, die bislang die Grenzen für Waren, Dienstleistungen oder Kapital, nicht aber für die Menschen beseitigt hatte. Globalisierung und Migration sind die zwei Seiten einer imperialen Ökonomie. Die sogenannte Flüchtlingskrise ist keine Flüchtlingskrise, sie ist die Krise des gegenwärtigen Kapitalismus, wie Papst Franziskus eindrücklich beschreibt: »Wir sehen diese Flüchtlinge, diese armen Menschen, die vor dem Krieg, vor dem Hunger flüchten [...] aber an der Wurzel gibt es eine Ursache: ein böses, ungerechtes sozioökonomisches System. Auch mit Blick auf die ökologische Krise gilt: Der Mensch muss im Zentrum des Systems, der Politik stehen. Doch das heute dominierende Wirtschaftssystem hat den Menschen an den Rand gedrängt und stattdessen den Gott Geld, das Idol der Stunde, ins Zentrum gerückt.

6 Matthias Krupa/Caterina Lobenstein, Ein Mann pflückt gegen Europa. Wie Tomaten aus der EU afrikanische Bauern zu Flüchtlingen machen, in: DIE ZEIT 51 (2015), in: http://www.zeit.de/2015/51/afrika-eu-handelspolitik-subventionen-armut-flucht/komplettansicht (Stand 29.8.2016).

7 European Union Institute for Security, »What demands for 2010?«, in: http://www.iss.europa.eu.uploads/media/What_ambitions_for_Europe_defense_in_2020.pdf , 73 (Stand 29.8.2016).

Man muss also an die Ursachen herangehen – da, wo Hunger herrscht, muss man Arbeitsmöglichkeiten schaffen und investieren. Da, wo der Krieg die Ursache ist, muss man sich um den Frieden bemühen. Heute führt die Welt Krieg gegen sich selbst!«[8]

Diese Beschreibung entspricht der Erklärung zu Mission und Evangelisation »Gemeinsam für das Leben. Mission und Evangelisation in sich wandelnden Kontexten«, welche die Vollversammlung des Ökumenischen Rates der Kirchen in Busan im Jahr 2013 verabschiedet hat: »Es ist ein globales vom Mammon bestimmtes System, das durch endlose Ausbeutung allein das grenzenlose Wachstum des Reichtums der Reichen und Mächtigen schützt. Dieser Turmbau der Habgier bedroht mittlerweile den gesamten Öko-Haushalt Gottes. Das Reich Gottes steht der Herrschaft des Mammons diametral entgegen.«[9]

Die Migranten enthüllen das euphemistische Gerede vom globalen Dorf und zeigen das wahre Gesicht der neoliberalen Globalisierung. Das Zentrum der imperialen Ökonomie profitiert von der Globalisierung, weil systematisch Armut und Ungerechtigkeit ausgelagert werden. Das soziale Versagen dieser imperialen Weltordnung bekam bislang der globale Süden zu spüren, nicht alle profitieren von freien Märkten. Die Verlierer klopfen jetzt an die Türen Europas. Dabei formulieren sie die soziale Frage als eine globale Frage und fordern eine Antwort ein: Warum sind in dieser globalen Welt die einen arm und die andern reich? Migranten nehmen das Versprechen der Globalität ernst. Sie sind aber nicht nur Opfer, sie sind auch Akteure. Sie bilden eine globale Bewegung von unten gegen eine Globalisierung von oben. Dabei erkämpfen sie sich ihr Menschenrecht auf Leben in einer gespaltenen Welt, indem sie darauf dringen, dass nicht nur Waren und Finanzen weltweite Bewegungsfreiheit haben, sondern auch Menschen. Die Aufgabe besteht deshalb darin, die Globalisierung zu vervollständigen und ihr eine andere Richtung zu geben, indem mit den Menschenrechten jene normativen Voraussetzungen geschaffen werden, die allen Weltbewohnern ein Recht auf Leben garantieren können. Zu dieser Herausforderung kann auch ein erweitertes Verständnis von Katholizität beitragen.

8 Franziskus I., »Die Welt führt Krieg gegen sich selbst«, in: http://de.radiovaticana.va/news/2015/09/14/papst_im_interview_%E2%80%9Edie_welt_f%C3%BChrt_krieg_gegen_sich_selbst%E2%80%9C/1171642 (Stand 29.8.2016).

9 Franz Segbers/Simon Wiesgickl, »Diese Wirtschaft tötet«. Kirchen gemeinsam gegen Kapitalismus, Hamburg/Oberursel 2015, 217.

Ekklesiologien sind politisch keineswegs harmlos. Denn es gibt Ekklesiologien, welche imperiale Machtstrukturen abbilden und legitimieren, aber auch solche, die ihnen gegenüber widerständig sind. Diese beiden Arten von Ekklesiologien zu unterscheiden, war für das Selbstverständnis der alt-katholische Theologie immer wichtig. Als eine katholische, wenngleich nicht römisch-katholische Theologie hat sie unter Rückbezug auf die Alte Kirche ihre Ekklesiologie entwickelt. Doch der Begriff »alt-katholisch« wurde keineswegs einheitlich verwendet. Während in der Kirchengeschichtsschreibung des 19. Jahrhunderts die »Alte Kirche« ursprünglich auf die ersten drei Jahrhunderte bezogen wurde, hat die alt-katholische Theologie von Beginn an die »Alte Kirche« nicht allein auf diese Kirchengeschichtsperiode beschränkt, sondern auf das gesamte erste Jahrtausend. Sie wolle damit eine Epoche benennen, in der die Christenheit noch nicht zwischen Ost und West gespalten war. In diesem Sinne hatte auch die »Utrechter Erklärung der Bischöfe der altkatholischen Kirchen« vom 24. September 1889 die »Alte Kirche« verstanden, wenn es dort heißt: »Wir halten darum fest an dem Glauben der alten Kirche.«[10]

Die alt-katholischen Kirchen erinnern mit ihrem Namen jedoch nicht allein an die alte, noch ungeteilte Kirche des ersten Millenniums, sondern auch an eine nicht-imperiale Kirche. So nennt Urs Küry in seinem Standardwerk »Die altkatholische Kirche« als Entstehungsgründe der alt-katholischen Kirche die beiden Zentralbegriffe »Freiheit und ›Entimperialisierung‹«.[11] Wie wohl kein anderer altkatholischer Theologe hat der große Theologe des 19. Jahrhunderts, Ignaz von Döllinger, (1799–1890) den alt-katholischen Widerstand gegen die päpstlichen Dogmen nicht bloß innerkirchlich, sondern umfassender gedeutet, wenn er über die neue Lehren des Universalepiskopats und der Unfehlbarkeit ausführt: »Als Christ, als Theologe, als Geschichtsschreiber, als Bürger kann ich diese Lehre nicht annehmen. Nicht als Christ: denn sie ist unverträglich mit dem Geiste des Evangeliums und mit den klaren Aussprüchen Christi und der Apostel; sie will gerade das Imperium dieser Welt aufrichten, welches Christus ablehnte, will die Herrschaft über die Gemeinden, welche Petrus allen und sich selbst verbot. Nicht als Theologe: denn die gesamte echte Tradition der Kirche steht ihr unversöhnlich entgegen. Nicht als Geschichtskenner kann ich sie annehmen: denn als solcher weiß ich, dass das beharrliche Streben, diese Theorie der Weltherrschaft zu verwirklichen, Europa Ströme von Blut gekostet, ganze Länder verwirrt und heruntergebracht,

[10] Urs Küry, Die altkatholische Kirche. Ihre Geschichte, ihre Lehre, ihr Anliegen, Frankfurt a. M. ³1982, 452.

[11] A.a.O., 15.

den schönen organischen Verfassungsbau der älteren Kirche zerrüttet und die ärgsten Missbräuche in der Kirche erzeugt, genährt und festgehalten hat. Als Bürger endlich muss ich sie von mir weisen, weil sie mit ihren Ansprüchen auf Unterwerfung der Staaten und Monarchen und der ganzen politischen Ordnung unter die päpstliche Gewalt, und durch die eximierte Stellung, welche sie für den Klerus fordert, den Grund legt zu endloser, verderblicher Zwietracht zwischen Staat und Kirche, zwischen Geistlichen und Laien.«[12]

Döllinger sieht in den Dogmen keineswegs eine bloß innertheologische oder innerkirchliche Angelegenheit, sondern den Ausdruck eines kirchlichen Anspruchs, sich eine imperiale Verfassung geben zu wollen. Diese Imperialisierung der Kirche stehe in der Tradition des politischen und kirchlichen Imperialismus. Ähnlich nennt der evangelische Theologe Friedrich Siegmund-Schultze die »altkatholische Bewegung eine ständige, zeitweilig mehr verborgene, zeitweilig mehr hervortretende Begleiterscheinung der Imperialisierung der Kirche«.[13] Die Kirchwerdung der alt-katholischen Kirche setze mit dem Ereignis ein, »das den päpstlichen Imperialismus auf seinem Höhepunkte zeigt«.[14] Auch der orthodoxe Theologe Theodor Nikolaou sieht in den universellen Vollmachten des Papstes einen »›Ersatz‹ des Imperium Romanum durch ein Imperium Christianum«.[15] Im theologisch ausgefochtenen Streit um den Universalepiskopat geht es im Grunde um den Umgang mit imperialen Machtstrukturen in der Kirche und auch in der Gesellschaft.

Die Katholizität der Kirche gehört zu den Kennzeichen, den *notae ecclesiae,* der Kirche. Doch die Katholizität wird in den theologischen Lehrbüchern zumeist abstrakt und ungeschichtlich abgehandelt, ohne dass die oben genannte Imperialisierung der Kirche thematisiert würde. So kann Hans Küng in seinem Standardwerk »Die Kirche« unabhängig von geschichtlichen Umständen sagen: »Katholizität der Kirchen besteht also in einer Ganzheit, die Identität zur Grundlage und Universalität zur Folge hat.«[16] Katholizität wird dann zu einem abstrakten Begriff, der die Ganzheit des Glaubens und die universale Ausbreitung der Kirchen als Kennzeichen der Kirche theologisch un-

12 Ignaz von Döllinger, Offener Brief an den Erzbischof Gregor von Scherr, in: (Augsburger) Allgemeine Zeitung, Außerordentliche Beilage Nr. 90, 31.3.1871, in: Küry, Kirche, 62.

13 Friedrich Siegmund-Schultze, Die altkatholische Kirche. in: Ders, Ekklesia. Eine Sammlung von Selbstdarstellungen der christlichen Kirchen, Gotha 1935, 3.

14 A.a.O., 4.

15 Theodor Nikolaou, Die Katholizität der Kirche. Eine Demonstration der Kircheneinheit aus orthodoxer Sicht, in: Wolfgang W. Müller, Katholizität, Eine ökumenische Chance, Zürich 2006, 37–66, Zitat 46.

16 Hans Küng, Die Kirche, München 1977, 360.

geschichtlich benennt und vom historischen Kontext der Alten Kirche im imperialen Römischen Reich absieht, in welchem die Kirche sich als eine katholische bezeichnete.

Das Imperium Romanum mit seiner »globalen Ausdehnung« war der Bezugsrahmen, dem gegenüber die Katholizität theologisch zu einem Kennzeichen der Kirche als »katholisch« wurde. Bereits im frühen zweiten Jahrhundert führt Ignatius von Antiochien das Attribut »katholisch« für die Bezeichnung der Kirche ein und spricht von der »katholischen Kirche« in einem Doppelsinn, auf den sich fortan die Kirchenväter beziehen werden: katholisch ist »die gesamte Kirche« und zugleich jede einzelne Ortskirche.[17] Ignatius hat »katholisch« noch in einem weiteren Sinne verstanden, wenn er schreibt: »Habt acht auf die, welche da über die zu uns gekommene Gnade Jesu Christi abweichend lehren, wie sie entgegengesetzt sind dem Sinne Gottes. Nach der Liebe fragen sie nicht, noch nach der Witwe oder nach der Waise, noch nach dem Bedrängten, noch nach dem Gebundenen oder Freigelassenen, noch nach dem Hungernden oder Dürstenden.«[18]

Die lateinischen und griechischen Kirchenväter haben den Begriff der Katholizität weiter entfaltet. Es war Cyrill von Jerusalem (313–386), der die theologiegeschichtliche Entwicklung in einer Zeit geprägt hat, in der die Kirche zu einer imperialen Reichskirche geworden war, die alle Bürger des Imperiums eint, die sozialen Klassen transzendiert und sich in den klassischen Glaubensbekenntnissen als »katholisch« bezeichnet und eine den ganzen bewohnten Erdkreis umfassende Kirche meint, die vom Umfang her mit dem Imperium Romanum kongruent ist.

Jörg Rieger hat in seinem Buch »Christus und das Imperium. Von Paulus bis zum Postkolonialismus« nachgezeichnet, wie im Verlauf der Christentumsgeschichte die Christologie immer wieder in Begriffen des herrschenden Imperiums formuliert wurde.[19] Der Christus des Imperiums wurde zum Christus der Kirche. Doch leider steht eine vergleichbare systematische Ekklesiologie noch aus, die nachzeichnen würde, wie eine imperiale Christologie auch ein entsprechendes imperiales Kirchenbild begründen würde. Die Imperialisierung der Kirche zeigt sich historisch, wo Katholizität und Kolonialismus eine verheerende geschichtliche Verbindung eingegangen sind. Ignaz von Döllinger hatte wohl diese düsteren Kapitel der Kirchengeschichte im Sinn, als Kolonialmächte im Verein mit der Kirche – mit Bibel und Schwert –

17 Ignatius von Antiochien, Brief an die Smyrnäer 8,2, in: Die Briefe des Heiligen Ignatius von Antiochien, Freiburg i.Br. 1942.

18 a.a.O., Brief an die Smyrnäer 6,4.

19 Jörg Rieger, Christus und das Imperium. Von Paulus bis zum Postkolonialismus, Münster 2009.

ganze Kontinente mit »Strömen von Blut« unterworfen hatten. Diese Verwüstung, auch im Namen einer imperialen Katholizität, hat Bartolomé de las Casas in seinem Bericht über die Eroberung Lateinamerikas im 16. Jahrhundert eindrücklich beschrieben. »Gold in ihre Gewalt zu bekommen«, nennt Las Casas den »einzigen und wahren Grund, warum die Christen eine so ungeheure Menge schuldloser Menschen ermordeten«[20]. Empire oder Imperium sind abermals zu einem Schlüsselwort zur Analyse der globalen Ökonomie und ihrer ideologischen und politischen Legitimation geworden. Wie Michael Hardt und Antonio Negri in ihrem Buch »Empire. Die neue Weltordnung« zeigen, ist die Globalisierung eine Situation, die mit dem Begriff des Empire adäquat erfasst werden kann. Dabei verweisen sie übrigens auf eine Analogie mit dem Christentum, dessen Ausbreitung mit dem Niedergang des Römischen Imperiums einher ging.[21]

Der historische Rückbezug auf den Kontext der Alte Kirche im Imperium Romanum ist theologisch wichtig. Ignatius war im ersten Jahrzehnt des zweiten Jahrhunderts Bischof von Antiochien, wurde vom Stadtpräfekten der Beteiligung an einem Aufruhr beschuldigt, gefangen genommen und nach Rom, dem Zentrum des Imperiums, gebracht. Auf dem Weg dorthin verfasste er Briefe zur Ermutigung der Gemeinden, in denen er erstmals den Begriff »katholisch« zur Bezeichnung der Gemeinden verwendete. Würde er in Rom als schuldig befunden, so würde der den wilden Tieren vorgeworfen. Aber Ignatius war eher bereit, sein Leben in der Arena zu verlieren, als unter einem »*diabolos*« – einem Teufel – leben zu müssen, wie er den römischen Kaiser nannte.

Ignatius wurde des Aufruhrs angeklagt wie Jesus, der im Imperium lebte und lehrte und von dessen örtlichem Machthaber zum Tod am Kreuz verurteilt wurde. Nach Jesu Kreuzigung als Gegner des Römischen Imperiums verbreitete Paulus das Evangelium und gründete überall im Römischen Reich Gemeinden. Inmitten einer Sklavengesellschaft praktizierten sie eine Form der Universalität, die jeden als gleich betrachtete: »Es gibt nicht mehr Juden und Griechen, nicht Sklaven und Freie, nicht Mann und Frau; denn ihr alle seid einer in Christus Jesus« (Gal 3, 28). Brot zu brechen und den Wein zu teilen wurden zu zentralen Symbolen bei der Feier des Abendmahls (vgl. 1 Kor 11).

Mit dieser auf die Universalität angelegten Ekklesiologie gelingt es der frühen Kirche, nationale und auch religiöse Schranken zu überwinden. Ge-

20 Bartholomé de Las Casas, Bericht von der Verwüstung der Westindischen Länder, Frankfurt a. M. 1982, 13.

21 Michael Hardt/Antonio Negri, Empire. Die neue Weltordnung, Frankfurt a. M. 2002, 36.

gen Ende des 2. Jahrhunderts schreibt jemand an einen gewissen Diognet über die Christen: »Sie bewohnen jeder sein Vaterland, aber nur wie Beisassen; sie beteiligen sich an allem wie Bürger und lassen sich alles gefallen wie Fremde; jede Fremde ist ihnen Vaterland und jedes Vaterland eine Fremde.«[22] Octavius Minucius (2. /3. Jahrhundert) spricht von einem Universalismus und Kosmopolitismus, der alle bestehenden Grenzen und Spaltungen transzendiert, wenn er sagt: »Wir unterscheiden Stämme und Nationen; aber für Gott ist diese ganze Welt ein Haus.«[23] Das politische Bewusstsein der Christen kommt darin zum Ausdruck, dass sie sich neben Juden einerseits und den Römern und Griechen andererseits als ein »Drittes Geschlecht« begreifen.[24] Die Christen identifizieren sich nicht mit der Ökumenizität des Imperium Romanum. So nennt Hippolyt (170–235) in seinem Danielkommentar das weltweite römische Reich nur eine satanische Nachäffung der Christenheit, ein Plagiat der Kirche.[25] Sie haben mit dem römischen Imperium nicht kollaboriert, sondern sich als Vorhut einer Macht, die ein einheitliches politisches Staatswesen schaffen kann, verstanden. Wenn die Gemeinden im Römischen Reich einen Universalismus lebten, der alle religiösen, ethnischen oder sonstigen Spaltungen transzendierte, dann war dies gewiss eine Form von Widerstand und Subversion. Die Katholizität der Kirche war somit kein unpolitisches oder gar harmloses Kennzeichen der Kirche, sondern bezeichnete eine Kirche, die im Kontext von Hegemonie, Unterdrückung, Ausbeutung und Macht des imperialen Römischen Reiches Kirche sein wollte.

Auch wenn die Haltung der Frühen Kirche zum Imperium Romanum keineswegs immer eindeutig war, sondern »zwischen Anpassung und Ablehnung«[26] schwankte, versuchte sie doch, eine Antwort auf die Herausforderung durch diese Weltordnung zu sein. Nach Adolf von Harnack bestand diese darin, dass die christliche Religion »von Anfang an mit einer *Universalität* aufgetreten« ist.[27] Bis zum Ende des dritten Jahrhunderts verstand sich die

[22] Brief an Diognet, in: Frühchristliche Apologeten und Märtyreakten Band I, Bibliothek der Kirchenväter, 1. Reihe, Band 12, München 1913, 165.

[23] Adolf von Harnack, Die Mission und die Ausbreitung des Christentums in den ersten drei Jahrhunderten, Leipzig ²1906, 224.

[24] a.a.O., 226.

[25] a.a.O., 224.

[26] Raban von Haehling, (Hg.), Rom und das himmlische Jerusalem. Die frühen Christen zwischen Anpassung und Ablehnung, Darmstadt 2000.

[27] Von Harnack, Mission, 421. Peter Bürger hat mit einer Impulsgruppe „One human family“ einen Impulstext erarbeitet, der ein katholisches Dogma für den ganzen Erdkreis von der Einheit des Menschengeschlechts fordert: Peter Bürger, (Hg.): Wie die Menschheit ein ist. Die katholische Lehre »Humani generis unitas« für das dritte Jahrtausend, Düsseldorf 2015.

Kirche insgesamt als ein gesellschaftliches Gegenmodell zum Imperium. Noch in der Zeit nach der konstantinischen Umformung der Kirche zu einer imperialen Reichskirche prangerten Kirchenväter die Bereicherungssucht, Ausbeutung und Verachtung der Armen an. Spätestens mit dem im 4. Jahrhundert jedoch wandelte sich dieses Christentum zu einer Religion des Imperiums und nahm eine pro-imperiale Gundeinstellung ein. Fortan sollte die Kirche über Jahrhunderte an der Seite der politischen Imperien auf Welteroberung gehen, mit ihnen die Völker in den eroberten Kolonialländern ausbeuten und sich an der Seite der Mächtigen an der Unterwerfung und Kolonialisierung der Völker beteiligen. Aus einer Kirche, die in ihrem Namen »katholisch« die Erinnerung an eine anti-imperiale Ekklesiologie enthält, ist eine imperiale Kirche geworden.

Mit dem Bekenntnis zur Katholizität der Kirche wird »katholisch« theologisch zu einem quantitativen (im ganzen Erdkreis) und qualitativen (den ganzen Glauben) Kennzeichen aller Kirchen. Katholizität hat also immer direkt mit dieser Herausforderung zu tun, wie Einheit trotz Vielfalt hergestellt werden kann. Katholizität ist ein Begriff, der zwischen der lokalen Kirche und der universalen Kirche eine Beziehung herstellt. Sie werden nicht als zwei getrennte Größen sondern als zwei Dimensionen von Kirche verstanden. Der Bericht der Internationalen römisch-katholischen und alt-katholischen Dialogkommission »Kirche und Kirchengemeinschaft«[28] sieht in der Ortskirche »eine Vergegenwärtigung der einen, heiligen, katholischen und apostolischen Kirche«.[29] Die Ortskirchen stehen demnach in einer Gemeinschaft mit anderen Ortskirchen, von denen jede einzelne und die Gemeinschaft als Ganze ein Vergegenwärtigen der einen Kirche ist. »Denn die lokale Kirche ist ganz Kirche, aber nicht die ganze Kirche«. [30] Die universale Kirche stellt eine Gemeinschaft der Ortskirchen dar; doch fundamental ist die Ortskirche. Die Katholizität der Kirche besteht dann nicht vorrangig in ihrer Universalität, sondern diese ergibt sich aus der Gemeinschaft der Ortskirchen. Ein solches Verständnis von Katholizität kann die reiche Vielfalt der lokalen Kirchen als Beitrag für die ganze Kirche wertschätzen.

Mit dem Bekenntnis zur Katholizität der Kirche wird »katholisch« zur Bezeichnung der Kirche, die weltweit existiert und zugleich vor Ort. Katholizität hat also immer direkt mit dieser Herausforderung zu tun, wie Einheit trotz Vielfalt und wie zwischen der lokalen Kirche und der universalen Kirche eine Beziehung hergestellt werden kann. Das hat ethische Folgen. Men-

28 Internationale römisch-katholische und altkatholische Dialogkommission, Kirche und Kirchengemeinschaft, Paderborn/Frankfurt a. M. 2009.

29 a.a.O., Ziffer 16.

30 a.a.O. Ziffer 17.

schen erkennen sich wechselseitig als gleiche an, vor Ort und weltweit. Eine solche Katholizität meint nicht zuerst eine ethische Verpflichtung, sondern eine aus der Quelle ihres Kircheseins stammende Wirklichkeit, der sie sich selbst als Kirche verdankt. Sie bezeichnet nicht primär eine moralische oder politische Anstrengung, sondern das, was Kirche im Innersten, noch vor ihrem Handeln, zur Kirche macht. Damit ist die Kirche aber auch bei ihrer eigentlichen Sache, indem sie sich für die Globalisierung von Solidarität und Geschwisterlichkeit einsetzt.

Wie können Vielfalt und Einheit in Verbindung gebracht werden? Mit Robert Schreiter möchte ich zwei Formen von Katholizität unterscheiden, die auch für jeweils zwei fundamental unterschiedliche Wege stehen, Einheit angesichts von Vielfalt herzustellen:[31] Eine imperiale Katholizität denkt von der Einheit her und gibt ihr den Vorrang vor der Vielfalt; die andere Katholizität denkt von der Vielfalt her, gibt ihr Raum und moderiert ein Verfahren, der Vielfalt zu entsprechen. Sie tut dies allerdings in einer Weise, in der durch Vielfalt Einheit hergestellt werden soll. Während die erste Form, die imperiale Katholizität, in der Gefahr steht, durch Machtstrukturen Einheit herstellen und absichern zu wollen, beruht die andere Form der Katholizität auf einem inneren Zusammenhang von Synodalität oder Konziliarität und Katholizität. Verschiedenheit wird nicht nur zugelassen, sondern aktiv angestrebt. Diese beiden Formen von Katholizität haben eine direkte Auswirkung auf den Umgang mit Globalisierung und Migration, wie weiter unten dargestellt werden soll.

3 Erweitertes Verständnis von Katholizität durch die neoliberale Globalisierung

Der frühere Generalsekretär des Ökumenischen Rates der Kirchen, Konrad Raiser, hat in beeindruckender Weise die Wiederentdeckung der Katholizität der Kirchen in der Ökumene nachgezeichnet.[32] Er hat aufgezeigt, wie diese Wiederentdeckung mit der Herausforderung des sich beschleunigenden Prozesses der Globalisierung einhergeht und die Katholizität der Kirchen darauf eine theologische Antwort geben will. In seinen Ausführungen gibt er nur einen knappen Hinweis, dass »die frühen Formen von Katholizität in der Kirche der ersten Jahrhunderte entwickelt und angewendet wurden zu einer

[31] Robert Schreiter, Katholizität als Rahmen für das Nachdenken über Migration, in: Concilium. Internationale Zeitschrift für Theologie 12 (2008) 44, 547–550.

[32] Konrad Raiser, Katholizität in der ökumenischen Diskussion, in: ders., Schritte auf dem Weg der Ökumene, Frankfurt a. M. 2005, 170–196.

Zeit, als eine frühe Form von ›Globalisierung‹ sich auf der politischen Ebene des römischen Reiches abzuzeichnen begann«.[33] Im Begriff der Katholizität erkennt er »wenigstens indirekt eine Form des Widerstandes gegen den Druck, sich dem herrschenden politischen Modell zu unterwerfen«.[34] Mit diesen wenigen Bemerkungen verweist Raiser auf den Ursprungskontext der Katholizität der Kirche in dem von Herrschaft und Unterdrückung gekennzeichneten Imperium Romanum und entwickelt daraus einen Anspruch, imperiale Herrschaftsverhältnisse und -strukturen zu transformieren. Diese doppelte Bedeutung der Katholizität in ihrem ursprünglichen Verständnis wird in einem unmittelbaren Sinne theologisch relevant für die gegenwärtige imperiale Weltkonstellation.

Die alt-katholische Kirche hat in einem mehrjährigen Studienproiekt seit 2006 den Zusammenhang zwischen »Katholizität und Globalisierung« theologisch bearbeitet.[35] Zu den kirchlichen Partnern gehörte neben der US-amerikanischen Episcopal Church und der Schwedischen Kirche als Gast auch die Iglesia Filipina Independiente (IFI). Die IFI ist eine nicht-römisch katholische Kirche, die 1902 aus dem antikolonialen Kampf um die Unabhängigkeit in den Philippinen entstanden ist.[36] Sie musste erleben, wie die spanische Kolonialkirche auf den Philippinen ihre imperiale Verstrickung nicht aufgeben wollte. Heute ist sie die drittgrößte Kirche in Asien und die mitgliederstärkste Kirche Asiens im Ökumenischen Rat der Kirchen. In der Kirchenordnung aus dem Jahr 1903 beschreibt die IFI die Katholizität der Kirche folgendermaßen: »Our church is catholic, that is, universal, because in reality it is profoundly cosmopolitan by conviction and sentiment, considering all men without any distinction children of God, and it bears the designation ›Philippine Indepen-

33 A.a.O., 194.

34 A.a.O., 195.

35 Catholicity and Globalization, Ecumenical conversations on God's abundance and the people's need, Beiheft zu: Internationale Kirchliche Zeitschrift IKZ 100. Vgl. auch Franz Segbers, »... bis ans Ende der Erde« (Apg.1,8). Imperium, Globalisierung und die Wiederentdeckung der Katholizität der Kirchen, in: Marlene Crüsemann/Carsten Jochum-Bortfeld, (Hg.), Christus und seine Geschwister, Christologie im Umfeld der Bibel in gerechter Sprache, Gütersloh 2009, 241–259; ders., An Eucharistic Vision of a World of Hunger, in: Catholicity, 208–222; ders., Globalization as the context for a theological and ethical understanding of catholicity, in: a.a.O., 147–161.

36 Franz Segbers, Eine freie Kirche auf den freien Philippinen, Zur Entstehung der Philippinischen Unabhängigen Kirche, in: Rochus Allert/Wilhelm Dreier (Hg.), Die Zeichen der Zeit, Lernorte einer nachkonziliaren Sozialethik, Münster 1988, 198–217. Ders., Geboren aus dem antikolonialen Befreiungskampf, in: Neue Wege, Beiträge 103 (2009), Nr.6, 164–170.

dent‹ only to identify it as an association of free men who, within the said universality, admit servility to no one.«[37] Die IFI, die sich von der spanischen Kolonialkirche auf den Philippinen befreit hatte, entfaltet damit eine nicht-imperiale Katholizität. Sie versteht »katholisch« im Sinne einer universalen Kirche, die eine Assoziation freier Menschen ist, die sich als »Kinder Gottes« verstehen, die frei und niemandes Knecht sind.

Wie sich eine Wiederentdeckung der Katholizität der Kirchen in der Ökumene im Kontext der Globalisierung ereignete, so auch in der alt-katholischen Kirche. Mitte der 80er Jahre kam eine globale Periode der Repression der Länder der Dritten Welt zu einem Ende. Und just zu diesem Zeitpunkt begann auch eine neue Phase der Beziehungen zwischen den alt-katholischen Kirchen und der IFI, und es kam zu einem erweiterten Verständnis von Katholizität. Nach der sogenannten Rosenkranzrevolution auf den Philippinen im Februar 1986 bat der IFI-Bischof Tito Pasco auf dem Altkatholikenkongress in Münster die alt-katholischen Schwesterkirchen um Solidarität im Kampf seines Volkes für Freiheit, Demokratie und Gerechtigkeit. Er bedauerte, dass die Vereinbarung über die Kirchengemeinschaft lediglich auf dem Papier stünde. Nur zwei Jahre später fordert der IFI-Bischof Roman Tiples bei seinem Besuch in Deutschland ebenfalls, Folgerungen aus der vereinbarten Kirchengemeinschaft zu ziehen: »Meine deutschen Schwestern und Brüder! Wir bitten euch nachdrücklich, uns in unserem Kampf für das Leben zu unterstützen. Wir möchten euch bitten, Christi Gebot treu zu bleiben.« In gleicher Weise hatte auch der IFI-Theologe Eleuterio J. Revollido im Studienprozess über »Katholizität und Globalisierung« die Katholizität befreiungstheologisch definiert und darin die Erfahrungen mit der eigenen Befreiung von der spanischen Kolonialkirche ausgedrückt: »Our catholicity, then, is an instrument for the transformation of the global village, which is today influenced by the inexorable international movement towards globalization [...] our catholicity can defeat the dehumanizing effects of economic globalization.«[38]

Nicht anders der IFI-Theologe Wilfredo L. Ruazol, der im Konsultationsprozess »Globalization and Catholicity« auf die je verschiedenen Kontexte der Kirchen im globalen Süden und globalen Norden verwiesen und dazu aufgerufen hat, die »Katholizität als Teilnahme an Gottes Mission« durch eine Kirche zu bezeugen, die prophetisch für die Gleichheit und die Würde alle Menschen gegenüber der Ungerechtigkeit des globalen ökonomischen Systems

37 In: Peter-Ben Smit, Old Catholic and Philippine Independent Ecclesiologies in History. The Catholic Church in every Place, Leiden/Boston 2011, 164f.

38 Terry J. Revollido, The Iglesia Filipina Independiente responds to the St. Martin's Statement, in: Catholicity, 126–130.

eintritt.[39] Er führte aus: »A church that is a source of inspiration for humanity in confronting and deconstructing the globalized structures of power of the empire and a source of hope for humanity as she leads the journey towards the building of the Kingdom of God [...] that will enhance our response as churches in full communion as we seek to address the challenges of imperialist globalization.«[40] Diese Gemeinschaft der Kirchen formt eine Solidarität gegen die Herausforderung des Imperiums in Gestalt der Globalisierung. Die Katholizität der Kirchen wird hier zu einer Quelle für die Alternative zur Vision der neoliberalen Globalisierung, die die Einheit der Welt durch die Vereinheitlichung im globalen Markt erreichen will.

Die Erfahrungen mit einer spanischen Kolonialkirche sowie der noch andauernden imperialistischen Globalisierung werden von der IFI theologisch reflektiert. Sie entwickelt ein erweitertes Verständnis von Katholizität. Diese Erfahrung wird zu einer Herausforderung für die alt-katholische Schwesterkirche, ihre theologischen Prämissen zu überdenken. Bestand die ursprüngliche Absicht der Kirchenvereinbarung darin, lediglich eine Übereinstimmung im gemeinsamen katholischen Glauben festzustellen, wird nun Solidarität in der globalen Welt zu einem erweiterten theologischen Verständniss von Katholizität als solidarische Gemeinschaft aller Kirchen der Weg auf dieses Ziel des Reiches Gottes hin. Dieses erweiterte Katholizitätsverständnis ist ein Geschenk der Kirche der Armen an die weltweite Kirche.

Die ehedem von einer imperialen und kolonialen Kirche Missionierten bringen das Evangelium vom Reich Gottes nach Europa zurück. Sie werden zu Missionaren derjenigen, von denen sie früher missioniert wurden. Robert Schreiter nennt die weltweite Kommunikation eine neue Dimension der Katholizität in Zeiten der Globalisierung.[41] Doch worin diese Kommunikation zwischen den lokalen Kirchen besteht, zeigt das erweiterte Katholizitätsverständnis, das der IFI zu verdanken ist. Sie besteht in einer Kommunikation, die der gemeinsamen Mitarbeit am Reiche Gottes in einer global gewordenen Welt dient. Ein solches Katholizitätsverständnis stellt eine nicht geringe Herausforderung für die altkatholischen Kirchen dar, die traditionell in der europäischen Kultur und Theologie verwurzelt sind. Doch dies sind die Kosten einer Katholizität, die ihre Katholizität ernst nimmt und danach fragt, wie sie sich theologisch den Herausforderungen der Globalisierung stellen kann.[42]

39 Wilfredo L. Ruazol, Understanding Catholicity from the Perspective of the Iglesia Filipina Independiente, in: a.a.O., 94–103: 98ff.

40 a.a.O., 103.

41 Schreiter, Katholizität, 13, 224f.

42 Franz Segbers, »Aus der eigenen Quelle trinken«. Über den Aufbruch der Philippinisch Unabhängigen Kirche und die Herausforderung für die Utrechter Union, in:

4. *Imperiale Ekklesiologie, konziliar-synodale Ekklesiologie und Migration in einer globalen Welt*

Katholizität beantwortet die doppelte Herausforderung, wie mit Vielfalt und Einheit einerseits und mit Universalität und dem Lokalen andererseits umzugehen ist. Kirchengeschichtlich haben sich zwei verschiedene Weisen des Umgangs entwickelt: Die eine ist eine imperiale und die andere eine nicht-imperiale Ekklesiologie, die synodal-konziliar verfasst ist. Beide Weisen sind unmittelbar für die Fragen bedeutsam, die sich aus der Globalisierung und der Migration ergeben, denn die erste dieser beiden Ekklesiologien denkt von der Einheit her und fragt, wie Vielfalt in ihr integriert werden könnte, während die nicht-imperiale Ekklesiologie vom Recht der Vielfalt ausgeht, das zur Einheit führt.

Mit der Migration kommt die globale Welt »lokal« zu Gesicht. Dies geschieht einerseits durch die globale Vielfalt von Religionen, die lokal sichtbar wird; andererseits dadurch, dass die Migranten »lokale« Zeugen für das globale Versagen des Kapitalismus sind.

Zum ersten: Migranten bringen die Religion ihrer Herkunftsländer mit. Das geschieht in mehrfacher Weise. Soweit christliche Migranten den Kirchen angehören, die es auch in den Ländern gibt, in die sie einwandern, bedeutet dieser Zuzug für die einheimischen Gemeinden eine unmittelbare Erfahrung ihrer weltkirchlichen Verfasstheit. »Gemeinden anderer Muttersprache« – so werden sie im römisch-katholischen Bistum Limburg genannt. Wohl schwerer tun sich offensichtlich die herkömmlich landeskirchlich verfassten evangelischen Kirchen. Sie müssen ihre weltkirchliche und katholische Verbundenheit eigens herstellen. Davon zu unterschieden sind die ausländischen Gemeinden, die ursprünglich in den Zuzugsländern nicht beheimatet waren, und die zahlreichen, oft kleinen, unabhängigen Gemeinden, welche Migranten selber gründen. Sie bringen ein oftmals gänzlich verschiedenes Christentum und andere Spiritualitäten mit. Migration bedeutet aber auch drittens, dass nichtchristliche Religionen einwandern. Zu diesen gehören die Muslime als größte Religion, aber auch Buddhisten, Hindus, Sikhs und viele andere Religionen. Schließlich entwickeln sich hybride Formen von neuen Religionen, welche die Herkunftsreligion an die europäischen Kulturen

Internationale Kirchliche Zeitschrift IKZ 78 (1988), 169–191. Ders., How might the Catholicity of the Church be a theological Answer to the Challenge of the Globalization?, in: Internationale Kirchliche Zeitschrift 105 (2015), 124–138. Ders., Ökonomie, die dem Leben dient, Die Menschenrechte als Grundlage einer christlichen Wirtschaftsethik, Kevelaer/Neukirchen-Vluyn 2015.

anpassen. Diese vielfältigen Formen von Religions-Migration bereichern und verändern die religiöse Landschaft des säkular gewordenen Europa.

Zum zweiten: Über diese drängenden Fragen der kulturellen und religiösen Vielfalt darf nicht übersehen werden, dass die Mehrzahl der Migranten unter oftmals sehr schwierigen und prekären Lebensbedingungen zu leiden hat. Arbeitsmigranten sind weltweit auf der Suche nach Arbeit; Flüchtlinge haben Hab und Gut verloren und oftmals nur das nackte Leben retten können. Die meisten von ihnen können in den Zufluchtsländern nur schlecht bezahlte Jobs finden, wohnen in billigen Wohnungen und haben nur schwer Zugang zu Bildung. Viele haben keinen regulären Aufenthaltsstatus und leben in der Illegalität. Sie leben oftmals ausgegrenzt. Diese Lage der Migranten fordert zu einer Katholizität im Sinne der biblisch grundgelegten Solidarität mit den Armen heraus. Johann B. Metz nennt diese Weltverantwortung ein »Weltprogramm des Christentums«.[43] Eine solche Compassio lässt sich vom nahen Leid der fernen Anderen berühren und macht in den Migranten »lokal« die globale Normalität sichtbar.

Damit aber die Fremden zu ihrem Recht kommen, fordert Jonathan Sacks angesichts der Vielfalt der Zivilisationen und Kulturen eine Haltung der »dignity of difference«. Das aber brauche – so Sacks – die Grundüberzeugung, jeden als gleichen anzuerkennen und Differenz wertzuschätzen.[44] Damit spricht er eine normative Grundlegung an, die in den Menschenrechten zu finden ist: die Anerkennung der Rechte anderer, die Gewährleistung gleicher Rechte für alle und die Herstellung weltbürgerlicher Verhältnisse. In den Menschenrechten lebt der Anspruch auf Gleichheit und das Recht aller auf ein würdiges Leben selbst dann noch, wenn die Rechte von den Mächtigen gebeugt werden. Angesichts der fortgeschrittenen Globalisierung kann der Schutz der Menschenrechte nur global gedacht werden. Im Globalisierungsdiskurs finden Migration und Migrationsbewegungen nur am Rande Beachtung. Wer aber Globalisierung ernst nimmt, muss sich fragen, warum dann, wenn alles globalisiert ist, nicht auch die Rechte der Menschen globalisiert werden und jeder das Recht hat, zu gehen und zu bleiben, wo er will.

Das Konzept der Menschenrechte ist geeignet, in eine säkulare Sprache zu übersetzen, was auch mit dem erweiterten Verständnis von Katholizität angesprochen wird. Denn zentrales Element der Menschenrechte ist das Prinzip der grenzenlosen Universalität. Katholizität begründet in einer theologischen Sprache normative Voraussetzungen für ein gerechtes Zusammenleben

[43] Johann Baptist Metz, Memoria passionis. Ein provozierendes Gedächtnis in pluralistischer Gesellschaft, Freiburg i. Br. 2006, 166.

[44] Jonathan Sacks, The Dignity of Difference. How to avoid the clashes of civilization, London/New York 2003, 209.

aller.[45] Niemanden gibt es dann, der fremd und ohne Rechte wäre. Nicht zuletzt an diesen ethischen Folgerungen entscheidet sich die Katholizität einer Kirche, die wirklich universal ist, da sie keine Grenzen kennt und für die gleichen Rechte aller eintritt. Aus einer Perspektive dieser egalitären Rechte aller ergibt sich das Doppelmenschenrecht für die Opfer der Krisen des Kapitalismus: Das Recht zu gehen und das Recht zu bleiben, ohne auf der Suche nach einem Ort, wo man leben kann, sein Leben aufs Spiel setzen zum müssen. Erst dann existieren weltbürgerliche Verhältnisse und die Welt ist dann auch real weltweit geworden. Katholizität ist ein Beitrag zur Weltweitwerdung der Welt.

45 SEGBERS, Ökonomie.

Dynamisierendes Dilemma?

Interkulturelle Theologie, Kosmopolitismus und Mission zwischen Universalität und Partikularität

Bernhard Ortman

1 Das Dilemma zwischen Universalität und Partikularität

Ein interkulturelles Verständnis von Theologie erscheint heute so notwendig wie nie: Spätestens seit sich der demografische Schwerpunkt der Weltchristenheit im letzten Jahrhundert in den »globalen Süden« verlagert hat, die Pfingstbewegung vor allem dort ein nach wie vor hohes Wachstum verzeichnet und auch in Europa immer mehr Migrationsgemeinden die kirchliche Landschaft verändern, kann die Vielgestaltigkeit des Christentums auch im »globalen Norden« nicht länger ignoriert werden.[1] Die Umgestaltung des Fachs Missionswissenschaft zur Interkulturellen Theologie kann als Zeichen einer wachsenden Sensibilität für diese Entwicklungen verstanden werden.[2]

1 Todd M. Johnson/Kenneth R. Ross, Atlas of global Christianity. 1910–2010, Edinburgh 2009; Philip Jenkins, Ein globaler religiöser Klimawandel: Wie die demografische Entwicklung die christliche Mission verändert, in: IKTh 2016, 55–69, hier 56. Für einen Überblick zu Pentekostalismus und Mission siehe Wonsuk Ma/Veli Matti Karkkainen/J. Kwabena Asamoah-Gyadu (Hg.), Pentecostal mission and global Christianity, Regnum Edinburgh Centenary Series 20, Oxford 2014, 8. Zu Migrationsgemeinden und Mission siehe Andreas Heuser, »Umkehrmission« – Vom Abgesang eines Mythos im Treppenhaus migratorischer Ökumene, in: IKTh 2016, 25–54.

2 Zur Entstehung des Fachs Interkulturelle Theologie im deutschspr. Raum, dem aktuellen Diskussionsstand sowie zum allg. Überblick siehe Dirk-Martin Grube, Zur Definition und wissenschaftstheoretischen Verortung der Interkulturellen Theologie. Kommentar zu den Beiträgen des Themenheftes »Was ist Interkulturelle Theologie?« (2–3/2014), in: IKTh 2015, 96–115; Volker Küster, Einführung in die Interkulturelle Theologie, Göttingen 2011; Klaus Hock, Einführung in die Interkulturelle Theologie, Darmstadt 2011; Henning Wrogemann, Lehrbuch Interkulturelle Theologie/Missionswissenschaft 1–3, Gütersloh 2012, 2013, 2015.

Daneben hat der kritisch-reflektierende Umgang mit Differenz, für den die Interkulturelle Theologie steht, auch historische Gründe; denn im Gefolge der teilweisen Verstrickung von Missions- und Kolonialgeschichte wurde gegenüber christlicher Mission der Vorwurf des Kulturimperialismus laut.[3] Darüber kam es zu einer kritischen Aufarbeitung der Missionsgeschichte. Es stellte sich jedoch heraus, dass die Kategorie des Kulturimperialismus entscheidende Aspekte der christlichen Missionstätigkeit unbeachtet ließ: etwa die *agency*, die Handlungsmacht, der Missionsklientel, die sie trotz ungleicher Machtverhältnisse zu nutzen wusste.[4] Inzwischen steht zwar die Komplexität der Aushandlungsprozesse zwischen den Vertretern der Mission und ihrer Klientel im Zentrum des missionsgeschichtlichen Interesses, und das Instrumentarium der postkolonialen Kritik etabliert sich zunehmend als Werkzeug historischer Analyse; die »Dialektik der Christianisierung« bleibt aber dennoch bestehen. Nach wie vor lässt sich der soziale wie religiöse Wandel, den die Missionsarbeit anstieß, positiv wie negativ deuten: einerseits als begrüßenswerter Impuls zu emanzipativer gesellschaftlicher Veränderung, andererseits als zu beklagende Verbreitung christlicher bzw. westlicher Werte bei gleichzeitiger Verdrängung lokaler kultureller und religiöser Traditionen.[5] Diese Dialektik besteht nicht nur im historischen Rückblick: Die internationale Zusammenarbeit zwischen heutigen Missions- und Entwicklungswerken und den aus der Missionsarbeit hervorgegangenen Kirchen in den ehemaligen Missions- und Kolonialgebieten sieht sich vor ähnliche Vorwürfe gestellt wie ihre Vorgänger. So stehen etwa christliche Kirchen in Indien und China immer wieder im Verdacht, westliche Interessen zu vertreten.[6]

3 Für eine der ersten Artikulationen dieser Art siehe Arthur Schlesinger Jr., The Missionary Enterprise and Theories of Imperialism, in: John King Fairbank (Hg.), The Missionary Enterprise in China and America, Cambridge (Massachusetts) 1974, 336–373.

4 Vgl. Ryan Dunch, Beyond Cultural Imperialism: Cultural Theory, Christian Missions, and Global Modernity, in: History and Theory 41 (2002), 301–325; Andrew Porter, ›Cultural imperialism‹ and Protestant missionary enterprise, 1780–1914, in: The Journal of Imperial and Commonwealth History 25 (1997), 367–391.

5 Hock, Einführung, 43–45, 50–54, Zitat 54.

6 Felix Wilfred, Christian social engagement in Asia, in: Felix Wilfred (Hg.), The Oxford handbook of Christianity in Asia, Oxford 2014, 327–342, hier 327, 330, 338, 340. Vgl. Evangelische Kirche in Deutschland (Hg.), Kirche sein in einer globalisierten Welt. Zur Weggemeinschaft in Mission und Entwicklung (EKD-Texte 125), Hannover 2015. http://www.ekd.de/download/ekdtext_125_mission.pdf (Stand: 2.1.2017), 6.

All dies verweist auf ein Spannungsfeld, das nicht nur dem christlichen Glauben inhärent ist, sondern im Zeitalter der Globalisierung zu einer Grundkonstante menschlichen Zusammenlebens geworden ist: das Dilemma zwischen Universalität und Partikularität. In der Interkulturellen Theologie ist dieses Dilemma von Volker Küster eingehend diskutiert worden, allerdings nicht in Bezug auf christliche Mission, sondern im Rahmen einer Auseinandersetzung mit kontextuellen Theologien. Leitgedanke ist hierbei, dass sich die Relevanz der christlichen Botschaft vom universalen Heil für Mensch und Kosmos im Partikularen, im konkreten Lebenszusammenhang, beweisen muss.[7] Im Folgenden werde ich seine Überlegungen zu diesem Spannungsfeld nachzeichnen, sie am Beispiel der indischen Dalit-Theologie veranschaulichen und in einem Seitenblick auf das Konzept des Kosmopolitismus mit verwandten Diskussionen außerhalb der Theologie in Beziehung setzen. Dabei wird zudem von Bedeutung sein, inwiefern der Postkolonialismus, der in den Bereichen der Missionsgeschichte und der kontextuellen Theologien bereits einiges Potenzial gezeigt hat, auch hinsichtlich der hier diskutierten Fragen nützlich sein kann. Lässt sich das Universalität-Partikularität-Dilemma in postkolonialer Perspektive als eine Dynamik begreifen, die dem christlichen Glauben schon immer innewohnte und gerade in heutiger Zeit eine bedeutende Ressource christlicher Mission darstellt?

2 Interkulturelle Theologie und die Dilemmata des christlichen Glaubens

Zunächst ist Küsters Theologieverständnis zu klären. In seiner *Einführung in die Interkulturelle Theologie* beschreibt er den christlichen Glauben als »pluralistisches Gebilde«, das »durch Ambiguität und Fluidität gekennzeichnet« sei. Dessen universal gültiger Wahrheitsanspruch müsse »relational interpretiert« werden, da göttliche Wahrheit stets dialektisch auf menschliche Erfahrung bezogen sei.[8] Küsters Verständnis des christlichen Glaubens zieht somit eine Theologie nach sich, die ihrem Wesen nach interkulturell ist. Denn Theo-logie, die Rede von Gott, ist demnach kontextspezifisch: Sie nähert sich der göttlichen Wirklichkeit im Medium der Sprache immer wieder neu und drückt damit innerhalb eines Diskurses eine Perspektive des Glaubens aus.[9] Christliche Identität ist somit nie abschließend definiert; sie bleibt eine Mo-

7 Küster, Einführung, 23f.

8 A.a.O., 15.

9 Sigrid Rettenbacher, Interreligiöse Theologie – postkolonial gelesen, in: Reinhold Bernhardt/Perry Schmidt-Leukel (Hg.), Interreligiöse Theologie. Chancen und Probleme, Zürich 2013, 67–112, hier 89f.

mentaufnahme in einem fortwährenden Prozess diskursiver Formation. Die Theologie speist sich hierbei zwar aus ihren klassischen Quellen – der Bibel und deren Rezeption in der christlichen Tradition –, sie interpretiert diese jedoch stets aus einer kontextabhängigen Perspektive.[10] So pendelt sie in einem hermeneutischen Zirkel zwischen dem identitätsstiftenden Umgang mit Bibeltexten und christlicher Tradition und der Frage nach deren Relevanz für den jeweiligen Kontext.[11]

Neben dem Universalität-Partikularität-Dilemma, das ein solch interkultureller Blickwinkel in den Vordergrund rückt, zeigt sich noch eine Reihe weiterer hiermit verbundener Dilemmata. So steht etwa die Frage nach der Relevanz des christlichen Glaubens in einem Spannungsverhältnis zu dessen Identität: Das »Identität-Relevanz-Dilemma« wirft die Frage auf, wie weit sich der christliche Glaube kontextualisieren lässt, ohne dabei seine christliche Identität zu verlieren. Im Blick auf christliche Minderheiten, wie etwa in vielen Teilen Asiens, ist das »Exklusivismus-Inklusivismus-Dilemma« hervorzuheben: Wie ist mit Menschen anderen Glaubens umzugehen? Sind sie vom eigenen Glauben zu überzeugen oder vielmehr Gefährten auf dem Weg hin zu Gott und einer gerechteren Welt? In ähnlicher Weise besteht auch ein innerchristliches »Einheit-Pluralität-Dilemma«; denn trotz der verbindenden religiösen Identität ist das weltweite Christentum in unzählige Gruppierungen zersplittert, deren Vereinheitlichung nicht abzusehen ist.[12]

Küsters Ausführungen ist noch hinzuzufügen, dass das hier im Fokus stehende Spannungsfeld zwischen Universalität und Partikularität sich letztlich als Ursprungsdilemma des christlichen Glaubens verstehen lässt; denn dieses gehört zu seinem Wesen: Im christlichen Glauben erschließt Gott dem Menschen durch die partikulare Christusoffenbarung ein Wirklichkeitsverständnis, das absolut und damit universell gültig ist. Alle weiteren Dilemmata zeigen sich demnach als ineinander verschränkte Spielarten dieses Ursprungsdilemmas: Wie schon Küster anmerkt, ergibt sich hieraus unmittelbar sowohl die Frage nach der Relevanz als auch nach der Identität des christlichen Glaubens. Doch auch die vielfältigen, teils im Widerspruch stehenden Ausprägungen des christlichen Glaubens, die das Einheit-Pluralität-Dilemma bestimmen, folgen schließlich aus der verschiedenartigen Rezeption des Universalen; denn diese vollzieht sich in partikularen menschlichen Lebenszusammenhängen. Auch die Frage, ob das im christlichen Glauben verheißene Heil dem Menschen auch in anderen Religionen und Weltanschauungen zugänglich ist,

[10] Vgl. Stephen B. Bevans, Models of contextual theology, Maryknoll/New York 2009 [Nachdruck v. ²2002; ¹1992], 4–7.

[11] Küster, Einführung, 59–63.

[12] A.a.O., 23f.

zeugt in ihrem Kern von dem Spannungsverhältnis zwischen dem Offenbarungsgehalt des christlichen Glaubens und der partikularen Gestalt dieser Offenbarung in Jesus Christus. Hinter dem Exklusivismus-Inklusivismus-Dilemma steht somit die Frage, ob bzw. inwieweit der universal gültige Offenbarungsgehalt des christlichen Glaubens auch in anderer Gestalt als der partikular christlichen zugänglich ist.[13]

3 Das Universalität-Partikularität-Dilemma im Feld der kontextuellen Theologien

Die Dynamik, welche die verschiedenen Dilemmata des christlichen Glaubens entfalten, verdeutlicht Küster an der Entwicklung des Feldes der kontextuellen Theologien. Mit einem Blick auf die indische Dalit-Theologie soll seine Argumentation im Folgenden veranschaulicht werden.[14]

Im Kontext kastenbasierter Diskriminierung wurde im Indien der 1980er Jahre die Forderung nach einer Theologie von Dalits für Dalits laut.[15] Hierfür, so argumentierte einer der ersten führenden Dalit-Theologen, Arvind P. Nirmal, sei ein »methodological exclusivism« notwendig: der weitgehende Ausschluss von Nicht-Dalits aus dem Projekt der Dalit-Theologie. Anders sei das Ziel der Überwindung kastenbasierter Diskriminierung nicht zu erreichen.[16] Hiermit verwehrte sich die noch junge Dalit-Theologie zwar auch dem Einfluss des westlichen theologischen »Zentrums«; vorrangig war jedoch die

13 Wilfried Härle, Dogmatik, Berlin ³2007, 101f., 106; Bevans, Models, 11–15.

14 Ich folge im Wesentlichen der Argumentation in Volker Küster, Von der Kontextualisierung zur Glokalisierung. Interkulturelle Theologie und postkoloniale Kritik, in: ThLZ 134 (2009), 261–278. Kürzlich wurde eine englischsprachige Version des Textes veröffentlicht, vgl. Volker Küster, From contextualization to glocalization. Intercultural theology and postcolonial critique, in: Exchange 45 (2016), 203–226.

15 Arvind. P. Nirmal, Auf dem Weg zu einer christlichen Dalit-Theologie, in: Evangelisches Missionswerk in Deutschland (Hg.), Gerechtigkeit für die Unberührbaren. Beiträge zur indischen Dalit-Theologie, Hamburg ²1997 [¹1995], 32–50, hier 38. Vgl. die weiteren Beiträge zur frühen Dalit-Theologie im selben Heft. Das englischsprachige Original sowie weitere frühe Beiträge zur Dalit-Theologie finden sich in folgendem Sammelband: Arvind P. Nirmal (Hg.), A reader in Dalit theology, Chennai 2007 [Nachdruck von ¹1990(?)]. Vgl. außerdem: Arvind P. Nirmal (Hg.), Towards a common Dalit ideology, Madras 1989; V. Devasahayam (Hg.), Frontiers of Dalit Theology, Delhi 1997.

16 Arvind. P. Nirmal, Towards a Christian Dalit Theology, in: Nirmal, Reader, 53–70, hier 59.

Abgrenzung gegenüber der zu dieser Zeit bereits etablierten indisch-christlichen Theologie. Diese war darauf ausgerichtet, den christlichen Glauben in Indien heimisch werden zu lassen, indem man die dominierenden religiösen und philosophischen Traditionen des brahmanischen Hinduismus zur theologischen Reflexion heranzog.[17] Durch diesen Fokus, kritisierten die Dalit-Theologen, könne die indisch-christliche Theologie jedoch nicht die Lebensrealität der Dalits reflektieren, da sie von den brahmanisch dominierten Traditionen ausgeschlossen waren, welche zudem das Kastensystem in Indien mit etabliert hatten und es auch weiterhin stützten.[18]

Das Spannungsverhältnis zwischen der Universalität und der Partikularität des christlichen Glaubens, ebenso wie zwischen seinem Identitäts- und seinem Relevanzkriterium, ist im Konflikt zwischen der frühen Dalit-Theologie und der indisch-christlichen Theologie offensichtlich. Daneben verdeutlicht dieses Beispiel in besonderem Maß, dass die Dilemmata des christlichen Glaubens auch gerade in kontextsensiblen Diskursen – wie hier innerhalb des indischen Christentums – ihre Dynamik entfalten können. So wandte sich die noch junge Dalit-Theologie beispielsweise im Hinblick auf das Exklusivismus-Inklusivismus-Dilemma gegen einen nach ihrem Verständnis unkritischen Inklusivismus, den die indisch-christliche Theologie in ihrem Dialog mit dem brahmanischen Hinduismus verfolgte. Und auch hinsichtlich des Einheit-Pluralität-Dilemmas zeigt sich, dass die gemeinsame christliche Identität ihre verbindende Kraft in diesem Fall nur bedingt entfalten konnte.[19]

Im Hinblick auf das Ursprungsdilemma zwischen Universalität und Partikularität ist die weitere Entwicklung der Dalit-Theologie von besonderem Interesse. Mit ihrer anfänglich starken Betonung des Partikularen stand sie nicht allein – beide großen Lager der kontextuellen Theologien taten es ihr gleich: die »Inkulturations- und Dialogtheologien« fokussierten das jeweilige religiöse und kulturelle Umfeld, im Fall der indisch-christlichen Theologie den brahmanischen Hinduismus; die »Befreiungstheologien« bezogen sich auf be-

17 Einen Überblick über die indisch-christliche Theologie gibt Robin Boyd, An introduction to Indian Christian Theology, Delhi 2009 [Nachdruck v. ²1975; ¹1969]; M. M. Thomas, Christus im neuen Indien. Reform-Hinduismus und Christentum, Göttingen ²1989 [dt. Übersetzung v. ¹1970?]; Felix Wilfred/M. M. Thomas (Hg.), Theologiegeschichte der Dritten Welt. Indien/München 1992.

18 Nirmal, Weg, 38f.

19 Dennoch sieht etwa Felix Wilfred in der Verbindung dieser beiden theologischen Strömungen eine der bedeutendsten Herausforderungen christlicher Theologie in Indien, s. Teil III. Zeitgenössische Strömungen in einigen Hauptbereichen der Theologie in Indien, in: Felix Wilfred/M. M. Thomas (Hg.), Theologiegeschichte der Dritten Welt. Indien/München 1992, 269–333, hier 332f.

stimmte soziale Missstände, wie im Fall der Dalit-Theologie die kastenbasierte Diskriminierung der Dalits.[20] Diese Betonung des Partikularen in den kontextuellen Theologien, vor allem in ihren Frühformen, lässt sich nicht zuletzt aus der kolonialen Vergangenheit erklären, aus der sie hervorgingen. Küster verweist hierzu auf Rasiah S. Sugirtharajah, der kontextuelle Theologien als subversive Strategien der Bibellektüre versteht. Nach seiner Analyse spiegeln diese einen Aneignungsprozess wider, der im Gefolge der protestantischen Missionsbewegung im 19. Jahrhundert einsetzte: Menschen erlangten Zugang zur Bibel und nutzten diese, oftmals ihrer Situation als Kolonisierte entsprechend, auch als Instrument des Widerstands gegen koloniale wie missionarische Vereinnahmung.[21] In dieser Tradition stehend sind und waren kontextuelle Theologien eine Form des Widerstands gegen Tendenzen zur Universalisierung »nordatlantischer« akademischer Theologien.

In der Dalit-Theologie, wie auch in anderen befreiungstheologisch orientierten Minderheitendiskursen, reifte jedoch schließlich die Ansicht, dass auch die religiösen und kulturellen Traditionen des jeweiligen Kontexts eine bedeutende theologische Ressource darstellen konnten, die für das Ziel der Befreiung zu nutzen war. So fand das Methodenspektrum der Inkulturations- und Dialogtheologien ab den 1990er Jahren auch zunehmend Eingang in die Dalit-Theologie.[22] Dies lässt sich zwar als eine erste Aufweichung der Grenzziehungen im indischen theologischen Diskurs werten, der Schwerpunkt der Dalit-Theologie lag jedoch nach wie vor auf dem partikularen Kontext der Dalits.

Eine interkulturell ausgerichtete Theologie hatte demnach zu dieser Zeit die Aufgabe, zwischen traditionell-universal angelegten Theologien und den kontextuellen Theologien partikularer Orientierung zu vermitteln. Dies änderte sich jedoch vor allem im Zuge der Rezeption postkolonialer Kritik in den kontextuellen Theologien. Nun wurden diese selbst zur Vermittlungsinstanz zwischen den Kulturen: Heute betonen kontextuelle Theologien ebenso die Mehrdeutigkeiten und die fließenden Übergänge wie auch die ungleichen Machtverhältnisse und die Grenzverhandlungen, die das »Dazwischen« ihrer

20 Küster, Einführung, 56–59.

21 Küster, Kontextualisierung, 273, 275. Zur Situation in Indien vgl. Rasiah. S. Sugirtharajah, Complacancies and cul-de-sacs. Christian theologies and colonialism, in: Catherine Keller/Michael Nausner/Mayra Rivera (Hg.), Postcolonial theologies. Divinity and empire, St. Louis (MO) 2004, 22–38, hier 34f.

22 Küster, Kontextualisierung, 273, 275. Vgl. etwa Sathianathan Clarke, Dalits and Christianity. Subaltern religion and liberation theology in India, New Delhi 1998.

Reflexionsräume prägen, im Kontext von Minderheitendiskursen ebenso wie in dem von Migration und Diaspora.[23]

In der Dalit-Theologie lässt sich dies am Werk von Vai T. Vinaya Raj verdeutlichen. Er fordert eine postmoderne Epistemologie, deren Gewinn er wie folgt beschreibt: »By rejecting the colonial logic and practices like caste, the postmodern epistemic framework invites Dalits and other ›marginalized groups‹ to engage critically with the social institutions of our civil society in order to establish the political difference of their identity and politics.«[24] Nach Vinaya Rajs Verständnis unterstützen die Dalits so die indische Zivilgesellschaft bei ihrer Aufgabe, die zerstörerische Kraft des Kastendenkens offenzulegen, diese zu dekonstruieren und damit neue Horizonte für das Zusammenleben zu eröffnen. Demnach trage das Engagement der Dalits dazu bei, die indische Gesellschaft demokratischer und gerechter werden zu lassen.[25]

Hieran wird ein Wandel deutlich, den nicht nur die Dalit-Theologie durchläuft, sondern das gesamte Feld der kontextuellen Theologien. Im Rückgriff auf die Instrumente postkolonialer Kritik betonen kontextuelle Theologien nun stärker als zuvor die »universale Dimension« des christlichen Glaubens. Hierbei ist es jedoch entscheidend, sich mit Küster bewusstzumachen: »Universal nun allerdings nicht im Sinne eines neuen umfassenden Systems, sondern in Form von vielfältigen Verknüpfungen, wechselseitigen Abhängigkeiten oder permanentem Austausch.«[26]

Dass hiermit das Universalität-Partikularität-Dilemma nicht aufgehoben, sondern vielmehr als produktive Dynamik erfahrbar wird, zeigt sich im Postkolonialismus an der Arbeit von Chandra Talpade Mohanty. In ihrem Aufsatz *»Under Western Eyes« Revisited: Feminist Solidarity through Anticapitalist Struggles* unterstreicht sie, dass dem Partikularen im feministischen Diskurs große Bedeutung zukomme. Dennoch wehrt sie sich gegen eine Lesart, die hieraus ein Plädoyer für Differenz ableitet, das Verbindendes in den Hintergrund treten lässt. Diese Lesart entspringe einem »hegemonic postmodernist discourse that labels as ›totalizing‹ all systemic connections and emphasizes only the mutability and constructedness of identities and social structures«.[27]

23 Küster, Kontextualisierung, 277f.

24 Vai T. Vinaya Raj, Re-visiting the other. Discourses on postmodern theology, Tiruvalla 2010, 22.

25 A.a.O., 21f.

26 Küster, Kontextualisierung, 278.

27 Chandra Talpade Mohanty, »Under Western Eyes« Revisited: Feminist Solidarity through Anticapitalist Struggles, in: Signs 28 (2003), 499–535, hier 504. Auch Gayatri C. Spivak zeigt ein Bewusstsein für die Ambivalenz ihrer Methodik der Dekonstruktion: Zwar sei die Dekonstruktion universaler Begriffe notwendig, um

Ihr gehe es vielmehr darum, die häufig universale Bedeutung des Partikularen zu ergründen. Voraussetzung hierfür sei »a belief in the local as specifying and illuminating the universal.«[28]

Vor diesem Hintergrund lässt sich die subalterne Position der Dalits als unterdrückte Minderheit als »epistemisches Privileg« werten, wie es auch bei Vinaya Raj geschieht: Er betont die Fähigkeit der Dalits, aus ihrer spezifischen Perspektive als selbstverständlich angesehene Werte und Normen hinterfragen zu können, nicht nur hinsichtlich der indischen Gesellschaft und ihres Kastensystems, sondern auch – etwa insofern Dalits das Recht vorenthalten wird, Land zu besitzen – bezüglich der Nutzung grundlegender ökonomischer Ressourcen im kapitalistischen Weltwirtschaftssystem.[29] Gelingt es einer derart postkolonial ausgerichteten kontextuellen Theologie, die ihr eigene Spannung zwischen Partikularität und Universalität produktiv werden zu lassen, verschwimmt ihre Grenze zur Interkulturellen Theologie. Mit Andreas Nehring kann dann gesagt werden: »Postkoloniale Theologie ist interkulturelle Theologie par excellence.«[30]

Als profilierter Vertreter einer solchen postkolonialen Theologie hat auch Sugirtharajah den Versuch unternommen, einen produktiven Umgang mit dem Universalität-Partikularität-Dilemma zu finden. In Anlehnung an Homi Bhabha schlägt er einen »vernacular cosmopolitanism« vor, eine »Third Her-

deren Missbrauch zu verhindern oder aufzudecken, ein politisches Programm lasse sich hiermit jedoch nicht begründen. Ebenso falle man selbst in der Dekonstruktion solcher Begriffe auf eben solche universalen Begriffe und Denkmuster zurück; dennoch solle man die Dekonstruktion deshalb nicht unterlassen, siehe Miriam Nandi, Sprachgewalt, Unterdrückung und die Verwundbarkeit der postkolonialen Intellektuellen. Gayatri C. Spivak: »Can the Subaltern Speak« und »Critique of Postcolonial Reason«, in: Julia Reuter/Alexandra Karentzos (Hg.), Schlüsselwerke der Postcolonial Studies, Wiesbaden 2012, 121–130, hier 122f., 129f.

28 Mohanty, Eyes, 503.

29 Vgl. Vinaya Raj, Re-visiting, 20–23; Mohanty, Eyes, 511. Zum aktuellen Stand der Dalit-Theologie vgl. außerdem: Sathianathan Clarke/Deenabandhu Manchala/Philip Vinod Peacock (Hg.), Dalit theology in the twenty-first century. Discordant voices, discerning pathways, Oxford 2010.

30 Andreas Nehring, Die Seite der Schriftleitung, in: IKTh 2012, 2f, hier 2. Vgl. Küster, Kontextualisierung, 278. Zur Rezeption postkolonialer Theologien im deutschsprachigen Raum siehe Michael Nausner, Die langen Schatten der Nofretete. Postkoloniale Theorie und Theologie in Deutschland, in: Concilium 49 (2013), 200–209. Vgl. Michael Nausner, Postkoloniale Theologien, in: Verkündigung und Forschung 57 (2012), 117–130; Andreas Nehring/Simon Tielesch (Hg.), Postkoloniale Theologien. Bibelhermeneutische und kulturwissenschaftliche Beiträge, Stuttgart 2013.

meneutics« als neue, zeitgemäße Art des Theologietreibens.[31] Seiner Ansicht nach verbindet sich die Kontextualisierung des christlichen Glaubens in heutiger Zeit nicht mehr zwangsläufig mit einem Fokus auf einen geografisch zu bestimmenden Kontext.[32] Dies kann einerseits auf den Kolonialismus zurückgeführt werden: Dieser gab nicht wenigen Menschen Anlass, sich neu zu verorten, sowohl im wörtlichen, geografischen Sinn als auch im übertragenen Sinn einer Veränderung traditioneller Handlungs- und Denkweisen. Andererseits sind im heutigen »Zeitalter der Migration« immer mehr Biografien in ein Netz transnationaler Beziehungen und Informationsflüsse eingewoben, sei es auf sozialer oder ökonomischer Ebene, im kulturellen oder im religiösen Bereich.[33] Sugirtharajahs »lokaler Kosmopolit« könnte nun gerade unter solchen hybriden Bedingungen Gestalt gewinnen: Er müsste sich den Ambivalenzen einer Existenz in kulturellen Zwischenräumen stellen, indem er verschiedene Positionen vergliche, zwischen ihnen verhandelte und damit zu einem kritischen Vermittler zwischen den Kulturen würde.[34]

31 Küster, Kontextualisierung, 276f. Zu Bhabhas »vernacular cosmopolitanism«, s. Homi Bhabha, The vernacular cosmopolitan, in: Naseem Khan (Hg.), Voices of the crossing: The impact of Britain on writers from Asia, the Caribbean, and Africa, London 2000, 133–142. Zu Bhabhas ›Drittem Raum‹ siehe Jonathan Rutherford, The third space. Interview with Homi Bhabha, in: Jonathan Rutherford (Hg.), Identity: community, culture, difference, London 1990, 207–221. Zu Sugirtharajahs »Third Hermeneutics« siehe R. S. Sugirtharajah, Exploring postcolonial biblical criticism. History, method, practice, Chichester u.a. 2012, 182.

32 Vgl. Sugirtharajah, Complacancies, 36.

33 Sheldon Pollock u.a., Cosmopolitanisms, in: Public culture 12 (2000), 577–589, hier 578f.. Vgl. Stephen Castles/Hein de Haas/Mark J. Miller, The age of migration. International population movements in the modern world, Basingstoke u.a. [5]2014 [[1]1993], 5f.

34 Küster, Kontextualisierung, 276f. Das Konzept des Kosmopolitismus ist nicht unumstritten: Gerade im Feld des Postkolonialismus werden unterschiedliche Interpretationsmöglichkeiten kontrovers diskutiert. Eine der grundlegenden Anfragen lautet, ob die kosmopolitische Aufgabe der Vermittlung zwischen Universalem und Partikularem nicht letztlich ein elitäres eurozentrisches Projekt sei, das nur unter privilegierten Bedingungen durchgeführt werden könne und seine eigene Verstrickung in die Machtstrukturen kolonialer Vergangenheit und deren heutige Auswirkungen nicht genügend reflektiere. Siehe Chike Jeffers, Appiah's cosmopolitanism, in: The Southern Journal of Philosophy 51 (2013), 488–510, hier 496f., 504–508; Sam Knowles, Macrocosm-opolitanism? Gilroy, Appiah, and Bhabha: the unsettling generality of cosmopolitan ideas, in: Postcolonial Text 3 (2007); Pollock u.a., Cosmopolitanisms. Zur Diskussion in der Anthropologie siehe Pnina Werbner, Understanding vernacular cosmopolitanism, in: Anthropology News 47 (2006), 7–11. Für einen generellen Überblick siehe Bruce Robbins, Actually exist-

Die zunehmende postkoloniale und kosmopolitische Ausrichtung kontextueller Theologien und damit auch der Interkulturellen Theologie könnte zum Impulsgeber für die kirchliche Partnerschaftsarbeit im Bereich von Mission und Entwicklung werden. In diese Richtung deutet auch der Ansatz einer »Mission von den Rändern her« (»mission from the margins«), der in Abschnitt 36–54 der neuen Missionserklärung des Ökumenischen Rates der Kirchen *Gemeinsam für das Leben* (*Together towards life*) dargelegt wird.[35] Geevarghese Coorilos beschreibt das dort vertretene Missionsverständnis als eine »subversive Missionstheologie«, welche »die besonderen epistemologischen Fähigkeiten der Marginalisierten« betone und damit infrage stelle, dass Mission stets von den Mächtigen hin zu den Machtlosen erfolgt, von den Reichen zu den Armen, vom globalen Norden in den globalen Süden, vom Zentrum zu den Rändern.[36]

Diese ausdrückliche Anerkennung subalterner Perspektiven verweist auf die oben diskutierten Entwicklungen im Bereich der kontextuellen Theologien. Die kritische Rezeption dieses neuen Missionsverständnisses im »Zentrum«, dem »globalen Norden«, deutet jedoch darauf hin, dass es für dessen weitere Entfaltung entscheidend sein wird, die Spannung zwischen der Partikularität der »Ränder« und der Universalität des missionarischen Anliegens nicht als problematisch, sondern als dynamisierend begreifbar werden zu lassen.[37]

Einige interessante Anregungen, wie dies im Rahmen eines lokal verwurzelten Kosmopolitismus geschehen könnte, finden sich bei Kwame Anthony Appiah und seinem »rooted cosmopolitanism«.[38] Für ihn besteht die grundlegende Herausforderung des Kosmopolitismus darin, Universalität und

ing cosmopolitanism, in: Pheng Cheah/Bruce Robbins (Hg.), Cosmopolitics: Thinking and feeling beyond the nation, Minneapolis (Minnesota) 1998, 1–19.

35 World Council of Churches, Gemeinsam für das Leben. Mission und Evangelisation in sich wandelnden Kontexten. http://www.missionrespekt.de/fix/files/missionserklaerung-de-wcc.pdf (Stand: 2.1.2017).

36 Geevarghese Coorilos, Ökumenische Missionstheologie – gestern, heute, morgen, in: Ökumenische Rundschau 65 (2016), 462–478, hier 471–474, Zitate 472. Vgl. Deenabandhu Manchala, Mission from the margins. Toward a just world, in: International Review of Mission 101 (2012), 153–169.

37 Zur Kritik siehe Coorilos, Missionstheologie, 472.

38 Bei dem Zitat handelt es sich um den Titel des letzten Kapitels in: Kwame Anthony Appiah, The ethics of identity, Princeton (New Jersey) 2005. Weiterführend zum Thema ›Kosmopolitismus und Religion‹ siehe Maria Rovisco/Sebastian C. H. Kim (Hg.), Cosmopolitanism, religion and the public sphere, London/New York 2014.

Partikularität in sich zu vereinen: »A cosmopolitanism with prospects must reconcile a kind of universalism with the legitimacy of at least some forms of partiality.«[39] Appiahs Kosmopolitismus steht somit für einen moralischen Universalismus, für die theologisch anschlussfähige Überzeugung, dass auch diejenigen Menschen von moralischer Bedeutung sind, denen man sich nicht aufgrund geteilter Identitäten, z.B. aufgrund der Familienzugehörigkeit oder der Nationalität, verpflichtet fühlt. Der daraus folgende kosmopolitische Einsatz für fremde Menschen muss, laut Appiah, jedoch von Respekt vor und Interesse an deren Andersartigkeit begleitet sein. Damit betrifft Appiahs kosmopolitisches Unterfangen ethische, politische wie kulturelle Fragen: Die Idee etwa der Menschenwürde und ein hierauf basierender Einsatz für eine weltweite Menschenrechtspraxis wären für Appiah nicht zu trennen von einem grundlegenden Interesse an den Menschen, für die man sich einsetzt – an deren identitätsstiftenden Praktiken und Überzeugungen, an dem, was ihrem Leben Bedeutung verleiht.[40] Hieraus folgt auch, dass der Kosmopolit sich trotz seines universalen Anspruchs nicht von seiner eigenen Bindung an partikulare Identitäten und den daraus folgenden ethischen Verpflichtungen lösen muss. Stattdessen tritt er solcherart lokal verwurzelt in das kosmopolitische Gespräch.

Dabei betont Appiah, dass dieses Gespräch nicht dem Zweck diene, einen Konsens, etwa hinsichtlich gemeinsamer Werte, zu erreichen. Es gehe vielmehr um das Sich-Hineinversetzen in die Position des Anderen. Dann habe »solch eine Begegnung, richtig ausgeführt, einen Wert an sich«; dann genüge es auch, »wenn das Gespräch den Menschen hilft, sich aneinander zu gewöhnen«.[41] Er verdeutlicht dies an der zunehmenden gesellschaftlichen Anerkennung homosexueller Menschen in Europa und Nordamerika. Die wachsende Akzeptanz in der Gesellschaft, so Appiah, gründe sich nicht in erster Linie auf rationale Argumentation, sondern darauf, dass sich die Menschen daran gewöhnten, dass Schwule und Lesben zu einem Teil des öffentlichen Lebens wurden.[42]

Aus dem kosmopolitischen Gespräch, verstanden als Metapher für Gewöhnung durch verständnisfördernde Begegnung, folgt im Idealfall also ein friedlicheres Zusammenleben. Wenn allerdings grundlegende ethische Prinzipien verletzt werden – etwa wenn die kastenbasierte Diskriminierung der Dalits der Gottesebenbildlichkeit aller Menschen entgegensteht, wie es

39 Appiah, Identity, 223.

40 A.a.O., 222f.

41 Kwame Anthony Appiah, Der Kosmopolit. Philosophie des Weltbürgertums, München 2007 [dt. Übersetzung v. [1]2006], 113.

42 A.a.O., 104f.

die Dalit-Theologie betont –, sind der Gesprächsbereitschaft, dem kosmopolitischem Einsatz für Toleranz und Pluralismus, auch Grenzen gesetzt. Dennoch haben solche Grenzziehungen, wenn sie in einem kosmopolitischen Geist geschehen, provisorischer Art zu bleiben. Denn Kosmopolitismus ist auch ein Bekenntnis zum Fallibilismus – zur Vorläufigkeit allen Wissens und zur Bereitschaft, die eigenen Überzeugungen angesichts neuer Erkenntnisse zu ändern.[43] In solchen Fällen wird sich letztlich erweisen, inwiefern sich das Universalität-Partikularität-Dilemma des christlichen Glaubens als dynamisierender Faktor nutzen lässt. Die kontroversen Diskussionen um Themen wie Homosexualität oder den Umgang mit Menschen anderen Glaubens, welche die internationale kirchliche Zusammenarbeit immer wieder erschweren, belegen die Dringlichkeit dieser Aufgabe.[44]

5 Schluss

Eine Rezeption des kosmopolitischen Projekts, die für postkoloniale Fragestellungen sensibel ist, könnte großes Potenzial für die internationale kirchliche Zusammenarbeit im Bereich von Mission und Entwicklung bergen. Die Vielfältigkeit möglicher Anknüpfungspunkte im Umgang mit dem Universalität-Partikularität-Dilemma konnte hier nur angedeutet werden. Deutlich erkennbar wurde die Anschlussfähigkeit der Diskussionsstränge hinsichtlich aktueller Entwicklungen im Feld der Interkulturellen Theologie, insbesondere der kontextuellen Theologien und der Missionstheologie. Dabei zeichnete sich ein lokal verwurzelter Kosmopolitismus als vielversprechend ab. Diesen zu kultivieren, wird eine der zentralen Herausforderungen zukünftiger Missions- und Entwicklungsarbeit sein.

Auf Seiten der Akteure im »Zentrum« wird dies vor allem bedeuten, den Stimmen von den »Rändern« nicht nur Gehör zu schenken, sondern sie in ihrer Partikularität zu würdigen. Hierzu ist auch die eigene Verstrickung in historisch gewachsene Machtstrukturen und eurozentrische Denkmuster zu reflektieren und zu überwinden.[45] Von den Partnerkirchen im ›globalen Süden‹ wird dies verlangen, sich – bei aller Wachsamkeit hinsichtlich universalisierender Vereinnahmungen – nicht auf das Partikulare zurückzuziehen: Eine vorschnelle Diskreditierung von Universalien als Werkzeuge des Imperialismus müsste ebenso überwunden werden wie eine übermäßige Betonung von Differenz und Abgrenzung. Gleichwohl hätte ein kosmopolitisch ausgerichte-

43 A.a.O., 174f.
44 Vgl. Evangelische Kirche in Deutschland, Kirche, 37.
45 Vgl. Jeffers, Cosmopolitanism, 496f., 504–508.

tes Missions- oder Entwicklungswerk auch Verständnis zu zeigen, wenn eine solche Abgrenzung, wie in der frühen Dalit-Theologie, eine momentan notwendige, aber vorübergehende Maßnahme der Identitätsstiftung wäre. Ziel bleibt letztlich das Gespräch unter ›lokalen Kosmopoliten‹: ein multidirektionaler interkultureller Austausch, in dem sich das Partikulare und das Universale gegenseitig herausfordern und erhellen und dabei eben solche Unterscheidungen in den Hintergrund treten.[46]

[46] Vgl. SUGIRTHARAJAH, Complacancies, 37f.

Autorinnen und Autoren

Prof. Dr. Ralf Dziewas, geboren 1963. Professor für Diakoniewissenschaft und Sozialtheologie sowie Prorektor der Theologischen Hochschule Elstal. Zahlreiche Veröffentlichungen zu den Forschungsschwerpunkten Theologie und Praxis der Diakonie, Gesundheitsförderung, Medizinethik, Sozialtheologie und Freikirchenforschung.

Prof. Dr. Ottmar Fuchs, geboren 1945. Bis 2014 Inhaber des Lehrstuhls für Praktische Theologie an der Katholisch-Theologischen Fakultät der Universität Tübingen.

Prof. Dr. Andreas Krebs, geboren 1976. Professor für Alt-Katholische und Ökumenische Theologie am Alt-Katholischen Seminar der Universität Bonn.

Dr. Jutta Koslowski, geboren 1968. Evangelische Theologin mit den Forschungsschwerpunkten Ökumene und interreligiöser Dialog; zahlreiche Veröffentlichungen zu diesen Themen. Pfarrerin in der Evangelischen Kirche in Hessen und Nassau; Lehrbeauftragte an der Pädagogischen Hochschule Ludwigsburg.

Prof. Dr. Ralf Miggelbrink, geboren 1959. Professor für Systematische Theologie an der Universität Duisburg-Essen.

Dr. Ioan Moga, geboren 1979. Assistant-Professor für Orthodoxe Theologie an der Katholisch-Theologischen Fakultät der Universität Wien und Priester der Rumänisch-Orthodoxen Kirche. Forschungsschwerpunkte: Ekklesiologie, orthodox-katholischer Dialog, orthodoxe Theologie in der Moderne.

Prof. Dr. Michael Nausner, geboren 1965. Von 2005 bis 2017 Professor für Systematische Theologie an der Theologischen Hochschule Reutlingen. Seit Herbst 2017 arbeitet er als theologischer Experte der Forschungsabteilung der Schwedischen Kirche in Uppsala.. Seine Forschungsschwerpunkte sind Ekklesiologie, postkoloniale Theologie, Theologie der Teilhabe und in den letzten Jahren Theologie der Migration.

Prof. Dr. Bernd Oberdorfer, geboren 1961. Seit 2001 Inhaber des Lehrstuhls für Evangelische Theologie mit Schwerpunkt Systematische Theologie und theologische Gegenwartsfragen an der Universität Augsburg. Seit 2010 Mitglied im Rat des Lutherischen Weltbunds, seit 2015 in der Kommission für Glauben und Kirchenverfassung des Ökumenischen Rates der Kirchen. Forschungsschwerpunkte: Trinitätstheologie, Ekklesiologie, Schleiermacher, theologische Friedens- und Konfliktforschung, Ökumene.

Dr. Bernhard Ortmann, geboren 1983. Evangelischer Theologe mit den Forschungsschwerpunkten Interkulturelle Theologie und Geschichte des Christentums in Asien. Wissenschaftlicher Mitarbeiter an der Universität Oldenburg.

Prof. Dr. Franz Segbers, geboren 1949. Alt-katholischer Theologe, emeritierter Professor für Sozialethik an der Philipps-Universität Marburg. Bis 2011 Referatsleiter für Arbeit, Ethik und Sozialpolitik im Diakonischen Werk in Hessen und Nassau. Sein Forschungsschwerpunkt liegt in einer biblisch argumentierenden Wirtschaft- und Sozialethik sowie in Themen der Globalisierung und Ökumene.